BERNHARD HÄRING

Meine Erfahrung mit der Kirche

BERNHARD HÄRING

Meine Erfahrung mit der Kirche

EINLEITUNG UND FRAGEN VON
GIANNI LICHERI

HERDER

FREIBURG · BASEL · WIEN

Titel der italienischen Ausgabe:
FEDE STORIA MORALE
INTERVISTA DI GIANNI LICHERI
© 1989, Edizioni Borla s. r. l., Roma

Übersetzung und Fassung der deutschen Ausgabe von
Bernhard Häring

Zweite Auflage

Inhalt

Vorwort

Seit Jahren haben mich meine Freunde immer wieder bedrängt, meine Erfahrungen während des Konzils und in den Jahren der Nachkonzilszeit festzuhalten. Sie vermuteten irgendwie, daß es manche Schwierigkeiten mit vatikanischen Stellen gegeben hatte. Doch hatten sie keine Vorstellung von der tatsächlichen Zahl von Dokumenten in meinem Archiv. Dr. Gianni Licheri, der wohl beste Kenner des Vatikans, hatte wenigstens Ahnungen, kannte Indiskretionen aus dem Vatikan selbst. Mit ihm verbindet mich seit dem Konzil eine nicht nur berufliche Freundschaft. Ich schätze seine Aufrichtigkeit, ich bewundere seinen Glaubensgeist, seine gesunde Liebe zur Kirche. Ich erfuhr als einer der ersten auch von seiner Beziehung zu Papst Johannes Paul II. Darüber möchte ich dem Leser einiges sagen: Nach dem Tod Johannes Pauls I., den wir beide liebten und gut kannten, erhielt Gianni Interviews von fast allen bedeutenden Kardinälen über ihr Bild und ihre Vorstellungen vom künftigen Pontifikat. Der Wunschkandidat der großen Mehrheit der Kurienkardinäle und ihrer Freunde war Kardinal Siri. Sie schienen sicher zu sein, daß er der nächste Papst sein werde. Gianni und ich wußten von Ohrenzeugen, daß Siri nach dem Konzil geäußert habe: „Hundert Jahre werden nicht genügen, um all die Fehler und Irrtümer Papst Johannes' XXIII., Papst Pauls VI. und des Konzils wiedergutzumachen."

Spät abends vor Beginn des neuen Konklaves gab auch Siri meinem Freund Gianni ein Interview in der sicheren Annahme, daß dieses Interview frühestens nach Beginn des Konklaves veröffentlicht werden könne. In mehr als einer Stunde eröffnete Siri praktisch sein Regierungsprogramm. Kollegialität nannte er Unsinn. Gianni und unser gemeinsamer Freund Angelo Cicinetti, der mit dabei war, waren erschrocken und zutiefst erschüttert. Noch während der gleichen Nacht gaben sie an die Tageszeitung „Gazetta del Popolo" die wichtigsten Sätze des Kardinals weiter. Man arbeitete die ganze Nacht, um rasch eine Sondernummer herauszubringen. Diese erreichte alle Kardinäle, kurz bevor sie ins Konklave einzogen. Damit war Siris Kandidatur erledigt. Seine Befürworter waren bestürzt. – Und so wurde der Weg frei für Karol Wojtyła. Denken wir auch nur flüchtig an die Möglichkeit, daß wir die letzten elf Jahre einen Papst Siri gehabt haben könnten, dann werden wohl alle Gott für den gegenwärtigen Inhaber des Stuhles Petri danken.

Als ich dem Drängen meines Freundes Gianni schließlich nachgab, konnte ich mich nicht nur auf seine beruflichen Qualitäten verlassen, sondern wußte auch, daß er mit diesem Buch dem Papst selbst einen Dienst leisten wollte und auch sprachlich alles vermeiden würde, was Johannes Paul II. kränken könnte.

Über ein Jahr haben wir zusammen an dem Text gearbeitet. Dabei hat uns unser gemeinsamer Freund Angelo Cicinetti, angesehener Rechtsanwalt und Journalist, viel wertvolle Hilfe geleistet. Dafür danken wir ihm beide herzlich.

Über Sinn und Ziel dieses Buches, das meine Erfahrungen mit der Kirche – wohlverstanden nicht nur mit dem Vatikan – in der Form eines Gesprächs erzählt, wird Gianni in seiner Einleitung etwas sagen. Mehr wird aus dem Text des Buches selbst deutlich. Am 19. April 1989 wurde der italienische Urtext, den ich für diese deutsche Ausgabe kürzer gefaßt habe, im Saal „Stampa estera" (ausländische Presse) vorgestellt. Dabei sprachen der auch in Deutschland bekannte Professor Giuseppe Alberigo, ein angesehener Historiker von der Universität Bologna, und Professor Dalmazio Mongillo, Dominikaner von der St.-Thomas-Universität („Angelicum") in Rom. Wie viele andere war auch ich überrascht, als beide auf ihre Weise betonten, der eigentliche Protagonist dieses Buches sei der „Arme" in seinen vielfältigen Gestalten, nicht zuletzt in der Gestalt des geängstigten und entmündigten Gewissens; das Hauptziel sei die Verkündigung der Frohbotschaft und einer ganz von der Frohbotschaft geprägten Moral an die Armen und Geängstigten.

Der Leser möge selbst beurteilen, ob diese Wertung stimmt.

Bernhard Häring

Einleitung

VON GIANNI LICHERI

Nach mehr als dreißigjähriger Lehrtätigkeit in Rom hat Pater Bernhard Häring von hier Abschied genommen, um nach Gars zurückzukehren, wo er seine grundlegende Ausbildung erhalten hatte.

1957 erschien in Italien sein dreibändiges Werk „La legge di Cristo", die Übersetzung von „Das Gesetz Christi" (1954). Sein italienischer Verlag Morcelliana in Brescia hatte den damaligen Erzbischof von Mailand Giovanni Battista Montini, den späteren Papst Paul VI., um ein Geleitwort gebeten. Montini schrieb dem Verfasser einen warmherzigen Gratulationsbrief, doch nicht das vom Verleger gewünschte Geleitwort, weil – wie er später P. Häring verriet – das dem Autor in den Augen von Leuten im Vatikan hätte schaden können, die ihm, Montini, nicht gut gesinnt waren. P. Häring ging in seiner Moral nicht von einem Gesetzeskodex aus, sondern schaute auf den Menschen, wie er sich geschichtlich entwickelt, im Lichte der Heilsgeschichte und auch der Humanwissenschaften. Dies haben die Verfasser der Festschrift („In libertatem vocati estis", Rom 1977) zu seinem 65. Geburtstag hervorgehoben. Die zwei Konzilspäpste Johannes XXIII. und Paul VI. sahen in diesem moraltheologischen Werk eine Vorbereitung des Konzils und machten P. Häring eine kon-

struktive Arbeit für das Konzil möglich. Papst Johannes
Paul I. hatte als Professor der Moraltheologie eben diesen Text als Lehrbuch eingeführt.

Die Gegenwart von Bernhard Häring in der Geschichte des Konzils und seiner Einbürgerung im Leben kann nicht verborgen bleiben oder gar geleugnet
werden. Weit über seine Tätigkeit als akademischer
Lehrer hinaus reicht seine Heilssorge, sein unermüdli-
ches Bemühen, in allen den Sinn für die geschichtliche
Verantwortung zu wecken. Dabei spricht er mit jenem
Freimut, der nur einem Mann möglich ist, dem das
Streben nach Ehren und Beförderungen absolut fremd
ist.

Durch seine zahlreichen Schriften, unter denen „Frei
in Christus" den ersten Rang einnimmt, wie auch durch
seine jahrelange Mitarbeit in weit verbreiteten Zeitschriften wie „Famiglia Cristiana" und seine Vorträge in
aller Welt hat er viele Menschen angesprochen und zutiefst berührt, weil er vor allem die Kunst beherrscht,
auf sie, ganz besonders auf die einfachen Leute, zu hören. Er wiederholt nicht nur die immer schon betonten
Prinzipien, sondern trifft die Menschen in ihrer konkreten Lage.

Nach jahrzehntelanger Bekanntschaft (mit einer ganzen Reihe von Interviews) drängte sich mir der Gedanke auf, Pater Häring dazu zu bewegen, zusam-
menschauend von seinem Leben und Schaffen zu
erzählen. In dieser Hinsicht zeigte er sich zunächst
spröde. Es bedurfte meines ganzen beruflichen Ge-
schicks, ihn zu überzeugen, daß auch das ein Weg der
Heilssorge und des Dienstes an der Kirche sein könne.
Das Ergebnis war überraschend reich und wohl für
viele Menschen bedeutsam. Wie ich werden auch andere nachdenklich werden.

Was das für P. Häring unvermutet hereinbrechende Lehrverfahren mit allen damit verbundenen Demütigungen betrifft, so ist es aufgrund der ganzen Dokumentation klar, daß gewisse Kreise des Vatikans und insbesondere der Glaubenskongregation schon lange nach einem Anlaß gesucht hatten. Er bot sich zu Beginn des „Heiligen Jahres" 1975 durch ein fabriziertes Interview mit großem Titel auf der ersten Seit des „Corriere della Sera": „Paul VI. kann nicht immer sagen, was er möchte." Die Reaktion in scharfen Angriffen in der Zeitung „Il resto del Carlino" und im „Osservatore Romano" folgten auf der Stelle. „Zwei große Moralisten" (wie der Sekretär der Glaubenskongregation sie nannte, ohne die Namen zu nennen) entdeckten die erste Auflage des Buches „Der heilende Dienst" (Etica medica), als schon die vierte überarbeitete Auflage mit Imprimatur vorlag. Man wagte es, dem Moraltheologen, der so viel für die biblische Begründung der Moraltheologie getan hat, „moralischen Relativismus" vorzuwerfen, „der die Kriterien des sittlichen Aktes ausschließlich aus der geschichtlichen Situation entnimmt" und „das Wort Gottes völlig entleert".

P. Häring weist nicht nur die Anklagen furchtlos in ihrer Unhaltbarkeit zurück, sondern sendet der Glaubenskongregation zusätzlich seine kritischen Anmerkungen zu deren Dokument „Persona humana" und setzt seine Tätigkeit als Mitarbeiter der Zeitschrift „Famiglia Cristiana" im gleichen undiplomatischen Stil fort. Die bloße Zitation der Erklärung der französischen Bischöfe, wie Gewissenskonflikte angstfrei gelöst werden können in bezug auf das Verbot der Kontrazeption, erregt die Glaubenskongregation und den Moralisten des „Osservatore Romano" G. B. Guzzetti.

Eine unvoreingenommene Lektüre der Akten dieses Prozesses, der sich schließlich ins Nichts auflöste, beweist zur Genüge, wie nötig eine Reform der Glaubenskongregation ist sowohl zum Schutz des Angeklagten wie auch ganz besonders aus Respekt vor einem sinnvollen theologischen Pluralismus in der Weltkirche. Es ist mir unvergeßlich, wie sehr und wie lange P. Häring gezögert hat, mir Einblick in diese erschütternde Dokumentation zu geben, die bisher sorgsam gehütet war. Es bewegte ihn vor allem die Sorge, auch den beteiligten Personen gegenüber mehr das zu suchen, was uns eint, als das, was uns entzweit; dann aber auch die Frage, ob es der Ehre und der Glaubwürdigkeit der Kirche vielleicht mehr schaden als nützen könne. Doch nach langem Nachdenken und gründlicher Beratung mit andern kam er zu dem Schluß, daß die öffentliche Kenntnis dieser schmerzlichen Erfahrung letztlich einen Schritt auf die gemeinsame Verantwortung in der Kirche und für die Kirche hin sein könnte, so daß die Ausübung ihrer Autorität glaubwürdiger und wirksamer werde, gemäß dem Geist und den Beschlüssen des Konzils.

Die im Kapitel 7 dieses Buches wiedergegebenen Dokumente sind wie eine Photographie jenes im Konzil überwundenen Kirchenverständnisses der „vollkommenen Gesellschaft".

Bezeichnend für die Methode ist, daß alle Dokumente an diesen weltweit anerkannten Theologen ihm nur durch den Ordensoberen übermittelt werden. Wie steht es da mit dem Respekt vor der Person? Will man dem Angeklagten Schwierigkeiten innerhalb seiner Ordensfamilie bereiten?

P. Häring spricht in seinen Antworten von dem Glück, daß er bei seinen Obern volle Solidarität erfahren hat, einen ständigen Vorschuß des Vertrauens.

Wäre das nicht der Fall gewesen, hätte er sich wohl ebenso freimütig und wirksam verteidigen können?

Wie soll man sich dazu stellen, daß die „zwei großen Moralisten", die aus einer ganz anderen Gedankenwelt kommen, allein das Sagen haben? Und das in Fragen, die zum Bereich der Glaubenswahrheiten gar nicht gehören! Warum keine Konfrontation dieser „zwei großen Moralisten" mit andern aus andern Schulen? Dürfte man nicht, so meint auch P. Häring, wenigstens einen „Gerichtshof" erwarten, der auf der Höhe moderner Kultur steht? „So kann es sicher nicht weitergehen."

„Die Päpste gehen, doch die Kurie bleibt", dies war das anstößige Wort von Bernhard Häring im schon genannten Interview im „Corriere della Sera", das den lange gesuchten Anlaß zum Lehrverfahren bot. Gerade dieser Lehrprozeß ist ein weiterer Beweis für die Richtigkeit jener Aussage, die Häring mit anderen Worten gemacht hatte und die dann zu einem sensationellen Interview konstruiert worden war.

Das bahnbrechende Werk „Das Gesetz Christi" fand zwar nicht den Beifall der Kurie, doch kam es zu keinem formellen Lehrverfahren, und das vor dem Konzil. Das Buch „Der heilende Dienst" baut auf dem vom Konzil konsolidierten Fundament auf. Warum dann aber zehn Jahre nach dem Konzil ein solches Verfahren?

Papst Paul VI. bekräftigte sein Vertrauen gegenüber P. Häring auch dadurch, daß er ihn einlud, die ersten Fastenexerzitien für ihn und die päpstliche Familie im ersten Jahr seines Pontifikates zu halten. Er hat ihn wiederholt konsultiert. Dennoch stellte das Heilige Offizium Nachforschungen an, um Anklagepunkte gegen ihn zu finden. Erst auf das Interview im „Corriere della Sera" hin konnten die Gegner von Häring die Zustimmung des alternden Paul VI. zur Einleitung eines Lehrverfahrens gewinnen, das noch über den Tod dieses Papstes hinaus und auch während der schweren Krankheit von P. Häring fortdauerte, bis es, wie ich aus sicherer Quelle erfahren habe, durch Papst Johannes Paul II. zum endgültigen Abschluß gebracht wurde.

Muß man sich nicht auch fragen: Wie hätte Häring all das ertragen können und was wäre geschehen, wenn ihm nicht das Wohlwollen der letzten Päpste ein Schutz und Schild gewesen wäre? Gerade diese beängstigende Frage spricht deutlich für eine strukturelle Reform, auf daß die Rechte des einzelnen wirksam geschützt werden. Soll man wirklich das Tasten und Suchen von gelehrten und im Heilsdienst eifrigen Theologen der schlechten Laune, einer unangreifbaren Richtung oder, schlimmer, dem blinden Eifer von Ehrsüchtigen, die sich als besonders papsttreu und orthodox geben, überlassen? Die von Häring angeführten zahlreichen Fälle von Freunden sprechen eine laute Sprache und sollten alle zum Nachdenken bringen.

Vielsagend sind die Briefe des Assessors des Heiligen Offiziums Pietro Parente gegen Yves Congar und Bernhard Häring, während Papst Paul VI. öffentlich sein Vertrauen ihnen gegenüber bekundete. Sollte es nicht ein Organ geben, das das Verhältnis Kurie-Papst garantiert?

Nach all den klaren Antworten Härings in bezug auf sein Buch „Der heilende Dienst" geht das Verfahren ganz auf das Verbot jeder Kritik und jeder freimütigen publizistischen Tätigkeit von Häring hinaus. Das Entscheidende in seiner Antwort sehe ich vor allem in seiner Versicherung, er werde die Kirche, Volk Gottes und Lehramt, stets durch eine absolute Ehrlichkeit ehren.

Besondere Beachtung verdient auch seine Bezugnahme auf die *oikonomía,* die geistgewirkte Flexibilität als Grundspiritualität der Orthodoxen Kirchen. „Die Moral ist für die Person", so stellt Häring in einem italienisch geschriebenen Buch fest.

P. Häring zeigt sich fest entschlossen, kein Verräter an seinem sorgsam gebildeten Gewissen und an der Heilssorge für die Geängstigten zu werden.

Man bedenke, daß mitten während dieses Lehrverfahrens 1977 eine Festschrift „In libertatem vocati" für Häring erschien unter Mitwirkung von P. Congar „dem Lehrer und Freund gewidmet, der so viel getan hat, die katholische Moral zu verlebendigen", von Karl Rahner „zu Ehren des großen Moraltheologen" und auch von Kardinal Ratzinger. Hätte man sich damals vorstellen können, daß dieser maßvolle Theologe unter einem Lehrprozeß mit so willkürlichen Anschuldigungen zu leiden habe? So muß man sich heute fragen: Ist es möglich, daß man zehn Jahre nach dem Konzil einen solchen ganz bestimmten Zielen dienenden Prozeß in Gang bringen kann, wobei für den Angeklagten nicht die geringste juridische Garantie besteht? Wenn dies schon bei einem Meister wie Bernhard Häring geschehen kann, was könnte dann bei anderen möglich sein, die sich nicht eines solchen Prestiges erfreuen, falls es nicht zu den von Häring vorgeschlagenen Reformen kommt?

Die Veröffentlichung dieser einmaligen Dokumentation über das Lehrverfahren will einen ernst zu nehmenden Beitrag für ein Nachdenken – und nur das – in einer Atmosphäre der Transparenz sein, die die Kirche als Institution immer mehr auszeichnen soll, auf daß sie immer mehr ein Modell für die Welt werde, zu der wir alle gehören.

Doch dies ist nur ein kleiner Ausschnitt des reichen Zeugnisses von Bernhard Häring, das sich aus den langdauernden und unvergeßlichen Gesprächen ergab, die vom November 1987 bis zum April 1988 in seinem einfachen Zimmer an der Via Merulana in Rom stattfanden und aus denen ich verwandelt herausging, geistlich bereichert, im Glauben gestärkt: im Zuhören trat mir ein überaus intensives Leben entgegen, das ganz vom Durst nach dem Wahren und nach dem stets besseren Kennen Christi beherrscht ist.

So habe ich Bernhard Häring kennengelernt: in ungebrochener Menschlichkeit ein entschiedener Priester der Kirche; dies, so meint er selbst, verdankt er weithin seiner Familie. Eben diese Menschlichkeit läßt ihn jede Getto-Mentalität und jeglichen Klerikalismus verschmähen. Es ist nicht zufällig, daß er sich als junger Mann bemüht, Karl Marx und die Hintergründe seiner Theorie zu verstehen. So versteht man auch seine frühe Abneigung gegen die damals üblichen Moralhandbücher, seine Berufung für die Armen und Enterbten, seine Vorbereitung für die Mission in Brasilien, und schließlich auch sein Ja, als seine Gemeinschaft ihn zur Spezialisierung in Moraltheologie berief mit der Zusicherung, ihm alle Freiheit zu geben, die Moraltheologie zu vermenschlichen.

So entstand sein Werk „Das Gesetz Christi" mit einer umwälzenden Wirkung. Man spürt darin seine Heilssorge für die Heimatlosen und Ärmsten wie auch die dauernde Nachwirkung seiner Erfahrungen im unsinnigen Krieg Hitlers, doch ebenso seine Unbeugsamkeit gegenüber klerikalem Druck. Diese Menschlichkeit prägt zunehmend die Kirche. P. Häring wird zu einem Theologen, vor dem man die wirklichen Probleme des Priesters, die Rolle der Frau, das Leid der Geschiedenen, des Menschen, der sich in schwierigen Situationen befindet, ehrlich ausspricht. Eben diese Menschlichkeit kennzeichnet auch sein Wirken im Konzil. Sie

offenbart sich in diesem Buch, das Frucht unserer Gespräche ist. Das freimütige Wort P. Härings eröffnet
einen überraschend neuen Blick auf die Ereignisse im
Konzil, in den Vorbereitungskommissionen und der
nachkonziliaren Zeit. In diesem Licht versteht man seinen Kampf für die Religionsfreiheit, für recht verstandene verantwortete Elternschaft und bis heute seinen
Widerstand gegen Tendenzen, das Konzil zurückzu-
nehmen oder in wesentlichen Punkten abzuschwächen.

Das Zeugnis von Häring und dessen Kraft hat wohl
viel zu tun mit jener „Gnade des Zweifelnkönnens", die
er der Kirche wünscht als Heilmittel gegen die Tendenzen des „Infallibilismus", der im Widerspruch zur wahren Unfehlbarkeit in Glaubensfragen steht. Eben diese
Menschlichkeit, die zum Mitleiden wird, zeigt sich
auch in jüngster Zeit in seinem weltweit gehörten Widerspruch gegen einen unerträglichen Rigorismus in
der Auslegung der Enzyklika „Humanae vitae", des
Verbots künstlicher Empfängnisregelung selbst dort,
wo die natürlichen Methoden einfach unanwendbar
sind und sogar die Harmonie und der Bestand einer
Ehe in Gefahr geraten. Seine pastorale und ökumenische Feinfühligkeit machen ihn zum Rufer zugunsten
der bei den Orthodoxen so hochgeschätzten *oikonomía*,
der flexiblen Anwendung sekundärer Moralnormen im
Vertrauen auf das Wirken des Heiligen Geistes, der uns
die Gabe der Unterscheidung geben will.

Der Ernst eines lebenslangen Zeugnisses, das einen
positiven Einfluß auf die Gewissen so vieler Katholiken
und Nichtkatholiken und Menschen vieler Völker aus-
geübt hat und das sich auch in diesem Buch zeigt, wird
sicher auch weiterhin fruchtbar sein.

Gianni Licheri

Elternhaus und Berufswahl

*In Ihren Schriften kommt immer wieder die Dankbarkeit gegen-
über dem Elternhaus zum Ausdruck. Könnten Sie dazu etwas
Näheres sagen?*

Geboren bin ich am 10. November 1912 als elftes von
zwölf Geschwistern. Sicher war ich ein ersehntes und
willkommenes Kind. Ich wuchs unter der Sonne elterli-
cher und geschwisterlicher Liebe auf. Zwei der zwölf
Geschwister starben im Kindesalter. Wir zehn vertru-
gen uns gut, waren stolz aufeinander – und sind es
heute noch.

Mein Vater war ein standesbewußter, zufriedener
Landwirt. Der Hof war mütterliches Erbe. Der Großva-
ter väterlicherseits war Bierbrauer und Wirt. Ich kannte
meine Großeltern nur vom Erzählen.

Meine Mutter war eine ausgezeichnete Hausfrau
und noch mehr eine weise Erzieherin. Mein Vater liebte
und ehrte sie sehr. Ihre Ehe verwirklichte vorbildlich,
was man heute Partnerschaftsehe nennt. Nach meinen
ganzen Erfahrungen könnte ich mir auch heute noch
keine idealeren Eltern vorstellen. Die Mutter war ausgesprochen gastfreundlich. Wenn ein Bettler vor dem
Mittagessen bei uns anklopfte – und dies geschah nicht
selten –, so hörte er: „Du bist heute bei uns zu Gast."

Für die damalige Zeit waren wir relativ wohlhabend. Wenn in einer kinderreichen Familie Not herrschte, so entging das meiner Mutter nicht, und sie half, solange es nötig war. Für uns Kinder war es ein Privileg, wenn wir täglich kranken, alten Leuten das Mittagessen bringen durften. In der Erziehung verkörperte sie vorbildlich die Gewaltfreiheit. Ich kann mich nicht erinnern, daß sie eines der Kinder anschrie oder im Ärger schlug.

Mein Vater war von Natur aus aufbrausend, aber unter dem Einfluß seiner Frau wurde auch er mehr und mehr sanft. Meine zwei älteren Brüder erzählten uns, daß er sie bisweilen im Zorn hart gestraft habe. Doch dann hatte ihm unsere Mutter gesagt: „Johannes, deine Hand ist zu schwer. Überlaß das Strafen, wenn es mal sein sollte, mir." Er nahm das wie ein Gebot Gottes an. Auch mein Vater war ausgesprochen altruistisch. Nicht selten verbrachte er den Sonntag nachmittag mit Briefschreiben für Nachbarn, die sich nicht darauf verstanden.

Der Glaube unserer Eltern war die Luft, die wir einatmeten. Mein Vater war nach Aussage meiner Großtante (der Großmutter des nachmaligen Bundeskanzlers Kurt Georg Kiesinger) schon als junger Mann ein sonntäglicher Kommunikant. Später, als ich ihn kannte, ging er täglich zur Kommunion, nachdem er oft schon stundenlang gearbeitet hatte. Die Mutter war nicht weniger fromm, freilich erlaubte ihr die Hausarbeit und Sorge für uns Kinder nicht die tägliche Messe. Sie gab jedem von uns Kindern morgens und abends das Weihwasser mit einem Segenswunsch. Die Frömmigkeit der Eltern war gesund, ohne einen Hauch von Frömmelei.

An den langen Winterabenden waren fast täglich Freunde und Nachbarn in unserer großen Stube zu Besuch. Man betete gemeinsam mit den Gästen am

Abend den Rosenkranz, und meistens las dann die Mutter noch eine Seite aus der Heiligen Schrift oder aus einem Heiligenleben vor. Wenn dann Männer Geistergeschichten und andere abergläubische Dinge erzählten, tadelte sie die Mutter humorvoll: „Ihr werdet wohl nie gescheiter!" Sie verstand es glänzend, abzulenken.

Wie wirkte sich die politische Situation, Weltkrieg, Nachkriegsnot und Nationalsozialismus in ihrem Elternhaus aus?

Meine ansonsten glückliche Kindheit wurde von den Ereignissen des Ersten Weltkrieges empfindlich gestört. Mein ältester Bruder diente drei Jahre an der Westfront. Der zweitälteste meldete sich freiwillig vor Erreichen des dienstpflichtigen Alters, um dadurch den Vater vom Militärdienst frei zu halten. Ich kann mich noch erinnern, wie heftig mein Vater gegen diesen Schritt protestierte, doch meinem Bruder war es ernst. Er konnte es sich einfach nicht denken, daß ein Vater von noch kleinen Kindern Kriegsdienst leisten sollte.

Gegen Endes des Krieges hatte mein ältester Bruder Urlaub. Er erklärte den Eltern, er werde nicht an die Front zurückkehren, sondern sich im Elternhaus oder sonstwo verbergen, bis der Krieg zu Ende sei. Der Vater und der Ortspfarrer überredeten ihn jedoch, an seinen Posten zurückzukehren. Er schrieb noch von der Front, wie leid es ihm tue, dem Vater diesen Verdruß bereitet zu haben. Im übrigen werde er demnächst den jüngeren Bruder treffen, da ihre Regimenter nebeneinander eingesetzt seien. Gerade als der Krieg zu Ende ging, trafen zu Hause an ein und demselben Tag zwei Vermißtenmeldungen (für beide Brüder) ein. Der Postbote wußte, daß meine Mutter damals krank war, und brachte die zwei Briefe einer Verwandten, im Vertrauen darauf, daß sie die Nachricht behutsam den Eltern mitteilen würde. Es ist mir noch ganz deutlich in Erinnerung, wie uns der Vater geradezu beschwor, nicht zu weinen oder mit verweinten Augen ins Krankenzimmer zu gehen. Doch die schwerkranke Mutter sah es dennoch unseren Gesichtern an und fragte: „Welcher von beiden ist gefallen?" Als keine Antwort kam, schloß sie selbst: „Also beide!" – Gefallen war freilich nur der Älteste. Nach Monaten erfuhren wir, daß der andere in englischer Kriegsgefangenschaft war. Er kam krank nach Hause und litt auch an dem Lupus, den er in der Gefangenschaft bekommen hatte. Das bedrückte den Vater sehr, da sich Wenzel ja freiwillig gemeldet hatte, um ihm den Militärdienst zu ersparen. Mein Vater scheute weder Mühe noch Geld, um die Hilfe der besten Ärzte einzuholen.

Mein Vater war politisch sehr engagiert, die ganzen Jahre hindurch war er der Ortsvorsitzende der Zentrumspartei. Uns Kindern fiel die Aufgabe zu, das Propagandamaterial auszutragen.

Da es in unserer Gegend sehr viele Arbeitslose gab, ist es begreiflich, daß die kommunistische Partei viele Wähler gewann. Schon als junger Student las ich die Werke von Karl Marx, auch um in Kommunistenversammlungen als Gegenredner auftreten zu können. Ich fühlte mich nie zu Sympathien für den Marxismus versucht, lernte jedoch durch die Lektüre der Schriften von Marx und Engels, jedem Versuch, Religion für die Ziele der Reichen und Mächtigen zu verzwecken, zu widerstehen. Als der sich sehr katholisch gebende Zentrumsmann, Großgrundbesitzer Freiherr von Papen die Regierung Brüning (Zentrum-Sozialdemokraten) aus Protest gegen eine geplante Bodenreform stürzte

(1932), schrieb ich ein Drama mit dem Titel „Die soziale Tat". Der Inhalt war: Einem Großgrundbesitzer, der die reichlichen Staatsbeihilfen in der Stadt für sich vergeudet und seine zahlreichen Landarbeiter ausgenützt hatte, gehen die Augen auf. Er bekennt vor seinen Arbeitern seine Sünden, bittet um Verzeihung und um die Gunst, von nun an als einer von ihnen und gemeinsam mit ihnen den Boden bearbeiten zu dürfen. Er findet ihre Zustimmung. Zweiter Akt: Die anderen Großgrundbesitzer beraten, wie sie diesen Verräter bestrafen könnten, falls er nicht zur Solidarität mit seinem Stand zurückkehre. Dritter Akt: Sie beschimpfen und töten ihn. Doch in diesem Augenblick meldet ein Bote: „Soeben ist die Rote Armee in Königsberg eingezogen."

Dreizehn Jahre später sah ich als Soldat einer geschlagenen Armee und dann als Kriegsgefangener die ostpreußischen Junker mit ihrem nötigsten Hab und Gut auf aussichtsloser Flucht vor der Roten Armee.

Als Hitler 1933 an die Macht kam, verteilte er an alle Familien freigebig Rundfunkgeräte. Mein Vater war fest entschlossen: „Solange dieser Verbrecher im Rundfunk schreit, kommt kein Radio in mein Haus!" Und als einige Jahre später Hitler die kinderreichen Mütter mit „Mutterkreuzen" ehrte und meine Mutter ein goldenes bekommen sollte, weigerte sie sich, zur Ehrung zu gehen. Dem Parteifunktionär, der ins Haus kam, um ihr die Ehrung zu überreichen, öffnete sie höflich die Tür mit den Worten: „Diese Ehrung nehme ich nicht an, da ich keines meiner Kinder für den Nationalsozialismus geboren und erzogen habe!"

Als 1934 ein Truppenübungsplatz für die SS auf unserer Gemeindegemarkung geplant war, waren viele Bauern durch die Aussicht auf eine sehr hohe Abfindung bereit, Grundstücke herzugeben. Mein Vater ging von Haus zu Haus und stellte nur die Frage: „Habt ihr auch an Eure Töchter gedacht?" Das schlug bei allen ein. Bei der entscheidenden Versammlung weigerten sich die Bauern einmütig, ihren Grund freiwillig abzutreten. Ich war damals im Noviziat der Redemptoristen. Mein Vater schrieb mir: „Du wirst wohl für längere Zeit keinen Brief mehr von mir erhalten; denn mir stehen längere Exerzitien auf dem Heuberg bevor." Heuberg bedeutete damals bei uns „Konzentrationslager".

Wie kamen Sie in diesem Klima zum Ordensberuf?

Ich war in der Volksschule eher ein fauler Schüler, denn ich interessierte mich viel mehr für unsere Pferde als für die Hausaufgaben. Dennoch entschloß ich mich im Alter von zwölf Jahren zum Studium im Gedanken, vielleicht einmal Missionar zu werden. Im März 1933 legte ich am staatlichen Gymnasium in Günzburg die Reifeprüfung ab. Und da ich Klassenbester war, hatte ich die Festrede zu halten. Ich sprach von der harten Wüstenwanderung, die uns für die kommenden Jahre bevorstehe; und dazu bedürfe es des Mutes und der Hoffnung. Diejenigen meiner Professoren, die vom Nationalsozialismus angehaucht waren, nahmen mir meine Festrede übel, viele andere, auch meine Studienfreunde, begrüßten sie.

Nun galt es, über meinen Beruf zu entscheiden. Ich gestehe offen, daß es mir nicht leicht fiel, auf Ehe und Familie zu verzichten. Doch die Überzeugung, daß die Welt nichts dringender bedürfe als Verkünder des Evangeliums, war für mich entscheidend. Da ich für die Missionäre der Gesellschaft Jesu wie Matteo Ricci und Franz Xaver eine große Bewunderung hatte, erkundigte ich mich über den Jesuitenorden in Deutschland. Als ich jedoch hörte, daß es dort zwei verschiedene Bildungsgänge gebe, einen für Hochbegabte, die Professoren würden, schied diese Alternative aus, denn ich wollte auf keinen Fall ein Stubengelehrter oder Professor werden. Nachdem mir dann der Provinzialobere der süddeutschen Redemptoristen versichert hatte, daß ich bei ihnen nicht zu fürchten brauche, Professor zu werden, entschloß ich mich für sie. Nach meiner Profeß wiederholte er diese Versicherung und riet mir, die Sprache und Kultur Brasiliens kennenzulernen, da laufend Mitglieder der Provinz dorthin ausgesandt würden. Er bat mich jedoch freundschaftlich, darüber nicht zu reden, bis ich die Schiffskarte hätte; sonst könnten schließlich die Professoren meine Pläne durchkreuzen. Ich befolgte den Rat in jeder Hinsicht.

Wie stellte sich Ihre Familie zu der Berufswahl?

Meine Eltern freuten sich darüber. Doch sie hatten mir nie von sich aus zugeredet. Als mich mein Vater beim Eintritt ins Noviziat mit seinem Landauer zur Bahnstation brachte, stellte er vorsichtig die Frage: „Aber warum gehst du so weit weg? Könntest du nicht Diözesanpriester werden?" Meine Antwort war dem Sinne nach: „Ich fühle mich nicht als Heroe. Ich brauche den Halt und die Ermunterung einer Gemeinschaft." Dies leuchtete meinem Vater durchaus ein. Er fügte aber dann doch nachdrücklich hinzu: „Wie immer du dich entscheidest, ist es uns recht. Wenn du zu uns zurückkehrst, bist du auch willkommen. Und wenn du wieder den schon einmal geäußerten Gedanken aufgreifen solltest, Medizin zu studieren, so werden wir dir dabei gern behilflich sein."

Wie erlebten Sie die Hitlerjahre in Ihrer Ordensgemeinschaft?

Unter uns zehn Novizen war nur einer, der sich von der Regierung Hitlers etwas Gutes erwartete. Wir anderen waren nicht erstaunt, daß unsere Oberen den jungen Mann recht bald wegschickten, überzeugt, daß es ihm an der nötigen Unterscheidungsgabe fehle. Ich erinnere mich noch gut, wie Kardinal Faulhaber bei einem Besuch in Gars, wo er sich immer wie zu Hause fühlte, uns einmal sagte: „Der Nationalsozialismus Hitlers ist nicht nur eine Häresie, sondern die Summe aller Häresien."

Als Hitler in Österreich einmarschierte, herrschte bei uns in Gars, das nicht weit von der österreichischen Grenze entfernt liegt, Zorn, Wut und schließlich tiefe Niedergeschlagenheit. Niemand machte aus seinem Herzen eine Mördergrube. Als wir von der feigen Haltung der österreichischen Bischöfe erfuhren, waren wir sehr bestürzt, bis wir von der gemeinen Erpressung durch Goebbels hörten.

Die Einstellung in unserem Haus und in unserer Provinz war einmütig. Deshalb konnten wir auch Bischof Sproll, der aus meiner Heimatdiözese Rottenburg vor der SS fliehen mußte, zeitweise in Gars ein sicheres Versteck, einen Unterschlupf bieten. Ebenso war Professor Steinbüchel, mein späterer Doktorvater, bei uns in Sicherheit. Auch er fühlte sich bei uns wirklich daheim.

Verspürten Sie während Ihrer Studienzeit in Gars schon eine Neigung zur Moraltheologie?

Ganz im Gegenteil. Als ich einmal bei Paul Claudel den Satz las: „Sicher, wir lieben Christus; aber nichts in aller

Welt kann uns dazu bewegen, die Moral zu lieben", da sah ich meine eigenen Gefühle klassisch ausgedrückt. Ich studierte Geschichte, Philosophie, Soziologie, Dogmatik und vor allem Exegese mit Begeisterung. Gegenüber der Moral, wie sie damals gelehrt wurde, und dem Kirchenrecht empfand ich regelrechte Abscheu.

Schließlich entdeckte ich jedoch, daß es auch anders sein könnte. Ich las die Bücher von Johann Michael Sailer, Johann Baptist Hirscher und bald auch die Moraltheologie von Fritz Tillmann. Schließlich entdeckte ich auch die Wertethik bei Max Scheler und Dietrich von Hildebrand. Dafür konnte ich mich begeistern, aber der Gedanke, einmal Moraltheologie zu lehren, kam mir nicht einmal im Traum.

Um so größer war meine Überraschung, als mein Provinzialoberer in der Zeit, da ich mich auf die Abreise nach Brasilien vorbereitete, bald nach meiner Priesterweihe, eröffnete, daß mich das Professorenkollegium unbedingt zum Professor für Moraltheologie haben wollte. Ich sagte meinem Oberen, daß dies meine allerletzte Wahl wäre, da mir der Moralunterricht heillos fad vorgekommen war. Er beschwichtigte mich mit der Antwort:

„Eben darum, auf daß sich das in Zukunft ändere, bitten wir dich, dich durch ein Doktorat an einer deutschen Universität für diese Aufgabe vorzubereiten." Ich sagte ja im Gehorsam, obwohl es mir schwerfiel. Der Vorschuß an Vertrauen gab mir Mut und war wohl für mein weiteres Leben das reichste Kapital.

Ich entschloß mich, nach Tübingen zu gehen, und wollte dort promovieren, und zwar im Blick auf die geschichtsnahe Tradition dieser theologischen Schule. Bald darauf unterhielt ich mich mit Professor Steinbüchel, der damals bei uns als Gast versteckt war. Er schlug mir, wie er es bezeichnete, das große Thema des Jahrhunderts vor: „Das Heilige und das Gute – Das gegenseitige Verhältnis von Religion und Moral." Auch deutete er an, daß ich in der Schule von Edmund Husserl, bei Max Scheler und anderen zu meinem Thema wohl genügend Anregungen finden könnte.

Der Krieg

Sie haben in Ihrem Buch „Als es ums Überleben ging" über Ihre Kriegserlebnisse nachgedacht und dabei eine Art narrativer Theologie geschrieben. Was bedeuten diese Erlebnisse für Ihren Werdegang als Theologe?

Ich war unter der ersten Gruppe von Priestern, die zum Kriegsdienst einberufen wurden. Nach dem Konkordat konnten wir für den Sanitätsdienst optieren. Nach der Grundausbildung im Herbst 1939 war es meinen Obern durch persönliche Beziehungen zu einem Generalstabsarzt möglich, mir eine Beurlaubung auf Zeit verschaffen. So dozierte ich in Gars an unserer Ordenshochschule von Januar bis Juli 1940 Moraltheologie. Damals schon arbeitete ich an dem Buchplan, aus dem dann später „Das Gesetz Christi" entstand. Ich war fest entschlossen, mich nicht mit lebensfremden Problemen herumzuschlagen, während die Welt in Flammen stand.

Als ich mich dann im September 1940 in der Theologischen Fakultät in Tübingen einschreiben ließ, um das Doktorat zu erwerben, wurde ich auf der Stelle wieder eingezogen. Ich wurde einer in Frankreich stationierten Sanitätskompanie zugeteilt. Der Kompanieführer und der Stabsfeldwebel waren mir wohlgesonnen. So konnte ich unvermittelt auch seelsorglich tätig sein. Jeden Sonntag zelebrierte ich die heilige Messe und konnte auch predigen. Fast die ganze Kompanie und Soldaten der Nachbareinheiten nahmen regelmäßig teil. Schon nach ein paar Wochen konnte ich auch in der Kathedrale von Bayeux beginnen, für die dort stationierte Division den Sonntagsgottesdienst zu feiern. Ich fuhr dazu jeweils mit dem Fahrrad, bis mich der Stadtkommandant, ein General, anhielt. Ich vermutete, er werde mich zur Rede stellen, woher ich denn das Recht habe, Gottesdienste zu feiern; denn mir war sehr wohl bekannt, daß uns Priestern im Sanitätsdienst unter Androhung mehrerer Jahre Gefängnis jegliche Seelsorge untersagt war. Doch der General kam freundlich auf mich zu und fragte mich, ob es mir recht wäre, wenn er die Regimentsmusik zur Gestaltung des Gottesdienstes bestelle. Zudem veranlaßte er, daß ich jeweils mit dem Auto zum Gottesdienst in der Kathedrale abgeholt wurde. Ich meine, daß der General genausogut wie ich wußte, daß meine pastorale Tätigkeit „gesetzwidrig" war. Ich hatte immer wieder das Glück, solchen Kommandeuren zu begegnen.

Da ich Französisch sprach, wurde ich von meiner Kompanie zu vielen Diensten herangezogen, die mich mit der Bevölkerung in Kontakt brachten. Für die französischen Katholiken war ich Priester, und es war für sie selbstverständlich, daß sie mich als solchen nicht zur „Besatzungsmacht" zählten. Es bildeten sich sogar herzliche Freundschaften zu manchen Familien, auch zu französischen Priestern.

Anfang Mai 1941 wurde unsere Division nach Polen, an die russische Grenze, verlegt. Wiederum war ich der Kontaktmann zur Zivilbevölkerung. Unterdessen war ich als Truppensanitäter einem Infanterie-Bataillon zugeteilt. Ich wußte nicht, ob der Kommandeur der Kirche positiv gegenüberstand, doch ich fing gleich an, für interessierte Soldaten, Katholiken und Protestanten, Bibelstunden und Gottesdienste zu halten. Bald kamen auch zahlreiche Polen zu meinen Gottesdiensten. Die liturgische Sprache war ja damals noch das Latein. Der mir nicht wohlgesonnene Adjutant klagte mich daraufhin an. Ich mußte mit Stahlhelm usw. vor dem Kommandeur erscheinen. Er fragte mich, ob es stimme, daß ich für Polen einen Gottesdienst abgehalten habe. Ich antwortete, daß dies mehrmals geschehen sei. Auf seine knappe Frage, ob ich noch etwas zu meiner Verteidigung zu sagen habe, antwortete ich mit einer Bitte, nämlich, daß mein Fall zusammen mit dem des Adjutanten verhandelt werde, der mehrmals mit polnischen Mädchen getrunken und getanzt habe. Der Oberst schaute den betroffenen Offizier zornig an und schickte mich ungeschoren weg.

So lernte ich, mit dem Risiko umzugehen. Das war für mich später, als ich als Theologe mehr und mehr bekannt wurde, oft sehr notwendig. Ich lernte das Fürchten zu überwinden, was mir stets ein Ansporn wurde, in der Kirche freimütig für meine Überzeugungen einzustehen.

Dann begann der sinnlose Krieg gegen Rußland. In der Nacht vor dem uns bereits bekannten Ausbruch feierte ich Gottesdienst mit Generalabsolution und Kommunion für alle, Katholiken oder Protestanten; daran nahmen fast alle Soldaten der Einheit teil. Ich versorgte als Sanitäter und als Priester die Verwundeten und Sterbenden, ganz gleich ob sie orthodox, protestantisch oder katholisch waren. Ich taufte die Kinder der Orthodoxen, wo immer man mich darum bat. Und das geschah immer häufiger; denn überall schaute ich nach den Kranken und Verwundeten unter der Bevölkerung, und überall wußte man bald, daß ich Priester war. Ich sprach leidlich Ukrainisch und Russisch und feierte auch die Taufe auf Russisch. So wuchs ich stufenweise in meine ökumenische Berufung hinein, die für mich als Theologe ganz entscheidend ist.

Ich erfuhr am eigenen Leib, daß es überall gute Menschen gibt. Meine Kriegskameraden kamen nicht nur zum Gottesdienst und zur Gewissensberatung. Mehrmals halfen sie mir unter nicht geringem eigenem Risiko, russische Gefangene in die Freiheit zu entlassen, vor allem wenn es sich um geheilte Verwundete handelte. Mit noch größerem Risiko halfen sie mir zweimal, das Leben zahlreicher Juden, vor allem jüdischer Frauen, zu retten. Ich erfuhr auf bisweilen ergreifende Weise die Gütigkeit der russischen Bevölkerung.

Als wir aus dem Kessel um Stalingrad ausbrachen – ohne Waffen –, gaben mir russische Bauern ihre Schlitten und Pferde, um eine stattliche Zahl von Verwundeten mitzunehmen. Ohne die Güte der russischen Bevölkerung wären wir damals verhungert und erfroren, und hätten wir doch überlebt, wären wir gefangengenommen worden. Als ich bei der Kapitulation unserer Armee in russische Kriegsgefangenschaft kam, befreiten mich beherzte Polen aus der Gefangenschaft und machten mich ohne höhere Ermächtigung zu ihrem Seelsorger. Ich könnte noch lange fortfahren und von all dem Guten zu erzählen, das ich von Menschen anderer Völker erfuhr, die von unserem Volk geschunden wurden. Ist es nicht für einen Moral- und Pastoraltheologen von ganz entscheidender Bedeutung, an das Gute im Menschen zu glauben? Und eben das lernte ich während des Krieges immer wieder.

Ich lernte, auf die göttliche Vorsehung zu vertrauen, wiederum vielfach vermittelt durch gute Menschen.

Meine Rückkehr aus dem Osten war nur durch eine ganze Kette von Besonderheiten und Fällen menschlicher Güte möglich. Ich habe zugleich das Gutsein von Menschen und das Wirken der göttlichen Vorsehung erfahren. Auch das ist entscheidend für meinen Beruf als Moraltheologe.

Ich habe jedoch – Gott sei es geklagt – den absurdesten Gehorsam von Christen gegenüber einem verbrecherischen Regime erlebt. Und das hat sich radikal auf mein Denken und Handeln als Moraltheologie ausgewirkt. Nach dem Krieg kehrte ich zur Moraltheologie zurück mit dem festen Entschluß, sie so zu lehren, daß ihr Kernbegriff nicht Gehorsam, sondern Verantwortungsbereitschaft, Mut zur Verantwortung heißt. Und ich glaube, daß ich diesem Entschluß treu geblieben bin, sicherlich nicht zum Schaden von echtem Gehorsam, eben einem verantworteten Gehorsam, aber verbunden mit Freimut und kritischem Sinn.

Was würden Sie nun als das Bedeutsamste betrachten, das Sie aus den Erfahrungen in diesem absurden Krieg für Ihren Beruf mitbekommen haben?

Die Erfahrungen des Krieges, das Miterleben von sinnlosem Töten und Sterben, das Mitansehen der Verrohung vieler hat mich zu einem geschworenen Gegner des Krieges gemacht. Ich finde es geradezu lächerlich und zugleich ärgerlich, daß ich in meinem Alter noch so viel Kraft auf Fragen wie Flexibilität oder Inflexibilität des Verbots von Kontrazeption und auf das Ankämpfen gegen Sexualrigorismus verwenden muß. Denn ich bin zutiefst überzeugt, daß meine Hauptberufung die eines unermüdlichen Friedensapostels für die Abschaffung des Krieges, für eine gewaltfreie Weltkultur, für eine radikale Liebe, die uns nicht zu Feinden werden läßt, für „Umrüstung" auf gewaltfreie Verteidigung ist und sein muß. Das ist das Wichtigste, was sich durch die Kriegserlebnisse meinem Gewissen eingeschrieben hat.

Wußten Sie, als Sie vom Osten zurückkehrten, von den Vernichtungslagern der Nationalsozialisten?

Ich wußte noch nicht die ganze Wahrheit, aber doch sehr viel. Ich wußte sehr wohl um die Massenvernichtung von Juden zuerst in Kiew, dann in Charkow. In der Nacht vor der Massenerschießung von Juden in Charkow waren ich und meine besten Freunde auf den Füßen, um Juden allüberall, wo wir sie finden konnten, zu warnen, doch ja nicht dem Aufruf zur „Umsiedlung" zu folgen; sie sollten untertauchen. Ich lernte, mich als Christ zu schämen, daß auch Christen und kirchliche Obrigkeiten sich am Antisemitismus auf vielfältige Weise schuldig gemacht hatten.

Aus dem Wissen um die Vernichtungslager wurde mir auch klar, wie wichtig und zugleich schwer die Versöhnung und das Heilen so schwerer geschichtlich verschuldeter Wunden sein würde. Aber gerade darum muß Entfeindungsliebe, Versöhnung wie Gewaltfreiheit ein einzigartiges Grundanliegen katholischer Moraltheologie sein.

Vom Kriegsende bis zum Zweiten Vatikanischen Konzil

Was waren Ihre Pläne nach der Rückkehr aus Polen im Spätherbst 1945?

Genau gesagt, hatte ich eigentlich keine Pläne. Einerseits spürte ich, daß in der Moraltheologie doch allerhand zu tun und zu ändern wäre. Anderseits zog es mich zur praktischen Seelsorge hin, denn dafür waren die Kriegsjahre und das halbe Jahr in einer polnischen Pfarrei eine gute Vorbereitung. Ich meldete mich bei den Redemptoristen in Stuttgart, noch bevor ich nach Hause ging. Ich brauchte für die französische Besatzungszone, zu der meine Heimat gehörte, zunächst einen gültigen deutschen Ausweis. Bis dorthin besaß ich nur meine polnische Identitätskarte. Ich teilte als erstes dem Provinzialobern mit, daß ich lebe, und sprach zugleich meine Annahme aus, daß man unterdessen doch wohl einen Professor für Moraltheologie gefunden haben werde. Gleichzeitig bot ich mich an, sofort einige Volksmissionen in Pfarreien zu übernehmen. Mit Genehmigung der Obern hielt ich auch schon kurze Zeit später eine Mission. Doch dann traf ein Brief vom Rektor des Klosters und der theologischen Hochschule in Gars ein mit der dringenden Aufforderung, sofort ein Zimmer in Tübingen zu suchen, damit ich

dort baldmöglichst unter Leitung von Professor Steinbüchel mein Doktorat abschließen könnte.

Ich vermutete zu Recht, daß es den Professoren in
Gars nicht gelungen war, den Provinzialobern dazu zu
bringen, von sich aus mich zu bitten, mein Doktorat-
studium abzuschließen und Moral zu dozieren. So ging
ich mit bestimmten Hintergedanken nach Tübingen:
Zuerst fragte ich bei einem alten Bäschen, ob sie eines
ihrer drei Studentenzimmer für mich frei habe. Hände-
ringend erklärte sie mir, daß schon in jedem der Zimmer zwei Studenten untergebracht seien. Ich wanderte
fröhlich weiter zu Ordensschwestern, bei denen ich
früher schon logiert hatte. Auch sie machten mir klar,
daß in Tübingen, dem Hauptquartier der französischen
Besatzungsmacht, keine Zimmer zur Verfügung stün-
den. Wie überlegt ging nun mein Weg zu dem mir gut
bekannten Pfarrer, den ich bat, mir zu bescheinigen,
daß es für einen Priester zur Zeit unmöglich sei, in Tübingen ein Quartier zu finden. Doch zu meiner Überraschung verriet er mir, daß am selben Tag zwei brave
Frauen bei ihm gewesen seien und ihm gesagt hätten,
daß jede gern ein Zimmer für einen Priesterdoktoran-
den zur Verfügung stellen würde. So biß ich in den sau-
ren Apfel, irgendwie überzeugt, daß es die göttliche
Vorsehung so wolle.

Ich fand mich in der ersten Semestervorlesung bei
Professor Karl Adam ein. Nach der Vorlesung wartete
er auf mich, begrüßte mich herzlichst, ermahnte mich
aber auch, doch meine kostbare Zeit nicht zu verlieren.
Statt seine Vorlesungen zu besuchen, sollte ich lieber
an meiner Dissertation arbeiten. Ich besuchte während
zweier Semester die Vorlesungen von Romano Guar-
dini und von Theodor Steinbüchel und hörte außerdem
bei den drei geschätztesten evangelischen Professoren:

Köberle, Thielicke und Rickert. Es war mein fester Entschluß, meine ökumenische Berufung zu festigen.

Hat nicht auch Ihre Doktordissertation diese ökumenische Dimension?

Die 1947 fertiggestellte, aber erst 1950 veröffentlichte Promotionsarbeit ist eine zielbewußte Einübung ökumenischen Denkens. Die Wechselwirkung zwischen Glaube und Moral, Religion und Sittlichkeit wird an sechs bedeutsamen Denkern veranschaulicht: zunächst an Max Scheler in seiner katholischen Schaffensperiode, an dem protestantischen Philosophen Immanuel Kant, an dem bewußt und entschieden atheistischen Phänomenologen und Wertethiker Nicolai Hartmann, sodann an drei bedeutenden evangelischen Denkern: Schleiermacher, Rudolf Otto, Emil Brunner, und zwar in einer durchaus nicht-apologetischen Methode. Die Frage ist nicht mehr, „Wie verteidigen wir uns?", sondern: „Was lernen wir voneinander und miteinander?" Das Buch fand auch tatsächlich ökumenische Beachtung. Bald nach dem Erscheinen bat die Universität Göttingen um die Erlaubnis, die Untersuchung in Blindenschrift herauszugeben. Das Buch wurde in mehrere Sprachen übersetzt.

Was war Ihre Tätigkeit nach der Promotion?

Ich nahm 1947 als Professor der Moraltheologie und Moralphilosophie meine Lehrtätigkeit an der Ordenshochschule Gars am Inn auf, dazu kamen bald auch die Vorlesungen in Familien- und Religionssoziologie. Aber mein pastorales Interesse beseelte nicht nur meine Lehrtätigkeit. Bis 1953 verbrachte ich meine

etwa zehn Wochen dauernden Ferien mit der seelsorglichen Betreuung katholischer Flüchtlinge, die in ehe-
mals rein protestantischen Gegenden eine notdürftige
Bleibe gefunden hatten. Mit einem mutigen Volksmis-
sionar und mit meinem älteren Kollegen und früheren
Lehrer Viktor Schurr unternahmen wir einen neuen pastoralen Versuch, die sogenannte „Flüchtlingsmission",
in Gebieten, in denen noch keine katholische Seelsorge
organisiert war, z. B. im Bezirk Coburg im Norden Bay-
erns. Wir wanderten von Ort zu Ort, besuchten alle Familien, die oft in Elendsquartieren lebten, teilten ihre
Armut, schliefen bei den Ärmsten oft zusammen in nur
einem engen Zimmer und predigten die Frohbotschaft
in gemieteten Tanzsälen, sofern wir nicht das Glück
hatten, vom protestantischen Pfarrer in sein Gotteshaus
eingeladen zu werden.

Vor dem ersten Versuch hatte ich sorgfältig an die
fünfzehn Predigtentwürfe ausgearbeitet. Kein einziger
kam zum Zug; denn schon bei den ersten Hausbesu-
chen ging mir ein Licht auf: nicht ich habe die Themen
zu bestimmen. Es gilt, den Menschen auf ihre Probleme, Ängste, Hoffnungen und Nöte zu antworten.
Immer neu lernte ich eine responsorische Pastoral,
Hand in Hand mit der Ausarbeitung einer responsori-
schen Moraltheologie.

Wie kam es zu Ihrem weltbekannten moraltheologischen Werk
„Das Gesetz Christi"?

Es wurde mir vom ersten Tag an klar, daß man in solch
einer Zeit großer Umwälzungen nicht einfach nach früher geschriebenen Textbüchern greifen kann. Meine
Erfahrungen als Wanderprediger für die Flüchtlinge
verstärkten diese Einsicht immer mehr. Darum arbei-

tete ich für meine Vorlesungen planmäßig einen neuen Text aus. Dabei dachte ich zunächst durchaus nicht an eine Veröffentlichung. Die Anregung kam von meinen Studenten – die meisten waren Heimkehrer aus der Kriegsgefangenschaft – und vom Verleger meines Buches „Das Heilige und das Gute", Dr. Erich Wewel, einem Steinbüchel-Schüler.

Steinbüchel selbst, der mir eine erfolgreiche schriftstellerische Zukunft prophezeite, hatte mich gebeten, mein erstes Buch und womöglich weitere diesem sympathischen und überaus fähigen Verleger anzubieten, „um ihm wieder auf die Füße zu helfen". Wewel hatte vor der Nazi-Zeit einen hoffungsvollen kleinen Verlag aufgebaut und dabei ein außergewöhnliches Geschick bewiesen. So kam es, daß ihm der Nazi-Verlag Eher einen hohen Posten anbot. Dr. Wewel wies das Angebot entrüstet zurück, was er teuer bezahlen mußte: sein eigener Verlag wurde radikal vernichtet, er selbst war eine Zeitlang in Haft. Mit geliehenem Geld startete er aufs neue. Als ich 1953 mein Manuskript „Das Gesetz Christi" fertig hatte, wollte es Wewel unbedingt, gestand mir aber auch freimütig, daß er sich zuerst um ein Darlehen bemühen müsse. Ich war bereit, zu warten.

1954 kam das Werk zuerst in einem einzigen dickleibigen Band heraus. Es erhielt vom Verband des deutschen Buchhandels den Preis „Schönstes Buch des Jahres". Dr. Wewel hatte seine ganze Sorgfalt und Kompetenz diesem Buch zukommen lassen. Innerhalb eines Jahres kam es zu drei Auflagen. Der Verlag stand auf festen Füßen. In wenigen Jahren lag das Werk auch in vierzehn Fremdsprachen, darunter Japanisch und Chinesisch, vor. Der spätere Kardinal Garonne schrieb für die französische Ausgabe, die 1955 erschien, ein glänzendes Vorwort.

Wie kam es, daß Sie schon so früh nach Rom gerufen wurden?

Der neugewählte Ordensgeneral Leonard Buijs, der vorher Professor für Moraltheologie in Wittem in Holland gewesen war, nahm unmittelbar nach meiner Promotion mit mir Kontakt auf. Er sprach mit mir über seinen Plan, einem alten Übel in der katholischen Moral abzuhelfen. Bislang hatten Ordensobere und Bischöfe ihre künftigen Moralprofessoren zum Studium des Kirchenrechtes oder beider Rechte nach Rom geschickt. Das verfestigte die Verrechtlichung der katholischen Moral institutionell. Ihm schwebte eine theologische Fakultät vor, die sich auf die Moraltheologie in ihrer ganzen thematischen Breite und theologisch-philosophischen Tiefe spezialisieren sollte, um so wirkliche Moraltheologen auszubilden und auf ihre eigentliche Aufgabe vorzubereiten. Er wollte möglichst bald mit einem Experiment beginnen, zunächst hauptsächlich für Redemptoristen. Es lag ihm sehr viel daran, einen Professor aus der Tübinger Schule – und er hatte dabei mich im Auge – zu gewinnen. So bat er mich, schon 1948 für ein Semester nach Rom zu kommen, um mit ihm und einigen andern zu planen. Auch meinte er, es könnte für mich und für seinen Plan nützlich sein, wenn ich mir auch den Lehrbetrieb an den verschiedenen römischen Fakultäten anschauen würde.

Sind Ihnen einige „römische Erfahrungen" aus dieser Zeit näher im Gedächtnis geblieben?

Ja, ich möchte drei Dinge nennen. Ich besuchte unter anderem einige Vorlesungen bei dem Jesuiten Franz Xaver Hürth, der neben seinem Mitbruder P. A. Vermeersch als Hauptredakteur der Enzyklika „Casti connubii" bekannt war. P. Hürth hatte viele Hörer, ein riesiger Hörsaal war meistens voll besetzt; er sprach ein fließendes Latein, seine Vorlesungen waren gut. Aber etwas ganz anderes war deren Inhalt. So verwendete er zum Beispiel eine ganze Stunde auf die „wichtige Frage", ob ein Priester in der Diaspora an einem Werktag zweimal die Messe feiern dürfte, wenn nur auf diese Weise einer Anzahl von Katholiken die Möglichkeit gegeben wäre, wenigstens einmal im Jahr einer Messe beizuwohnen. Ich sehe ihn noch vor mir mit seiner feierlichen Geste und der Feststellung: „Die Antwort kann nur negativ ausfallen. Denn noch nie und nirgends gab es ein Gesetz, der Messe an einem Wochentag beizuwohnen. Also gibt es keinen Grund für die Bination (Feier von zwei Messen) an einem Werktag durch denselben Priester."

Ich erwartete einen Sturm der Entrüstung. Doch nichts davon. Die Hörer schworen offenbar auf das Wort des berühmten Lehrers, einer Säule des Heiligen Offiziums. Ich nahm meinen Hut und verschwand erschüttert: Also Eucharistie nur als „Gesetz", nicht als Lebensmitte, nicht als Erfahrung der Glaubens- und Heilsgemeinschaft, nicht als Feier des dankbaren Gedächtnisses, nicht als Leben aus dem Neuen Bund und für den Neuen Bund!

Am „Angelicum" besuchte ich einige Vorlesungen des berühmten Dominikaners Garrigou-Lagrange, Professor der Dogmatik und Mystik. Auch er war ein glänzender Redner, ja noch glänzender als Hürth, wenngleich mit einem französisch akzentuierten Latein. Doch in seiner ganzen Art war er ein ausgesprochener Matador („Stierkämpfer"). Als er auf seinen Mitbruder Marin-Sola, den berühmten und schöpferischen Dogmengeschichtler und Dogmatiker, den Garrigou auf die

Philippinen verbannen ließ, zu sprechen kam, stieg er vom Katheder herab in die „Arena", um mit aller Leiblichkeit diesen Feind niederzukämpfen. Ich erinnerte mich an dieses Schauspiel noch deutlich, als die Enzyklika „Humani generis" herauskam, die die von mir am meisten verehrten Theologen Marie-Dominique Chenu, Yves Congar, Henri de Lubac hart betraf. Hinter ihr stand Garrigou-Lagrange. Ich konnte mich mit ihm erst innerlich versöhnen, als ich von seiner schweren Geisteskrankheit hörte, unter der er während seiner letzten Lebensjahre litt. Man weiß als Mensch oft nie genau zu unterscheiden zwischen Schuld und Krankheit.

Ein drittes Erlebnis prägte sich mir noch tiefer ein: Ich besuchte einige glänzende Vorlesungen über Rechtsgeschichte, die ein Laie hielt, dessen Name mir nicht mehr präsent ist. Da geschah es, daß eine Gruppe von Kleriker-Studenten diesen Professor vor der Vorlesung in ein Gespräch verwickelten und ihm dabei die Prüfungsnoten abnahmen und fälschten. Sie fühlten sich dabei sicher, da der Professor notorisch sehbehindert war. Doch er kam dahinter. Daraufhin hörte ich die beste „Laienpredigt": „Gott bewahre seine Kirche vor ehrlosen und gewissenlosen Ehrenjägern, vor selbsternannten Bischofskandidaten, die für ihre Ziele nicht einmal vor grobem Betrug zurückschrecken!"

Daran erinnerte ich mich öfter, wenn bei Prüfungen an der Pastoralfakultät am Lateran Monsignori mit meinen Büchern unter dem Arm und mit Lobhudeleien auf mich zukamen, aber nur recht dürftige Kenntnisse vorzuweisen hatten. Während eines Semesters warnte ich dreimal vor solchem Unfug. Dennoch tauchte wieder einmal ein Monsignore in dieser Weise bei der Prüfung auf. Ich fragte ihn, ob er keinen Freund habe, der ihn hätte warnen können, und unterzog ihn einer strengen Prüfung: Note „ungenügend". Ich informierte das Sekretariat. Dennoch erhielt der Mann eine Promotion!

Befruchtete Ihr römischer Aufenthalt die Ausarbeitung Ihres Hauptwerkes „Das Gesetz Christi"?

Schon während meines ersten Aufenthaltes in Rom 1948 arbeitete ich an dem Manuskript meines Buches „Das Gesetz Christi". Die verschiedensten römischen Erfahrungen bestärkten meine Entschlossenheit, gegen lebensfremden Legalismus zu kämpfen, treuer aus der Heiligen Schrift zu schöpfen und mich den Problemen der Menschen meiner Zeit zu stellen.

Von 1950 bis 1953 dozierte ich dann jährlich ein Semester in Rom an der neu zu begründenden „Academia Alfonsiana". Anfänglich hatten wir neben unseren Studenten aus dem Redemptoristenorden ein paar Weltpriester aus Holland als Hörer. Ich begann mit zwei Kursen: der eine behandelte „Bekehrung" als eine grundlegende Perspektive christlicher Moraltheologie. Er wurde von allen Hörern sehr gepriesen und floß dem Inhalt nach in mein Werk „Das Gesetz Christi" ein. Der zweite Kurs, mit dem ich eigentlich begann, hatte als Thema: „Was können wir katholische Moraltheologen von den Orthodoxen und Protestanten lernen?" Auch dieser Kurs fand großes Interesse, wirkte jedoch auf einige meiner Hörer schockierend. Sie waren es einfach nicht gewohnt, daß man anders als apologetisch-defensiv von den andern Teilen der Christenheit sprechen kann. Einige meinten sogar: „Vielleicht ist P. Häring ein Krypto-Lutheraner." Ich schickte diese Hörer dann zu den Vorlesungen von P. Lyonnet am Bibelinstitut, der gerade über das Neue am Neuen Gesetz sprach, was ja bei den von mir behandelten lutherischen Theologen sehr zur Sprache kam. So sahen meine Hörer, daß wir eben doch sehr viel mit lutherischen Theologen gemeinsam haben können. Doch wiederholte ich diesen Kurs erst viele Jahre später und neu gefaßt. Ich sah, daß man prüfen müsse, ob die Zeit reif sei.

Ich arbeitete täglich mindestens zehn Stunden am Manuskript des „Gesetzes Christi". In Rom standen mir auch die nicht-deutschen Veröffentlichungen zu wichtigen Themen zur Verfügung. Ich verdanke vor allem der Bibliothek der Gregoriana-Universität sehr viel. In Gars war mir P. Viktor Schurr hilfreich. Ich brauchte ihm nur so nebenbei zu sagen, an welchem Thema ich nun zu arbeiten gedenke, ein paar Stunden später brachte er mir die besten einschlägigen Veröffentlichungen aus unserer Bibliothek; zwei Tage später folgten weitere, gut ausgewählte Werke aus der Münchener Staatsbibliothek. Die beiden Professoren der Exegese in Gars, Pater Brandhuber und Pater Schaumberger, berieten mich großherzig über den Gebrauch der Heiligen Schrift. Es ist kaum möglich, kurz zu sagen, wieviel Hilfe und Ermutigung ich von meinen Mitbrüdern und Kollegen erhielt.

1953 kam es zu einer plötzlichen Unterbrechung unserer Arbeit an der noch mühsam um ihre Identität ringenden „Academia Alfonsiana". Der Gründer P. Buijs starb plötzlich. Das anschließende Generalkapitel stellte sich fest hinter den Plan des Verstorbenen, merkte jedoch wohl zu Recht, daß wir einer größeren Anzahl bestens vorbereiteter Professoren bedürften. So ergab sich eine vierjährige Pause der gründlichen Vorbereitung, die sich als fruchtbar erwies.

Auch für mich war diese Pause wertvoll. Sie schützte

mich vor frühzeitiger „Entwurzelung". Ich wuchs, vor allem durch pastoral-soziologische Studien und Veröffentlichungen, stärker in das vielschichtige Leben der Kirche in Deutschland und darüber hinaus im deutschen Sprachraum hinein. Ich hatte dadurch auch mehr Zeit, gründlich an den Neuauflagen meines Hauptwerkes „Das Gesetz Christi" zu arbeiten und es zu verbessern.

Wie war das, als die Enzyklika „Humani generis" 1953 veröffentlicht wurde?

Sie kam nicht wie ein Blitz aus heiterem Himmel. Man spürte schon das Sich-Zusammenziehen eines Gewitters gegen die „Neue Theologie". Man wußte von Denunziationen und Ausspionieren von „verdächtigen" Professoren. P. Garrigou-Lagrange stützte einen Teil seiner Anklagen auf Vorlesungsnachschriften nicht unbedingt begabter Studenten. Offen gesagt, ich war sehr entmutigt. Darum war es für mich gut, einige Zeit von Rom weg zu sein. Zu „Humani generis" hinzu kamen ja dann auch die wiederholten Warnungen vor der Situationsethik. Viele meinten, daß sie nicht zuletzt auch gegen mich gerichtet waren. Selbstverständlich gibt es eine maßlose Situationsethik, wie etwa bei dem Amerikaner Joseph Fletcher, doch in den vatikanischen Äußerungen blieb kein Spielraum für den kulturellen Kontext und für saubere Lösungen von Konfliktfällen, in denen Werte und Normen sich nicht vereinbaren lassen ohne feines Situationsgewissen. Dies setzt das Wissen um eine gewisse Flexibilität von Normen voraus.

Hatten Sie in diesen Fragen Schwierigkeiten mit dem Heiligen Offizium?

Ich wurde während dieser Jahre nie offiziell vermahnt, und auch kein Lehrprozeß fand damals gegen mich statt. Doch Konsultoren des Heiligen Offiziums sprachen öffentlich von der bevorstehenden Indizierung meines Moralwerkes „Das Gesetz Christi". Dies kam auch meinen verschiedenen Verlegern zu Ohren und weckte Besorgnis. Später, als ich mit P. Franz Xaver Hürth in der Vorbereitungskommission des Konzils zusammentraf, sprach er ganz offen über die genaue Untersuchung meiner Werke (vor allem von „Das Gesetz Christi") durch das Heilige Offizium, fügte allerdings hinzu, daß man schließlich doch keine Häresie gefunden habe. Die feindselige Stimmung gegen meine damals doch wahrhaftig vorsichtigen Erneuerungsbemühungen wurde durch Gruppen von auswärts geschürt, die sich gezielt und ununterbrochen sowohl an meinen Ordensgeneral wie an das Heilige Offizium gegen mich wandten. Papst Johannes XXIII. half mir schon bald nach Beginn seines Pontifikats aus der Not durch einen Brief an meinen Ordensobern, in dem er meine Moral lobte, und noch mehr durch mehrfache lobende Bemerkungen bei öffentlichen Audienzen.

Hatten Sie persönliche Kontakte zu Papst Pius XII.?

Ich hatte in all den Jahren nur einmal eine Privataudienz bei Pius XII. Sie war gewiß nicht mehr als ein Ausdruck der Höflichkeit. Indirekt hatte ich freilich einige Kontakte. Schon bald nach Beginn meiner römischen Lehrtätigkeit erfuhr ich durch ein hohes Mitglied der Ritenkongregation, daß ein Erlaß zu erwarten sei, in

dem allen Ordensfrauen mit feierlichen Gelübden be-
fohlen werden sollte, das ganze Brevier in lateinischer
Sprache zu rezitieren. Mein Informant nannte auch den
Namen des für die Sache verantwortlichen Prälaten. Ich
machte mich mit einem in sorgfältigem Latein abgefaß-
ten Memorandum und mit einer gut vorbereiteten
Rede auf italienisch auf den Weg. Ich fragte den Eiferer
für eine einheitliche liturgische Sprache, eben für das
Latein, ob es wohl eine wohlverdiente Buße für ihn
wäre, wenn ihm die Mutter Kirche befehlen würde, täglich drei Stunden auf Chinesisch zu beten. Da er mit
einer Antwort zögerte, gab ich sie.

Dann stellte ich eine zweite Frage: „Würden Sie bei
aller Ehrfurcht für die erhabene chinesische Kultur-
sprache bei diesem Beten überzeugt sein, daß dies die
beste Schule für das ‚Beten im Geiste und in der Wahrheit sei'"? Entrüstet wies er eine solche Idee zurück. Er
versprach mir schließlich, er werde das Seine tun, daß
das vorgesehene Dekret nicht veröffentlicht werde.
Daraufhin erzählte ich ihm von meinen Erfahrungen
bei den Flüchtlingsmissionen: wie ich buchstäblich Ma-
genschmerzen bekäme, wenn ich mich vor diesen Armen und Verlassenen in der Messe am schönen Latein
gut tun würde, während irgendein Mädchen stotternd
die Lesung auf deutsch vorträgt.

Aus diesem ersten Versuch knüpfte sich ein Kontakt
mit der Ritenkongregation. Pater Augustin Bea (der
spätere Kardinal) bot sich an, ein von mir vorbereitetes
Memorandum über den Gebrauch der Muttersprache,
wenigstens im Wortgottesdienst unter Verhältnissen
wie zum Beispiel bei unseren Flüchtlingsmissionen,
dem Papst persönlich zu überreichen. Dies tat er auch.
Pius XII. war zunächst sehr beeindruckt. Doch in der
Kurie entstand Aufregung, und das eiserne Gesetz des

Lateins blieb bestehen. Ich war darüber sehr betrübt. Der Spiritual am Collegium Germanicum, der von unserer Initiative und vom schließlichen Mißlingen wußte, tröstete mich mit der festen Zusicherung, daß ich noch erleben würde, wie die Eucharistie überall in der Muttersprache gefeiert werde. Er sprach wahrhaft als Prophet.

Hatten Sie in dieser Periode vor dem Konzil auch Kontakt mit Persönlichkeiten der italienischen Politik?

Während ich in Deutschland in den Jahren 1953 bis 1957 viele Kontakte mit führenden Persönlichkeiten des Deutschen Gewerkschaftsbundes hatte und oft zu Vorträgen, Kursen und Diskussionen eingeladen wurde, knüpften sich erst nach 1957, nach der italienischen Veröffentlichung meines Buches „Macht und Ohnmacht der Religion", zahlreiche Beziehungen zu der Welt der Gewerkschaften und der Politik auch in Italien.

An vielen Wochenenden zog ich mich zu intensiver Arbeit in unser Ferienhaus am Lago Albano zurück. Sonntags feierte ich dort den Gottesdienst für unsere Nachbarn. Dazu zählte auch die Familie des Ministerpräsidenten Alcide De Gasperi. Er ließ es sich nie nehmen, bei der Meßfeier am Altar zu dienen. Ich bewunderte diesen außergewöhnlichen Mann in vieler Hinsicht. Trotz einer Reihe von Demütigungen durch den Vatikan ließ er sich in seiner politischen Verantwortung und Weitsicht und auch in seiner Glaubensfreude und Liebe zur Kirche nicht beirren. Er und seine Familie bleiben mir in bester Erinnerung.

Gerade weil ich mich damals in meinen Studien und auch in Vorlesungskursen sehr mit Fragen der Religionssoziologie beschäftigte, konnte ich mich nicht genug wundern, daß damals die Männer der Kirche, vor allem des Heiligen Offiziums, nicht merkten, daß all ihre autoritären Maßnahmen, mit denen sie die italienische Politik zu beeinflussen suchten, stets die gegenteilige Wirkung hatten. Ich denke hier vor allem an die Erklärung, daß Kommunisten exkommuniziert seien. Es stärkte die kommunistische Partei und – leider – auch die antiklerikalen Gefühle vieler. Wo immer Pfarrer vor Wahlen Anweisungen und heftige Warnungen von der Kanzel verkündeten, wuchs der Stimmenanteil für die kommunistische und andere „unerwünschte" Parteien.

Es störte mich auch sehr, daß sich die Christdemokraten vielfach einfach „die Katholiken" nannten oder nennen ließen. Montini war als Erzbischof von Mailand für dieses Phänomen sehr empfindlich. Dies zeigte sich auch in seinem schönen Hirtenbrief „An die Kirchenfremden", in dem er deutlich sagte, daß die Kirche sie um Verzeihung zu bitten habe.

Papst Johannes XXIII. und das Konzil

Der Ausgangspunkt

Beim Tod Papst Pius' XII., der in vieler Hinsicht ein großer Papst war, befand sich die römische Theologie in einer tiefen Krise. Die Dogmatik stand ganz im Schatten der Enzyklika „Humani generis", die Moraltheologie war heftig vor jeder Art von Situationsethik verwarnt worden, und zwar so, daß sowohl eine Inkulturation wie auch eine wirklich geschichtsgerechte Moraltheologie sehr schlechte Aussichten hatten. Die Marienfrömmigkeit hatte mit der Dogmatisierung der leiblichen Aufnahme Mariens einen bezeichnend römisch-katholischen Höhepunkt erreicht. Dazu kam auch die weitverbreitete Information, daß Pius XII. in den Vatikanischen Gärten das Sonnenwunder von Fatima nachträglich miterlebt habe.

Doch gab es auch bedeutsame Lichtpunkte: die liturgische Reform der Heiligen Woche hatte die Bestrebungen nach tiefgreifenden liturgischen Erneuerungen gestärkt, trotz der vielen Verbote, die vom Vatikan ausgingen. Die Enzyklika „Divino afflante Spiritu" eröffnete die Ära der biblischen Erneuerung der Theologie von ihrem Kernpunkt aus. Die Reden Pius' XII. über die Bedeutung der öffentlichen Meinungsbildung auch für das Leben der Kirche und die Anwendung des Subsidiaritätsprinzips der katholischen Soziallehre auch auf die Strukturen der Kirche ließen aufhören, wenngleich das Heilige Offizium dafür sorgte, daß sich ein Dissens in ziemlich engen Grenzen halten mußte. Und der Zentralismus wurde, wie gewöhnlich unter alternden Päpsten, von der römischen Kurie verstärkt. Das Experiment „Arbeiterpriester" war abgebrochen worden. Für viele Katholiken war der aristokratische, feingebildete, diplomatisch bestgeschulte Pius XII. das unübertreffbare Modell eines Papstes.

Nach der Wahl Johannes' XXIII. reiste ich nach Bologna zu einem Treffen der Religionssoziologen im Haus von Kardinal Lercaro, im klaren Bewußtsein, daß unsere Versuche zur Anwendung der pastoralen Religionssoziologie der Kurie höchst suspekt waren. Ich war in einem Zugabteil mit frommen römischen Damen und hörte ihr Jammern über den Übergang vom „Papa Angelico" (dem engelgleichen Papst) zu diesem „beleibten Papst Johannes"; ein Übergang, der schwer zu verkraften sei.

Kardinal Lercaro dagegen und die Gruppe von religionssoziologisch interessierten Moral- und Pastoraltheologen sahen in Papst Johannes XXIII. ein großes Geschenk Gottes, ein Zeichen der Hoffnung.

Was waren die ersten Folgen dieser Papstwahl für die theologische Forschung?

Die Ankündigung eines ökumenischen Konzils war wie ein Posaunenstoß. Der Optimismus von Papst Johannes XXIII. wirkte ansteckend im besten Sinn. Für Kenner der römischen Verhältnisse war jedoch die Liste der für die Vorbereitungsarbeiten ernannten Bischöfe und Theologen wenigstens teilweise eine kalte Dusche. Doch daß die für Glaubens- und Sittenfragen zuständige Vorbereitungskommission auch Namen wie Congar, de Lubac und Häring aufwies, war für Optimisten ein verheißungsvolles Zeichen, eine Art Identitätskarte für das Unternehmen des Papstes, zumal nachdem man erfuhr, daß der Papst diese Namen gegen den Willen des Heiligen Offiziums auf die Liste gesetzt hatte.

Was für ein Klima herrschte in dieser Vorbereitungskommission?

Es war wie ein ständiger Kampf zwischen Kaltluft- und Warmluftfronten. Ich hatte als „römischer Professor" gegenüber vielen von auswärts kommenden Bischöfen und Theologen den Vorteil, daß es mir leicht fiel, in geschliffenem Latein zu sprechen und zugleich auch den „römischen Stil" zu verstehen.

Die ersten Vorlagen, die von den Vertrauensmännern des Heiligen Offiziums ausgearbeitet worden waren, mußten heftige Gewitter auslösen. Ich nenne an erster Stelle das „Dogmatische Schema über die Erbsünde", in dem der erste Adam den Raum ausfüllte, während Christus einstweilen kaum ein Platz zugewiesen war. Auf die Frage eines Bischofs, wie das zu erklären sei, antwortete der hauptverantwortliche „Redakteur", das sei doch selbstverständlich, da eben „der erste Adam entscheidender war als der zweite". Wir waren sprachlos.

Nicht weniger schockierend war das „Dogmatische Schema über das Los der ungetauft sterbenden Kinder". Professor Michael Schmaus, der ebenfalls als Konsultor der Vorbereitungskommission angehörte, fühlte sich persönlich getroffen und verurteilt. Es war die feste Absicht der Maßgebenden des Heiligen Offiziums, durch das Konzil der Welt zu verkünden, daß alle ungeborenen und geborenen, aber ohne Taufe verstorbenen Kinder vom ewigen Heil ausgeschlossen seien, wenn sie auch keine Folterstrafen zu erwarten hätten. Eine Ausnahme wurde lediglich für die nach der Beschneidung gestorbenen jüdischen Kinder vor der Zeit der Kirche zugegeben. Auf meine schelmische Frage, was dann mit den nicht beschnittenen Mädchen Israels, die als Kinder starben, geschehen sei, wurde ich belehrt, daß dies eine „ungeziemende Frage" sei.

Ich suchte Verbündete und kämpfte wie ein Löwe gegen diese Ideologie, die offenbar dem Zweck dienen sollte, die frühe Kindertaufe (wieder) durchzusetzen. Mein Einsatz war stark motiviert. Als meine älteste Schwester eine Frühgeburt von Zwillingen hatte, konnte der erste, der lebendig geboren wurde, getauft werden, während der zweite tot zur Welt kam. Der Ortspfarrer hatte dann meine Schwester belehrt, daß nur das getaufte Kind auf dem geweihten Friedhof beerdigt werden könne; das ungetaufte Kind habe keinen Anteil am Heil. Als vierzehnjähriger Junge schwor ich mir, dieser Sache später einmal gründlich nachzugehen.

Ich beschwor in der Kommission das falsche Gottesbild, die Unglaubwürdigkeit des allgemeinen Heilswillens Gottes, wenn nicht erfüllbare Bedingungen von Gott gesetzt würden. An einem gewissen Punkt ließ Kardinal Ottaviani durch seinen Kommissionssekretär P. Sebastian Tromp erklären, daß mir in dieser Frage, die doch längst vom Heiligen Offizium endgültig entschieden sei, fürderhin das Wort entzogen sei. Ich protestierte auf der Stelle und sagte: „Darüber wird das Konzil entscheiden. Man kann vom Papst ernannten Theologen in der Kommission kein Schweigeverbot verpassen." Als ich das gesagt hatte, merkte ich, wie Professor Schmaus seine Sachen zusammenpackte und lautlos die Aula verließ. Er flog zurück nach München und sagte meinem Provinzial: „Ich zweifle, ob Pater Häring das Konzil überleben wird."

Ich überlebte die Vorbereitungskommission in dieser Frage sogar sehr gut. Als das besagte „schema dogmaticum", trotz der Warnung von Congar, von anderen und von mir, bei der Zentralen Vorbereitungskommission eingereicht wurde, bereitete ich – wiederum in geschliffenem Latein – für drei mir befreundete Kardinäle, darunter Kardinal Döpfner, in drei Punkten eine Widerlegung jener Lehre vor. Kardinal Ottaviani und P. Tromp wurden einem regelrechten Examen über drei Grundwahrheiten unterzogen: allgemeiner Heilswille Gottes, Erlösertod Christi für alle, überreiche Erlösung. Die Zentralkommission ordnete daraufhin an, daß dieses Schema unwiderruflich ins Archiv zu wandern habe. Eine erste Erfahrung: Es lohnte sich also doch zu kämpfen.

Eine zweite Erfahrung ist nicht weniger beleuchtend als die schon erwähnte und für den Fortgang des Konzils folgenreicher: Mein Mitbruder, Erzbischof Maxim Hermaniuk aus der ukrainisch-ruthenischen unierten Kirche, brachte als erster das Thema der Kollegialität mutig zur Sprache. Die Reaktion der kämpferischen Truppe des Heiligen Offiziums war alles andere als gewaltlos. Der Erzbischof, ein begabter Exeget, wurde regelrecht geschmäht. Nach jener denkwürdigen Sitzung der Theologischen Vorbereitungskommission wandte ich mich sogleich an Yves Congar um Schützenhilfe.

Seine Antwort war prompt: „Es geht um das große Thema dieses Konzils!" Daraufhin wandte ich mich an Henri de Lubac. Ich sah Tränen in seinen Augen. Auch er spürte, daß hier die große Frage des Konzils auf den Tisch gelegt worden war. Aber da man ihn nach „Humani generis" in einen Konvent ohne wissenschaftliche Bibliothek verbannt hatte, fühlte er sich nicht fähig, unmittelbar konkrete Vorschläge mitzuverfassen.

Zum Thema des Klimas noch ein drittes Erlebnis: Als Bischof Stohr das letztemal an einer Sitzung der Vorbereitungskommission teilgenommen hatte, ermunterte er mich nachdrücklich, nicht den Mut zu verlieren und weiter zu kämpfen, auf daß den Gläubigen „der Strick um den Hals nicht so eng angezogen werde, daß sie keine Luft mehr bekämen".

Wie stand es mit den die Moral betreffenden Fragen?

Es wurden zwei Subkommissionen der Vorbereitungskommission gebildet: die eine mit dem Namen „De ordine morali" – „Über die sittliche Ordnung" und eine zweite: „Keuschheit, Jungfräulichkeit, Ehe und Familie". Ich blieb zunächst von beiden ausgeschlossen, sicher nicht aus Versehen. Die beiden Wortführer dieser Subkommission waren die zwei Konsultoren des Heiligen Offiziums Franz Xaver Hürth (unter Pius XII. Papstberater in allen Moralfragen und mit seinem Mitbruder Vermeersch Hauptredakteur der Enzyklika „Casti connubii") und Hermenegild Lio (der vor nicht langer Zeit bei der Libreria Vaticana ein tausendseitiges Buch veröffentlicht hat, wonach die streng auszulegende Lehre von „Casti connubii" und „Humanae vitae" unfehlbare Lehre, Dogma, der Kirche sei). Als man mich dann auf höheren Wink doch zur Teilnahme in die beiden Subkommissionen berief, waren die Entwürfe bereits fertiggestellt. Das Schema über die sittliche Ordnung folgte dem Beschluß, das Wort Liebe, da es zweideutig sei, durch den Begriff „ Pflicht" zu ersetzen. Daß man darin eine Verurteilung Teilhard de Chardins vorfand, wunderte mich nicht, rief aber meinen heftigen Widerspruch hervor, der dann in der Gesamtkommission durch de Lubac ein wirksames Echo fand. Aber noch mehr war ich erstaunt, daß Augustinus, der doch im Schema über die Ehe wie in „Casti connubii" als Kronzeuge der Tradition angerufen wurde, nachträglich wegen seines Wortes „Ama, et quod vis, fac" verurteilt werden sollte. Zunächst verwies ich auf den hl. Alfons, der in den meisten seiner größeren geistlichen Schriften dieses Wort nachdrücklich zitiert und in seinem schönsten Buch „Jesus lieben lernen" den wahren Weg zeigt: Jesus kennen bedeutet die wahre Liebe kennen. Also keine Abkehr von Jesus auf die Pflichtlehre von Kant. Dann schlug ich eine Wette vor, daß man das Zitat so bei Augustinus nicht finden würde. Er schreibt jeweils: „Dilige, et quod vis, fac." „Lerne wahre Liebe zu unterscheiden, und dann tu, was die wahre Liebe will."

Noch schlimmer stand es um den Entwurf „über Keuschheit, Jungfräulichkeit, Ehe und Familie". In bezug auf die Ehe stand der erstaunliche Satz: „Es ist verboten, die Liebe als für die Ehe wesentlich zu bezeichnen." Im Hinterkopf des Redakteurs stand wahrscheinlich die Schwierigkeit bei Eheprozessen, das Gegebensein oder die Abwesenheit der Liebe zu beweisen. Doch in ihrer allgemeinen Formulierung ist diese Aussage ein unerhörter Skandal für Christen.

Ich legte ein Gegenprojekt vor, das ganz von der Berufung zu wahrer Liebe ausging, und erhielt von

P. Tromp eine Stunde Zeit, um es zu illustrieren. Die Reaktion von Pater Hürth war im Ton sehr scharf: „Das alles steht im Widerspruch zur Lehre der Kirche!" Als ich antwortete: „Dann kann ich ja gehen", versicherte mir P. Tromp, daß man ehrlich über meinen Vorschlag diskutieren wolle. Am Ende der stürmischen Sitzung half ich P. Hürth, der schon gebrechlich war, in den Mantel und stützte ihn auf der ausgetretenen Treppe im Palazzo des Heiligen Offiziums. Er war von dieser Geste offensichtlich sehr gerührt. Bevor wir durch das Torgitter hinausgingen, blieb er stehen und sagte (dem Sinn nach): „Ich hoffe, daß du meine heftige Reaktion verstehen kannst; denn ich mußte einen ganzen Tag mit Pius XI. streiten, der die gleichen Ideen in die Enzyklika ‚Casti connubii' hineinbringen wollte." Sicherlich konnte ich hierin mit ihm mitfühlen, doch wurde ich auch hellhöriger in bezug auf bestimmte kirchliche Dokumente.

Als Johannes XXIII. seinen ersten Besuch im Palast des Heiligen Offiziums machte, stellte ihm Kardinal Ottaviani P. Hürth als „die Säule des Heiligen Offiziums" vor. Als dann der Papst nachfragte, wer denn diese Säule sei und wie man seinen Namen schreibe, und weiterging, kam Hürth nach Aussagen von Mitbrüdern schwer deprimiert nach Hause.

Inwieweit und in welcher Weise hat Johannes XXIII. auf die Vorbereitungsarbeit des Konzils Einfluß genommen?

Darüber müßte ein ganzes Buch geschrieben werden. Ich meine, daß eine kleine Episode einen guten Hinweis geben kann. In einer Audienz für alle, die an den Vorbereitungsarbeiten der Kommissionen teilnahmen, las Johannes XXIII. auf recht langweilige Weise einen ziemlich langweiligen Text. Doch plötzlich legte er ihn zur Seite und sagte: Jetzt will ich ein ganz persönliches Wort sagen: „Vergessen Sie nie, daß die Kirche kein Museum ist!"

Wie sahen Sie am Vorabend des Konzils die Aussichten?

Von den insgesamt 70 Entwürfen gab ich nur dem Schema über die liturgische Erneuerung eine wirkliche Chance. Nach Abschluß der Vorbereitungsarbeiten baten mich die Kardinäle Suenens und Döpfner, zu den mir befreundeten Bischöfen, vor allem den lateinamerikanischen und zu den Nordamerikanern, Kontakte zu suchen, um die Möglichkeiten abzutasten. Unmittelbar vor dem Konzil trafen wir uns wieder. Ich sprach meine feste Überzeugung aus, daß keiner dieser 70 Texte, außer dem über die Liturgie, eine Chance haben werde, zwei Drittel der Stimmen auf sich zu vereinen. Kardinal Suenens bezeichnete mich darauf als einen „hoffnungslosen Fall von Optimismus". Später gab er mir recht.

Als mich dann bald darauf Erzbischof Léon Duval von Algier bat, vor den französisch sprechenden Bischöfen Afrikas eine Bewertung der beiden Entwürfe über Fragen der Moraltheologie zu geben, war ich doch nicht so ganz optimistisch. Ich antwortete, daß ich seiner Einladung gern folge, wenn er mir verspreche, daß ich irgendwo in Afrika nach dem Konzil das Evangelium predigen könne; denn ich sagte mir, daß ich nach dem Konzil in Rom nicht mehr werde lehren können, wenn ein Großteil dieser 70 Entwürfe mehr oder weniger so angenommen würde. Ich erzählte, daß mich ein frommer Mann in der Kommissionsarbeit gewarnt habe hinsichtlich meiner weiteren Bemühungen um viele kleine Verbesserungen; denn dadurch könnte ich mich mitschuldig machen, wenn diese im Grunde unbrauchbaren Entwürfe schließlich doch vom Konzil angenommen würden.

Ich begann meinen ersten Vortrag vor den afrikanischen Bischöfen mit einem Zitat aus Paul Claudel: „Sicher, Jesus lieben wir; aber nichts in der Welt wird uns dazu bringen, diese Moral zu lieben."

Einige Mitglieder des Heiligen Offiziums, die noch leben, machten mir Vorwürfe wegen meiner Vorträge vor den Bischöfen; sie meinten, jeder, der an der Vorbereitungsarbeit teilnehmen durfte, sei damit auch verpflichtet, sich für die Texte einzusetzen.

Wie ging es bei der Wahl der Mitglieder der Konzilskommissionen zu?

Die Kurie ließ Listen mit Vorschlägen zirkulieren, die praktisch denen der Vorbereitungskommissionen entsprachen. Wachsame Bischöfe merkten die Absicht und „waren verstimmt". Die Kardinäle Liénart von Lille und Kardinal Frings von Köln machten sich zu Wortführern. Am Tag, an dem die Wahl stattfinden sollte, sprachen sie offen von der Notwendigkeit einer Vertagung, damit die Konzilsväter Zeit hätten, miteinander zu überlegen. Sie erhielten spontan Beifall. Mein Freund Loris Capovilla, damals Privatsekretär von Papst Johannes XXIII., berichtete mir bald darauf, wie freudig erregt der Papst über diese Wende war.

Als ich erfuhr, daß sich die italienischen Bischöfe in drei Gruppen spalteten und zu keiner gemeinsamen Liste kamen, bat ich Kardinal Frings, auf die Liste der Nord- und Mitteleuropäer und Lateinamerikaner einige ausgeschlossene italienische Bischöfe zu setzen,

was auch geschah. Und tatsächlich wurden alle gewählt. Ich hatte sehr gefürchtet, daß es beim italienischen Episkopat ein großes Unbehagen geben werde,
wenn kaum ein Italiener in die Konzilskommissionen
gewählt würde.

*Wie verlief die erste Sitzung der Konzilskommission für Glaube
und Sittenlehre?*

Äußerst stürmisch! Jeder der drei obersten Männer des
Heiligen Offiziums (Ottaviani, Parente, Tromp) sprach
annähernd eine halbe Stunde über die moralische
Pflicht der Mitglieder, die vorbereiteten Texte mit even-
tuell kleinen Verbesserungen anzunehmen und im
Konzil durchzusetzen. Die Atmosphäre war geladen.
Dann stand Kardinal Léger von Montréal auf und sagte
laut: „Wenn dem so ist, dann sehe ich keinen Grund,
hier zu bleiben", und machte sich auf den Weg zur
Türe. Alle drei liefen ihm nach und beschworen ihn, zu
bleiben; er habe sie mißverstanden. Sie wollten keinem
die Freiheit einschränken. Damit war das Eis gebrochen.

Hatten Sie im Konzil Kontakt mit polnischen Bischöfen?

Alle polnischen Bischöfe wußten, daß mich 1945 eine
polnische Pfarrei aus dem russischen Gefangenenlager
„gestohlen" und als Seelsorger adoptiert hatte. Kardinal
Wyszyński war mir sehr wohl gesonnen. Er selbst hatte
die Ermöglichung einer polnischen Ausgabe meines
Werkes „Das Gesetz Christi" wirksam in die Hand genommen und auch die Übersetzungen anderer meiner
Bücher ermöglicht. Während jeder Konzilssitzung
wurde ich vom Gesamt-Episkopat Polens zu einem

Vortrag mit Diskussion und zu einem Abendessen eingeladen. Der Kardinal sagte bei solch einem Anlaß, daß
die polnischen Bischöfe gern Doktoranden an die „Academia Alfonsiana" senden, da sie von dort im Glauben
und Gebetsleben gestärkt zurückkehren.

Welche Kontakte hatten Sie zu Papst Johannes XXIII.?

Ich bat nie um eine Audienz. Doch ließ er mich durch
seinen Sekretär Msgr. Capovilla wissen, wie sehr er
meine Bemühungen um die Erneuerung der Moraltheologie schätze. Bald nach seiner Ansprache zur Er-
öffnung des Konzils gab ich vor den französisch
sprechenden Bischöfen einen Kommentar und versuchte von seinen Ausführungen her die Linien des
Konzils darzustellen. Aus diesem Kommentar entstand
dann bald mein Buch „Il Concilio nel segno dell'unità"
(deutsch im Verlag Herder: „Konzil im Zeichen der Einheit") und ließ es durch einen Freund dem Papst überreichen. Am Tag, an dem Johannes XXIII. die Enzyklika
„Pacem in terris" unterzeichnete, schrieb er in sein Ta-
gebuch: „Mit Zustimmung und großem Gefallen habe
ich das Buch von P. Häring, ‚Konzil im Zeichen der Einheit' gelesen." Er ließ mich das auch wissen. Msgr. Capovilla mußte mehrmals Exemplare beschaffen, die der
Papst seinen Besuchern schenkte. Es besteht kein Zweifel, daß Papst Johannes fest überzeugt war von der Notwendigkeit einer gründlichen Erneuerung der Moraltheologie. Er kannte mein Moralwerk „Das Gesetz
Christi" und schätzte es.

Besonders glücklich war ich, als Johannes XXIII. die
Neubearbeitung der Vorlage über die Heilige Schrift
und Überlieferung einer gemischten Kommission an-
vertraute, in der das Sekretariat für die Einheit der Chri-

sten stark vertreten war. Damit unterstrich er seine Entscheidung für ein durch und durch ökumenisches Denken.

Hatten Sie in dieser Zeit Kontakt zu Kardinal Montini?

Ich habe von mir aus nie solche Kontakte gesucht. Sie ergaben sich von selbst in der Zeit vor dem Konzil, als ich zweimal im Monat geistliche Konferenzen am Collegio Lombardo hielt, wo Kardinal Montini bei seinen häufigen Besuchen in Rom wohnte. Wann immer er konnte, nahm er an meinen Konferenzen teil, und gewöhnlich hatten wir dann ein gemeinsames Abendessen. Dabei ergab sich das Gespräch über das Konzil von selbst. Montini war ein äußerst aufmerksamer Zuhörer. Unser Gespräch war besonders intensiv, als das Buch von Pater Lombardi mit ganz konkreten Vorschlägen erschienen und bald vom „Osservatore Romano" leidenschaftlich kritisiert worden war. Ich sagte Kardinal Montini ganz offen, daß ich mit meinem Freund P. Lombardi in allen Punkten übereinstimme und bat ihn, für die von Lombardi vertretene Sache einzutreten. Ich selbst tat dies mit großem Nachdruck und meiner nächsten Vorlesung am Pastoralinstitut des Laterans vor einigen Hundert Priestern. Dies sprach sich in Rom schnell herum. Ich zweifle nicht, daß Montini in der gleichen Richtung das Seine mit seiner diplomatischen Kunst getan hat.

Das Konzil und Papst Paul VI.

In welchem Klima verlief die erste Konzilsperiode?

Die öffentlichen Sitzungen der ersten Sitzungsperiode des Konzils und auch die Arbeiten in den Kommissionen spiegelten treu die Grundanliegen und den Ton der Eröffnungsrede von Papst Johannes XXIII. wieder. Nachdem das Eis durch den Freimut vo Kardinal Léger in der Theologischen Kommission gebrochen war, entfaltete sich schnell eine gelöste Atmosphäre. In manchen Momenten spielte ich den Clown, wozu mich die Bischöfe gern ermunterten. Der Sekretär der Konzilskommission und die rechte Hand von Kardinal Ottaviani, P. Sebastian Tromp, überließ sich zunächst noch seiner Gewohnheit, eine unerwünschte Diskussion mit dem Vers abbrechen oder verhindern zu wollen: „Darüber bedarf es keiner Diskussion; denn das ist ganz sicher (certissimum)." Die Bischöfe blickten auf mich, und ich fragte Tromp: „Angenommen, es sei ganz sicher, so möchten wir doch fragen, ob es überhaupt sicher ist." Aufgrund der allgemeinen Heiterkeit verstummte schließlich der Kehrvers. Es siegte zur rechten Zeit die „Gnade des Zweifelnkönnens". Papst Johannes hatte schließlich auch durchgesetzt, daß Karl Rahner als Peritus in der Theologischen Kommission mitarbeiten konnte. Kardinal Ottavianis Versuch, ihn mehr oder weniger als schweigenden Gast zu behandeln, scheiterte, und der Kardinal machte schließlich gute Miene dazu.

Die Hauptarbeit der Kommission während der ersten Session und in der nachfolgenden Periode galt einer radikalen Neugliederung der Vorlage über die Kirche. Sie begann jetzt nicht mehr mit Papst und Kurie, sondern mit einer Ganzheitssicht des Volkes Gottes, der pilgernden Kirche, der Glaubens- und Heilsgemeinschaft. Das Umdenken ging manchen schwer in den Kopf. Kardinal Ottaviani beschwor die Kommission mehrmals, die Konstitution doch mit der Kirche, d.h. mit Papst und Kurie zu beginnen, dann erst von den Gläubigen zu reden. Die Antwort gab jeweils Bischof Schröffer (später Kurienkardinal): „Eminenz, auch der Papst und die Kardinäle zählen zu den Gläubigen." Es bedurfte jedoch einer beständigen kritischen Wachsamkeit, um in allen Konzilstexten eine Identifizierung von Papst und Kurie mit „Kirche" zu vermeiden. Es will mir scheinen, daß auch heute noch manche Menschen an der „Kirche" scheitern, die Kirche verlassen, weil sie unter Kirche eben doch hauptsächlich Kurie und Vatikan meinen.

Auch das vierte Kapitel der Kirchenkonstitution über die aktive Rolle der Laien in der Kirche lag in seinen entscheidenden Perspektiven und Aussagen vor dem Tod Johannes' XXIII. vor. Bei sommerlicher Hitze arbeitete die Restkommission in Santa Marta am Text des fünften Kapitels, das von der allgemeinen Berufung zur Heiligkeit handelt, als Papst Johannes im Todeskampf lag.

Nach dem Tod des geliebten und verehrten Initiators des Zweiten Vatikanischen Konzils hatte ich keinen Zweifel, daß das Konzil im gleichen Geist fortgeführt werden wird. Als Nachfolger kamen nur Montini oder Lercaro in Frage. Lercaro „rettete" sich, indem er all-überall auf seinen prekären Gesundheitszustand hin-wies. Montini wurde, wie es sein Vorgänger sicher erwartet hatte, der Nachfolger, wodurch eine kraftvolle Fortführung des Konzils im gleichen Geist gesichert war.

Was waren nach Ihrer Meinung die schwierigsten Punkte in den folgenden Konzilsperioden?

In meinen Augen waren entscheidend die Sicht des Ökumenismus und infolgedessen die Frage der Kolle-gialität, sodann die Rolle der Laien und das Verhältnis von Kirche und Welt, und nicht zuletzt – gerade in die-ser Perspektive – die Frage der religiösen Freiheit.

Es ist das Verdienst Papst Pauls VI., der drei Modera-toren Döpfner, Lercaro, Suenens und der Zentralkom-mission, daß die ursprünglich 70 Texte auf 13 reduziert und die Themen glücklich ausgewählt wurden. Das Konzil hatte nunmehr eine klare Zielvorgabe. Es war ein klares Ja gesagt zur gründlichen Reform der Kirche im Blick auf das Testament Christi, „daß alle eins seien", ein Ja zum Weg der Kirche in heilsgeschichtlicher Sicht, ein wenn auch nicht immer voll zu Ende gedachtes Ja zu der Grundaussage Johannes' XXIII., daß die Lehre der Kirche durch und durch pastoral, Heilstheologie ist. In der Konzilskommission für Glaube und Moral zeichnete sich eine klare Mehrheit in dieser Richtung ab, es blieb jedoch bis zu Ende eine numerisch kleine, aber zähe Gruppe, der ein Umdenken im Blick auf eine ihr teilweises Versagen bekennende und Gott für seine Langmut preisende Kirche schier unmöglich erschien. Die maßgebenden Mitglieder des Heiligen Offi-

ziums waren zu sehr verfestigt in einem zentralistischen und der absoluten Kontrolle zuneigenden Denkmodell. Sie blieben weithin in der Mentalität derer, die
eine Burg zu verteidigen haben, die im Besitz aller
Wahrheit ist.

*Und die Fragen: Kollegialität, synodale Verfassung der Kir-
che?*

Die Bemühungen um ein kollegiales Kirchenverständnis waren zutiefst bedingt durch eine Vertiefung der
Pneumatologie, durch ein großes Vertrauen auf den
Heiligen Geist, der in allen und durch alle wirkt und
seine Gnadengaben (Charismen) allüberall reichlich an-
bietet. Im Vertrauen auf Ihn und kraft eines rückhaltlo-
sen Ja zum „Gesetz der Gnade" kann und muß man ein
Abrücken von einer allzu institutionalistischen und
zentralistischen Absicherung der „Einheit" wagen. Von
den Beobachtern der Orthodoxen Kirche kamen immer
wieder Mahnungen und Ermunterungen in diesem
Sinn. Kardinal Garonne hat bei der außerordentlichen
Bischofssynode 20 Jahre nach dem Konzil zurecht von
einem tiefen, beglückenden Bekehrungserlebnis gesprochen, um das aber auch geduldig gerungen werden
mußte.

Paul VI. vertrat durchweg die Linie der Geduld. Er
konnte z. B. in den Fragen Kollegialität und Religionsfreiheit mit den entscheidenden Abstimmungen warten, wo eine Zweidrittelmehrheit längst gesichert
schien. Er wollte keine Aufteilung in Sieger und Be-
siegte. Und die große Mehrheit der Konzilsväter folgte
ihm in diesem gewaltfreien Denken.

Das Ringen um das rechte Verständnis und die
Reichweite der Kollegialität zwischen Papst und Bi-

schöfen und analog zwischen Bischöfen und dem Presbyterium, dem Seelsorger und der Gesamtgemeinde, war schwierig; denn Denkmodelle, die sich so sehr und so lang institutionell eingefahren hatten, können nicht über Nacht geändert werden.

Typisch waren diesbezüglich die sich häufenden Aussagen, daß Kollegialität der Bischöfe nur tätig sein kann „unter dem Papst und nie ohne den Papst". Man konnte zwar ein halbes Dutzend von Stellen schließlich streichen, aber es blieben noch mehr als genug. Um zu vermitteln, ließ sich Papst Paul VI. auf die bekannte „nota praevia", eine erläuternde Vorbemerkung ein, die nochmals mit den kräftigsten Worten den Primat des Papstes hervorhob. Die Vertreter eines stark ausgeprägten Zentralismus und der betonten Primatialgewalt des Papstes berufen sich auf diese Texte, ohne den Blick auf die Dynamik der Konzilsaussagen und ihr ökumenisches Ziel zu gewinnen.

Wie erlebten Sie den zähen Kampf um die Vorlage über die Religionsfreiheit?

Die typisch römische Theologie behauptete, daß der Staat grundsätzlich allüberall die katholische Religion als Staatsreligion anzuerkennen habe; denn nur die Wahrheit, die volle Wahrheit der katholischen Kirche, habe das Recht auf ihrer Seite. Man könne dagegen dort, wo die katholische Kirche um ihre Tolerierung, um ihre Anerkennung als freie Minderheit zu ringen habe, die Hypothese der Religionsfreiheit vertreten, aber eben nur als eine pragmatische Hypothese. Diese Position brachte die Kirche in der modernen Welt in Mißkredit. Dies spürte man vor allem in den Vereinigten Staaten. Von dort kamen denn auch die entschlossensten Vorkämpfer für die Religionsfreiheit, und zwar als Grundthese, nicht als zweitrangige Hypothese. Einer der entschiedensten Verfechter mit scharfem theologischem Verstand war der Jesuit John Courtney Murray. Fast zwanzig Jahre war er vom Heiligen Offizium zum Schweigen gezwungen, tauchte aber als einflußreicher Peritus im Konzil auf und war im Sekretariat für die christliche Einheit der Hauptredakteur des Konzilstextes über die Religionsfreiheit. Vor der öffentlichen Diskussion in der Konzilsaula mußte der Text jedoch von der Glaubenskommission des Konzils überprüft und begutachtet werden. Zu diesem Zweck wurde eine Subkommission gewählt. Mir fiel dabei die Aufgabe des Koordinierungssekretärs zu. Die besagte Subkommission verwässerte den Text nicht, sondern verstärkte ihn.

Angesichts dieser Situation verlegte sich Kardinal Ottaviani, der Präsident der Glaubenskommission, auf die Verzögerungstaktik. Da alle Mahnungen unserseits nichts fruchteten, mußten wir von Papst Paul VI. ein Machtwort erbitten, das Kardinal Ottaviani zwang, den Text alsbald in der Gesamtkommission zur Diskussion zu stellen. Dazu brachten die Bischöfe Pater Murray mit. Doch Ottaviani verweigerte ihm trotz lauter Stimmen von Bischöfen das Wort. Da ich als Sprecher für diesen Entwurf gewählt worden war, konnte man mir das Wort nicht verbieten. Auf meine nachdrückliche Bitte, doch endlich Murray das Wort zu geben, antwortete Ottaviani zornig, man brauche diesen ganzen Text nicht, da in der Kirche ohnehin schon zu viel Freiheit bestehe. Nun war auch meine Geduld an eine Zerreißprobe gekommen. Ich sagte: Allein die Tatsache, daß das Haupt des Heiligen Offiziums so antworte, beweise die Dringlichkeit dieser Erklärung und die Notwendigkeit, dem Theologen, den er so lange zum Schweigen verurteilt hatte, endlich das Wort zu geben. Ottaviani gab grimmig nach. Es war ein Vergnügen zu erleben, wie großartig, in fein geschliffenem Latein und souveräner Ruhe Murray seinen Standpunkt darlegte. Die nachfolgende Abstimmung ergab mit überwältigender Mehrheit die Weitergabe des verstärkten Textes an das Konzil.

Als wir nach vollendeter Arbeit im Fahrstuhl vom obersten Stockwerk des Vatikans hinunterfuhren, traf es sich, daß Kardinal Ottaviani und ich Aug in Aug einander nahe gegenüberstanden. Ich sprach den Kardinal so an: „Das war für uns ein interessanter Tag. Wir finden uns nun im gleichen Lift und leben im gleichen Turm. Jeder von uns hat einen Ausguck von einem Fenster und sieht nur einen Ausschnitt der Wirklichkeit." – „Ja so ist es", erwiderte mein Gegenüber, „und zudem hat jeder von uns eine Brille mit seinen Farben auf." Auf einmal war Ottaviani völlig entspannt, und wir hatten noch anschließend ein langes und gutes Gespräch.

Papst Paul stellte unsere amerikanischen Freunde und manch andere auf eine harte Geduldsprobe, als er die Abstimmung über die Erklärung zur Religionsfreiheit wiederholt aufschob. In Wirklichkeit blieb er damit seiner Programm-Enzyklika „Ecclesiam suam" über den Dialog als Weg zur Wahrheitsfindung treu. Die Dialogmöglichkeit mußte gerade an diesem Wendepunkt voll ausgeschöpft werden. Dennoch scheiterten Lefebvre und seine Anhänger gerade an diesem Konzilsdokument, und gar manch Kurialer im Vatikan konnte die innere Wende nur bedingt mitvollziehen.

Das Gegenargument bildete hartnäckig die These: „Der Irrtum hat kein Recht. Er kann nur geduldet werden, wo eine katholische Minderheit auf die Toleranz der Mehrheit angewiesen ist." Um den Kontrast zwischen den zwei Mentalitäten, die hier aufeinanderstießen, zu erklären, bedarf es des weit gespannten Bogens einer Soziologie und Psychologie der Monopol-Gesellschaft einerseits und einer existentiellen Phänomenologie der Wahrheitssuche und des gewaltlosen Zeugnisses für die erkannte Wahrheit andererseits. Ich habe das vor allem im zweiten Band meines Werkes „Frei in Christus" versucht, der den Untertitel trägt „Der Weg des Menschen zur Wahrheit und Liebe".

Wer Jahrzehnte lang berufsmäßig und fast ausschließlich Kontrolleur der Rechtgläubigkeit von Mitchristen ist und sich dabei vor keiner irdischen Instanz zu verantworten hat sowie sich der Gnade des Zweifels auch auf dem Gebiet der nicht geoffenbarten Wahrheiten verschließt, wird nie Zugang zu diesem wichtigen Dokument des Zweiten Vatikanischen Konzils finden. Ähnliches gilt auch bezüglich des Dekretes über die nicht-christlichen Religionen.

Bei welch anderen Konzilstexten konnten Sie auf die Formulierung Einfluß nehmen?

Jeder Konzilsvater und jeder Peritus konnte zu jedem Text entweder selbst oder mit Hilfe anderer Stellung nehmen. Ich habe bei allen Dokumenten, die durch die Glaubenskommission gingen, aktiv mitgearbeitet durch konstruktive Kritik und durch konkrete Verbesserungsvorschläge. Je präziser diese waren und je eindeutiger sie sich dem Gedankenfluß und der Dynamik einfügten, um so größer war die Chance, etwas zu erreichen. Verschiedene Bischöfe nahmen meine Dienste als Latinist in Anspruch. Dabei diskutierte man auch

über den genauen Sinn und die Sinnrichtung von Vorschlägen.

Während der vier Konzilssitzungen wie auch in den
Zwischenperioden wurde ich oft von ganzen Episkopaten zu Vorträgen und Diskussionen bezüglich einer
einzelnen oder mehrerer Konzilsvorlagen eingeladen.

Ich habe mich sehr für das Kapitel IV der Kirchenkonstitution „Lumen gentium" über die Rolle der Laien
interessiert. Das Hauptverdienst für diesen, wie ich
meine, bedeutsamen Text kommt Professor G. Philips
von Löwen zu. Als jedoch bei der vorletzten Abstimmung sehr viele und sehr weitreichende Verbesserungsvorschläge und Änderungen verlangt wurden,
beauftragte mich die Kommission mit einer sorgfältigen Überarbeitung, um den wichtigsten Wünschen
Rechnung zu tragen. Ich griff vor allem den Vorschlag
einiger Konzilsväter auf, den Text christozentrischer zu
gestalten. So wurde die Teilnahme der Gläubigen nicht
nur an der Heilssendung der Kirche, sondern genauer-
hin an dem prophetischen, hohepriesterlichen Amt
Christi und an seiner im Gehorsam sich vollendenden
königlichen Freiheit zum Leitgedanken. Der so verbes-
serte Text wurde fast einmütig approbiert.

Als bei der vorletzten Abstimmung über die Priester-
ausbildung („Optatam totius") viele Konzilsväter eine
klare Absage an die legalistischen Morallehrbücher
verlangten, bat mich die zuständige Kommission um
den Versuch, diese Stimmen zu berücksichtigen. Zunächst legte ich meine Bedenken gegen Verurteilungen
vor; denn dann hätte man genau beschreiben müssen,
was man verurteile, und es wäre damit nicht viel gewonnen gewesen. So formulierte ich den folgenden
konstruktiven Vorschlag: „Besondere Sorgfalt ver-
wende man auf die Vervollkommnung der Moraltheo-

logie, die, reicher genährt aus der Lehre der Schrift, in wissenschaftlicher Darlegung die Erhabenheit der Berufung der Gläubigen in Christus und ihre Sendung, in der Liebe Frucht zu tragen für das Leben der Welt, erhellen soll" (a. a. O. N. 16). Der Text wurde eigens einer Abstimmung vorgelegt und fast einmütig gebilligt.

Wie und wie weit haben Sie an der Gestaltung der Pastoralkonstitution über die Kirche in der Welt von heute („Gaudium et spes") mitgewirkt?

Als es gegen Ende der ersten Konzilsperiode zu einer Klärung über Ziel und Grenzen der Vorschläge kommen mußte, machten die Kardinäle Suenens und Montini einen ähnlich lautenden Vorstoß. Das Konzil dürfe nicht bei einem Kreisen um das Innenleben und die Institutionen der Kirche stehen bleiben. Es müsse viel mehr als bisher um ihre Sendung und ihr Verhältnis zur Welt von heute gehen. Eine Subkommission versuchte in Rom, aus dem Material der vorkonziliaren Textvorlagen einen Entwurf auszuarbeiten, der aber niemandem richtig gefiel. So rief Kardinal Suenens eine Gruppe hervorragender Theologen nach Mecheln, darunter auch Karl Rahner. Dieser Entwurf war zweifellos besser als der erstere. Während der zweiten Konzilsperiode wurde in einer Versammlung der Glaubenskommission und der gesamten Kommission für das Laienapostolat, also einer Großkommission, die von nun an zuständig sein sollte für das Projekt „Kirche in der modernen Welt", lebhaft diskutiert, welcher der beiden Textvorlagen der Ausgangspunkt für die Weiterarbeit sein sollte. Nach einer zunächst langweiligen Diskussion erhitzten sich die Geister, auch ich. Ich sagte dem Sinn nach: „Wozu dieser riesige Aufwand an Theorien und Spekulationen. Es geht doch um nichts Geringeres als um unsere Mitgestaltung von Geschichte und Welt, und dementsprechend muß es vor allem darum gehen, diese Welt und die ‚Zeichen der Zeit‘ zu verstehen." Völlig erschöpft und ziemlich mutlos ging ich nach der Kaffeepause nach Hause. Kaum war ich dort angekommen, erhielt ich einen Anruf von der Kommission, ich sei mit großer Mehrheit zum Koordinationssekretär für das Redaktionskomitee gewählt. „Man bittet Sie, die Wahl anzunehmen." Ich war sprachlos. Ich machte mir keine Illusionen über eine so dornige Aufgabe, doch nach kurzem Überlegen sagte ich ja.

Schon beim ersten Treffen des Redaktionskomitees wurden wir uns über den ersten programmatischen Satz klar, der unverändert stehen blieb: „Freude und Hoffnung, Trauer und Angst der Menschen von heute, besonders der Armen und Bedrängten aller Art, sind auch Freude und Hoffnung, Trauer und Angst der Jünger Christi."

Für die Arbeitstagung, die im Februar 1964 in Zürich stattfand, lag bereits ein erster Entwurf vor, der im allgemeinen Zustimmung fand. Mein Vorschlag, durchwegs von den Zeichen der Zeit, Zeichen der Gegenwart Gottes in der Welt, auszugehen, dann aber auch die alarmierenden Zeichen durchaus ernst zu nehmen, wurde sowohl von Bischof Guano (von Livorno), einem überaus sympathischen, aufgeschlossenen und gebildeten Mann, als auch von den andern Mitgliedern des Redaktionskomitees gebilligt. Ebenso der weitere Vorschlag, nach einer mehr grundsätzlicheren Ausführung über das Verhältnis Kirche–Welt im Blick auf die Sendung der Kirche für die Welt, vier wichtige Themenkreise anzusprechen, nämlich Ehe–Familie, Kultur, Politik und Friede–Gerechtigkeit. Ich erhielt den nicht leichten Auftrag, diesbezüglich konkrete Entwürfe zu erstellen, immer im Blick auf die Zeichen der Zeit.

Der Text von Zürich wurde in der Plenarsitzung der gemischten Kommission von 60 Bischöfen und ebensovielen Theologen und Laien konstruktiv durchdiskutiert und stellenweise glücklich verbessert. Für die gründliche Besprechung der Ausführungen über die vier konkreten Felder der Verantwortung reichte die Zeit nicht mehr. Deshalb wurden sie an die Konzilsväter als Annexus (Anhänge) zum Studium gereicht.

Der Grundtext wurde in allgemeiner Abstimmung von den Konzilsvätern als Basis weiterer Arbeit gebilligt; dabei tauchten selbstverständlich auch wertvolle Kritik und konkrete Verbesserungsvorschläge auf.

Der Anhang über Ehe und Familie gefiel vielen Konzilsvätern. Heftig angegriffen wurde er jedoch von Kardinal Heenan aus England. Seine temperamentvolle Kritik richtete sich namentlich gegen meine Arbeit. Zugleich machte mich der mir sehr befreundete Kardinal Cento, Vorsitzender der Kommission für das Laienapostolat und Mit-Vorsitzender für das Projekt Kirche in der Welt von heute, aufmerksam, daß böse Machenschaften gegen mich im Gange seien, auch falsche Anklagen vor dem Papst. Ich nahm das nicht sehr ernst.

Bedeutsam war eine Intervention von seiten Kardinal Beas. Er mahnte zu Recht, daß die Kommission trotz ihrer großen Zahl von 60 Bischöfen nicht repräsentativ genug sei, wenn man den Blick auf die Welt von heute richte. Fast alle Mitglieder kämen aus der „ersten Welt", während die „zweite und dritte Welt" nur sehr schwach vertreten sei. Bischof Guano und auch mir gefiel diese Kritik, und wir stellten eine Liste von Bischöfen aus der Dritten Welt, wie Hélder Câmara, Zoa von Kamerun, Weihbischof Wojtyła aus Polen, zusammen. Papst Paul billigte gern die Aufnahme dieser Bischöfe in die Kommission. Ihre Mitarbeit wurde allgemein sehr geschätzt.

Aufgrund des Textes von Zürich und der durchgehenden Betonung der Zeichen der Zeit schien geschichtsloses Theologisieren überholt. Doch in der Großkommission regten sich laute Stimmen gegen den Begriff und die hohe Wertung der Zeichen der Zeit. Man setzte eine eigene Subkommission zur Diskussion der Frage ein. Und in einer neuen Redaktion, an der aufgeschlossene fähige Theologen wie Msgr. Hauptmann (Franzose), P. Tucci, Charles Moeller, P. Hirschmann wertvolle Arbeit leisteten, verschwand das Wort „Zeichen der Zeit", kehrte aber schließlich gestärkt zurück, als Paul VI. keine Gelegenheit versäumte, von der Bedeutung der Zeichen der Zeit zu sprechen. Das Verdienst, daß diese Sicht sich durchsetzte, gebührt somit vor allem Paul VI. Ich konzentrierte meine Arbeit dann auf das Kapitel über Ehe und Familie und die entsprechende Subkommission.

Im Februar 1965 fand eine zweiwöchige, arbeitsreiche Sitzung der verschiedenen Subkommissionen in Ariccia statt, an der erstmals auch Frauen teilnahmen, die ich mit Zustimmung von Bischof Guano eingeladen hatte. Es war ein gewagtes Vorpreschen meinerseits. Doch die Einladung wurde nicht rückgängig gemacht, so daß die Frauen einen bedeutsamen Beitrag leisten konnten.

Als dann annähernd zweihundert Bischöfe in einer gemeinsamen Petition eine feierliche Verwerfung des Kommunismus verlangt hatten, wurden Msgr. Glorieux, Sekretär der Kommission für das Laienapostolat und Mitsekretär für die große gemischte Kommission, und besonders ich als die Sündenböcke angeprangert.

Ich habe keinen Grund zu leugnen, daß ich mein Möglichstes getan habe, eine solche, zweifellos politisch klingende Verurteilung zu vermeiden. Ich wies in der Diskussion darauf hin, daß theologisch eine Auseinandersetzung mit dem Gesamtkomplex drängender ist und daß, wenn man den Kommunismus als politische und wirtschaftlich-soziale Bewegung und Ideologie verurteilen wolle, man eine klare Analyse der ganz verschiedenen Richtungen geben müßte. Im Hintergrund stand jedoch mein klares Wissen, daß Papst Johannes den Regierenden Moskaus die Zusage gegeben hatte, daß das Konzil keine Verurteilung des Kommunismus vornehmen werde, um auf diese Weise die Teilnahme von Beobachtern der Russisch-Orthodoxen Kirche möglich zu machen.

Von dort an waren neben Bischof Guano Kardinal Garonne und Msgr. Philips die entscheidenden Figuren bei der Fertigstellung der Pastoralkonstitution. Ich war froh, mehr in den Hintergrund treten zu können. Die Sache war in besten Händen.

Ich blieb bis zuletzt neben der Arbeit in der Subkommission über Ehe und Familie stark engagiert für den Text über den Frieden. Ich tat das Menschenmögliche, um starke Aussagen über das Gewissensrecht der Kriegsdienstverweigerung und eine Empfehlung für gewaltfreie Verteidigung durchzubringen. Der Erfolg blieb hinter meinen Erwartungen zurück. Dennoch war es ein Anfang. Als es dann zur vorletzten Abstimmung über den Gesamttext von „Gaudium et spes" kam, sah ich nochmals eine Chance. Ich arbeitete gut fünfzig Textverbesserungen aus, und zwar ganz genau so, wie sie sich in den Text einfügen sollten. Viele befreundete Bischöfe, auch Kardinäle, besonders aber Bischöfe aus unserer Kongregation übernahmen diese Verbesserungsvorschläge („juxta modum") mit voller Überzeugung. In den Subkommissionen, die die Vorschläge zu überprüfen hatten, und in der Vollkommission wußte niemand, daß sie von mir stammten. Da sie aber präzis in den Text paßten, kamen alle bis auf zwei durch, vor allem eine bedeutsame Verbesserung des Artikels 16 über das Gewissen.

Könnten Sie Näheres sagen zum Konflikt über heikle Ehefragen im Verlauf der Diskussion über „Gaudium et spes"? Diese Konflikte sind vielleicht auch aufschlußreich für die späteren Spannungen anläßlich der Enzyklika „Humanae vitae" bis hin in diese Tage.

Den Konflikt mit Kardinal Heenan habe ich schon erwähnt. Ich möchte hinzufügen, daß ich mit Zustimmung von Bischof Guano und der übrigen Autoritäten einen der konservativsten englischen Bischöfe zu den Arbeiten in der Subkommission und später auch andere nicht weniger konservative Anhänger von „Casti connubii" zur Mitarbeit gewinnen konnte. Sie alle kamen zu meiner Überraschung sehr bald zu aufgeschlossenen Positionen ganz im Sinne des Textes, der schließlich von der großen Mehrheit des Konzils gebilligt wurde. Am Schluß leistete auch Professor Schillebeeckx in der Subkommission sehr wertvolle Mitarbeit. Es kam auch zu einer gemeinsamen Sitzung von Mitarbeitern der Konzilssubkommission über Ehe und Familie und von Fachleuten der päpstlichen Sonderkommission über Ehe und Bevölkerungsprobleme. Man war sich mehrheitlich einig. In der letzten Abstimmung, in der die Konzilsväter mit Ja und Nein aber auch mit „Ja juxta modum" stimmen konnten, gab es Verbesserungsvorschläge im Sinne des Gesamttextes. Weit über zwei Drittel der Stimmen waren ein bedingungsloses Ja, die Stimmen „Ja juxta modum" waren nicht sehr zahlreich. So schien der Text im Hafen zu sein. Doch es kam noch zu einem gefährlichen Konflikt.

Vor den letzten Abstimmungen hatten sich in der Konzilsaula machtvolle Stimmen, Patriarch Maximos der Melchiten, Kardinal Suenens, Kardinal Léger und andere mit aller wünschenswerten Deutlichkeit gegen die harte Verurteilung jeglicher Kontrazeption durch „Casti connubii" ausgesprochen. Man spürte, daß die Mehrheit ebenso dachte. Dann aber mußte auf höhere Anordnung hin die Diskussion zu diesem Thema abgebrochen werden. Im Vatikan hätten mich manche gern als Sündenbock für genannte Reden abgestempelt. Doch sie hatten keinen Anhaltspunkt. In Wirklichkeit hatte sich nur Patriarch Maximos, wie auch in anderen Fragen, mit mir besprochen. Ich half zwar bei der Redaktion seiner Intervention, doch hatte er seine Meinung längst unabhängig von mir gebildet, eben aufgrund der ganz anderen Mentalität der östlichen Tradition.

Als dann die „modi" (Verbesserungsvorschläge) der Konzilsväter zu diesem Kapitel bereits beantwortet, teils angenommen, teils zurückgewiesen waren, kam wie aus heiterem Himmel ein vom Papst selbst übersandter „Modus", der den ganzen Text radikal umgeworfen hätte. Dies war nach dem von den Konzilspäpsten Johannes XXIII. und Paul VI. festgelegten Regolamento unannehmbar; bei einer mehrheitlichen (über zwei Drittel) Billigung eines Textes durfte kein Modus berücksichtigt werden, der in völlig entgegengesetzte Richtung wies. Ich hatte allen Grund zu vermuten, daß bei der Schlußabstimmung ein Text, der die rigoristische Linie von „Casti connubii" zum Inhalt hat, mit großer Mehrheit niedergestimmt würde, ganz abgesehen von einem kaum erklärbaren Abweichen von einer grundlegenden Konzilsordnung.

In aller Frühe weckte ich Kardinal Léger und überreichte ihm zu freier Verfügung eine Seite mit einer deutlichen Stellungnahme und Begründung. Er las sie, ging aufgeregt auf und ab und sagte mir: „Ja, ich setze mich ganz in diesem Sinne ein."

In der Tat trug Kardinal Léger in der stürmischen Sitzung der Gesamtkommission den Text betont vor. Kardinal Brown, Parente, Ottaviani und andere Männer des Heiligen Offiziums versteiften sich mit dem Ausspruch: „Der Papst hat gesprochen. Causa finita! Widerspruch ist unzulässig." Als die Diskussion auf dem Siedepunkt angekommen war, verließ ich lautlos den Saal. Erzbischof Zoghbi, Patriarchalvikar der Melchiten, rannte hinter mir her und warnte mich vor feiger Flucht. Erst als ich ihm sagte, es sei meine Absicht, durch den Staatssekretär eine Audienz beim Papst zu erbitten, um zu klären, ob das Schreiben des Papstes ein Befehl oder aber einfaches Weiterreichen eines vom Heiligen Offizium kommenden „Modus" bedeute, ließ er mich gehen. Während ich im Vorraum des Staatssekretariates auf Erzbischof Dell'Acqua, mit dem ich befreundet war, wartete, tauchten kurz nacheinander Kardinal Léger und Kardinal Roy, beide Kanadier, auf. Als sie kamen, sagte ich: „Dann kann ich ja ruhig zur Diskussion zurückkehren." Kardinal Roy überreichte dem Papst dann einen Brief, der von den Laien verfaßt war, die in der Kommission mitgearbeitet hatten. Kardinal Léger überreichte dem Papst das Blatt, das ich ihm am frühen Morgen ins Haus gebracht hatte.

Darauf beteiligte ich mich an der immer noch hitzigen Diskussion. Noch am gleichen Tag kam dann die autoritative Antwort, daß die vom Papst der Kommission zugesandten Modi (Verbesserungsvorschläge) kein Befehl, sondern nur die Bitte um Überprüfung bedeuteten. Jemand spielte mir in den folgenden Tagen einen Brief von Kardinal Ottaviani in die Hände, in dem das Haupt des Heiligen Offiziums sich beim Papst beklagt, daß die Majorität der Kommission heftigen Widerstand geleistet habe, freilich seien einige bedeutsame Modifikationen erreicht worden. Auf der Photokopie war deutlich die Handschrift des Papstes zu lesen, der kurz und bündig antwortete, man solle sich an die Entscheidung der Konzilskommission halten.

In der Tat kamen einige Korrekturen und Einfügungen in den Konzilstext, die ein geübtes Auge leicht als nicht-organische Einfügungen erkennen kann; darunter eine bedeutsame Fußnote, in der erklärt wird: „Bestimmte Fragen, die noch einer sorgfältigen Untersuchung bedürfen, sind auf Anordnung des Heiligen Vaters der Kommission für das Studium des Bevölkerungswachstums, der Familie und der Geburtenhäufigkeit übergeben worden, damit, nachdem diese Kommission ihre Aufgabe erfüllt hat, der Papst eine Entscheidung treffe. Bei diesem Stand der Doktrin des Lehramtes beabsichtigt das Konzil nicht, konkrete Lösungen unmittelbar vorzulegen" (Anm. 14 zu N. 51). Im Text wurde eingefügt: „... den Kindern der Kirche ist es nicht erlaubt, in der Geburtenregelung Wege zu beschreiten, die das Lehramt in Auslegung des göttlichen Gesetzes verwirft." Schon der Ausdruck „Kinder der Kirche" fällt aus dem Rahmen der Sprache des Konzils heraus.

Kardinal Dearden von Detroit leitete als Vorsitzender die Arbeit der Subkommission über Familie und Ehe. Ich denke noch heute mit Bewunderung an seine

Ruhe und Festigkeit, natürlich auch an die damals not-
wendige Flexibilität.

Unter den Konzilsvätern herrschte, soweit sie über
die Vorgänge informiert wurden, eine kritische Stim-
mung. Ich erinnere mich noch, wie mich Kardinal
Frings fragte, ob man nach all dem den so modifizierten
Text annehmen solle. Ich antwortete mit einem Ja; denn
bei Ablehnung dieses Teiles wäre der Gesamttext von
„Gaudium et spes" in Frage gestellt, und das Ende des
Konzils wäre so wohl deprimierend gewesen. Erst jetzt
verstehe ich die ganze Wucht der Frage von Kardinal
Frings und von anderen.

Die italienische Tagespresse sprach Vermutungen
über eine Krise aus. Als ich jedoch an jenem kritischen
Abend vor dem italienischen Fernsehen sprach, war die
Reaktion der Presse am folgenden Tag: Von einer Krise
kann offenbar keine Rede sein; anders ließe sich die
Gelassenheit von P. Häring nicht erklären.

SECHSTES KAPITEL

Zur Krise um „Humanae vitae"

Im März 1963 berief Johannes XXIII. eine Kommission von acht Fachleuten über Empfängniskontrolle und Bevölkerungsprobleme. Sehr bald erweiterte Paul VI. diese Kommission auf 61, später auf 75 Mitglieder. Möchten Sie über Ihre Erfahrungen und Reflexionen dazu etwas sagen?

Ich wurde vom Papst selbst anläßlich der Exerzitien, die ich auf sein Geheiß für ihn und die höheren Mitglieder der Kurie gab (Beginn der Fastenzeit 1964) über diese Aufgabe in der Kommission informiert. Er verlangte von mir auch einige Gutachten zu diesem Problem, z. B. die Lehre des hl. Alfons, der ja bekanntlich ein scharfer Gegner des Sexualpessimismus des hl. Augustin war.

Könnten Sie hier etwas über diese Exerzitien sagen? Sie standen doch wohl im Zusammenhang mit dem Konzil?

Ich erschrak als der Maggior Domo mir diesen Auftrag mit einem persönlichen Brief überbrachte; denn ich hatte ja schon beide Hände voll zu tun für das Konzil. Ich bat den Prälaten, mir genau zu sagen, mit welchen Titeln ich den Papst, die Kardinäle und die übrigen Teilnehmer der Exerzitien anzureden hätte. Nachdem er das getan hatte, bat ich ihn, mir das aufzuschreiben, da ich für Dinge, die mir nicht gefallen, kein Gedächtnis habe. Brühwarm erzählte er dies dem Papst. In der Audienz vor den Exerzitien verbot mir der Papst, meine und der andern Zeit mit unnötigen Titeln zu vergeuden. Ich könne, wenn ich wolle, beginnen: „Ehrwürdige Väter", sonst nichts. Dann ermunterte mich der Papst: „Mut! Predige ohne Furcht! Predige kraftvoll das Evangelium, genau so wie sonst!" Als ich dann fragen wollte, ob es mir gestattet sei, heikle Fragen des Konzils anzusprechen kam mir der Papst zuvor: „Selbstverständlich geht es nicht nur um unser Seelenheil. Helfen Sie mit, daß sich alle von der Kurie den großen Anliegen des Konzils aufschließen!"

Ich befolgte die Aufmunterung wortwörtlich. Nach einigen Vorträgen sagte mir der päpstliche Sakristan: „Aber so predigt man doch nicht im Vatikan! Wenn Sie so weitermachen, fürchte ich, daß Sie der Papst bei den Ohren nimmt." Doch davon war keine Rede. Immer wieder lenkte ich die Aufmerksamkeit auf das Wirken des Heiligen Geistes, des Parakleten, und konkretisierte es auch z. B. an der Liturgiereform, wobei ich den Verkündigungscharakter, die Paraklese, sehr betonte und gegen die Vergötzung des Lateins protestierte. Als ich nach jenem Vortrag die Kapelle verließ, wartete Kardinal Bacci, der große vatikanische Latinist und eifrigste Verfechter des Lateins in Theologie und Liturgie. Der Kardinal war von meiner Paraklese sehr erschüttert und sagte vor allen: „Pater, bete für mich: ich bin ein großer Sünder!"

Zur Erinnerung an die Exerzitien führte der Papst anschließend in die in Italien übliche Loblitanei den Vers ein: „Gepriesen sei der Heilige Geist, der Paraklet (Tröster-Ermunterer)!"

*Könnten Sie hier dem Leser ein Resümee geben von Ihren Aus-
führungen über die Ehelehre des hl. Alfons, um die sie der Papst
bat?*

Da in der Enzyklika „Casti connubii" entsprechend der
Augustinischen Auffassung einseitig der *finis procreatio-
nis* (der Zeugungszweck) die sittliche, rigoristische
Norm bestimmte, zitierte ich die Sicht von Alfons, die
diametral verschieden ist. Er spricht von einem dreifa-
chen Zielsinn sowohl der Ehe als auch der ehelichen
Akte: Der erste, absolute und unverzichtbare Zielsinn
ist stets die gegenseitige Hingabe und die Bekräftigung
des unauflöslichen Treuebundes. Dann folgen die zwei
der Ehe innerlichen, aber doch nur akzidentalen Ehe-
zwecke: Zeugung und Beruhigung der Triebunruhe.
Diese dürfen zwar nie willkürlich ausgeschlossen werden, können und müssen aber nicht in jeder Ehe und in
jedem ehelichen Akt aktiviert werden. Diese Sicht be-
einflußte auch die Kasuistik und die Milde gegenüber
den Eheleuten in diesen Fragen.

*Wie setzte sich die päpstliche Kommission über die Bevölke-
rungsprobleme und Empfängnisregelung zusammen?*

Es war zweifellos eine interessante Gruppe, von der
man viel lernen konnte. Ihr gehörten Demographen,
Eheberater, Psychotherapeuten, Mitglieder von christlichen Familienbewegungen an. Ich denke besonders an
die sympathischen und engagierten Gründer der christlichen Familienbewegung in den USA, Mr. und
Mrs. Crowley. Es waren am Ende etwas über zwanzig
Theologen unter den 75 Mitgliedern. Besonders zu erwähnen ist der Mainzer Weihbischof Reuß, der schon
bekannt war als ein Wortführer zugunsten eines Ab-

rückens vom Rigorismus der Enzyklika „Casti connubii". Seine Ernennung durch Paul VI. hat einen Hintergrund: Als Bischof Reuß auf dem Petersplatz einen
Aufruf gegen die Annahme des schwachen Dokumentes über die Kommunikationsmittel verteilte, wollte der
Generalsekretär des Konzils, Erzbischof Felici, ihn
daran hindern; er riß ihm die Zettel aus den Händen,
wobei Bischof Reuß, Kriegsinvalide mit Prothese, zu
Boden stürzte. Auf Bitten des Papstes verzichtete Bischof Reuß auf ein rechtliches Verfahren gegen Felici.
Der Papst seinerseits wollte ihn durch die Ernennung
zum Mitglied der genannten Päpstlichen Kommission
ehren. Er war dort ein erfolgreicher Gesprächspartner.
Zu Beginn unserer Arbeit war die Mehrheit der 61 und
dann 75 Mitglieder zweifellos eher auf der konservativen Seite, d.h., man wollte die Norm von „Casti connubii" nicht widerrufen, sondern pastoral abmildern und
flexibel erklären. Das war ja auch jahrelang meine Position gewesen, allerdings nicht mehr, als ich in die
päpstliche Kommission berufen wurde. Ich hatte mich
fest für die alfonsianische Linie entschieden; das heißt
kurz gesagt: Jeder eheliche Akt muß Ausdruck ehelicher Liebe und Pflege ehelicher Treue sein; aber keineswegs muß jeder eheliche Akt auf Zeugung ausgerichtet
sein.

Da uns jedoch der Papst in einer eigenen Audienz
für die Mitglieder ermunterte, ehrlich und ungehindert
nach wahrheitsgemäßen Lösungen zu suchen, verscho-
ben sich die Gewichte. Es blieben am Schluß nur vier
Theologen, die Jesuiten Zalba, Ford und Lestapis und
der holländische Redemptorist Jan Visser grundsätzlich
auf der Linie von „Casti connubii". Lestapis und Visser
wünschten jedoch eine mildere Pastoral. Ford und
Zalba verharrten ganz fest bei dieser Enzyklika. Alle

vier Theologen gaben an einem gewissen Punkt zu, daß sie von der unmittelbaren Sache her keine fest überzeugende Begründung geben könnten. Ford betonte vor allem ein Grundmotiv: Es ist undenkbar, daß der Heilige Geist 1930 mehr bei den anglikanischen Bischöfen als bei der römischen Kirche gewesen sei, also undenkbar, daß sich nach allem die katholische Kirche dem anschließen könne, was die anglikanischen Bischöfe zum Zorn Roms 1930 gelehrt hätten.

Zalba argumentierte emotionaler: „Was ist dann mit all den Millionen von Seelen, die wir nach der Norm von ‚Casti connubii' in die Hölle verdammt haben, wenn jene Norm nicht stimmen soll?"

Die liebenswürdige Mrs. Crowley antwortete gelassen: „Glauben Sie wirklich, daß Gott all Ihre Anordnungen ausgeführt hat?"

Wollte also schließlich die Kommission, daß der Papst die „Pille" approbiere?

Man kann es gar nicht oft und deutlich genug sagen, daß die päpstliche Kommission keine Pillen-Kommission war und daß sie in gar keiner Weise dem Papst Empfehlungen bezüglich irgendeiner empfängnisverhütenden Pille geben wollte. Es gibt ja der Zusammensetzung und der Wirkung nach ganz verschiedene Pillen. Ebenso deutlich möchte ich betonen, daß die Kommission dem Papst überhaupt keine konkrete Methode empfehlen wollte. Ihr Anliegen war vielmehr, daß eine päpstliche Stellungnahme sich auf der Ebene der allgemeinen Grundsätze halten solle, ohne sich lehrhaft für eine konkrete Methode auszusprechen. Gewiß nahm die Kommission als Ausgangspunkt die von Pius XII. klar ausgesprochene Erklärung, daß die

Methode der Zeitwahl, um Zwischenräume zwischen den Geburten zu erzielen oder auch um für immer eine nicht zu verantwortende Schwangerschaft zu vermeiden, statthaft sei, aber die Mehrheit wollte keine scharfe Gegenüberstellung von Natürlichkeit und Künstlichkeit; denn auch bei den natürlichen Methoden der Familienplanung ist ein Element von Künstlichkeit gegeben, obgleich in sehr verschiedener Weise. Die Empfehlung der großen Mehrheit der Kommission hielt sich mehr oder weniger auf der gleichen Ebene wie die Empfehlungen der gemeinsamen Synode der deutschen Bistümer in Würzburg: „Das Urteil über die Methode der Empfängnisregelung, das in die Entscheidung der Eheleute gehört, darf nicht willkürlich gefällt werden, sondern muß in die gewissenhafte Prüfung die objektiven Normen mit einbeziehen, die das Lehramt der Kirche vorlegt. Die angewandte Methode darf dabei keinen der beiden Partner seelisch verletzen oder in seiner Liebesfähigkeit beeinträchtigen" (Synodenbeschluß: Christlich gelebte Ehe und Familie 2.2.2.3). Ich möchte hier besonders auf den letzten Satz dieser Weisung aufmerksam machen; denn hier liegt der Kern dessen, was von der großen Mehrheit der päpstlichen Kommission empfohlen wurde.

Nochmals darf ich betonen, daß die Kommission durchaus nicht wollte – wie dies immer wieder vermutet wird –, der Papst solle schlicht ja sagen zu der Progesteron-Pille.

Zur relativen Zurückhaltung der Kommission bezüglich der sogenannten natürlichen Familienplanung ist wohl auch zu bedenken, daß damals die Forschung lange nicht so entwickelt war wie heute.

Wie sehen Sie die Entwicklung in den beiden Kommissionen (Konzils- und päpstliche Kommission) einerseits und der öffentlichen Meinung anderseits?

Ich meine, daß in den Kreisen der Eheberater und Psychotherapeuten schon vor dem Konzil eine Überzeugung vorherrschte, die die Ergebnisse der beiden Kommissionen vorwegnahm. Der Großteil der Eheleute war gegenüber der strengen Norm von „Casti connubii" einfach „wortlos". „Man" beichtete die Übertretungen, konnte sich aber im Ernst nicht vorstellen, wie daran viel zu ändern sei. In Kreisen von Pastoral- und Moraltheologen sprach man darüber nur hinter vorgehaltener Hand. Viele wagten nicht einmal, diese Dinge für sich selbst kritisch durchzudenken. Die Kontrolle durch das Heilige Offizium und durch manche Bischöfe war wirksam, zwar nicht zum Hervorbringen von wirklichen Überzeugungen, wohl aber in bezug auf jegliche öffentliche Äußerung. Nur sehr wenige Theologen wagten in der Vorbereitungsperiode und während der ersten Periode des Konzils öffentlich Fragen und Bedenken anzumelden. Als aber im Konzil Männer wie Kardinal Suenens und Patriarch Maximos mutig gesprochen hatten, war die Situation über Nacht total verändert. Die Nachricht, daß der Papst gegen Ende des Konzils die Norm von „Casti connubii" wieder einschärfen wollte bzw. daß er nahe daran war, diesbezüglich dem Drängen des Heiligen Offiziums nachzugeben, verstärkte die Tendenz einer gegenteiligen öffentlichen Meinung. Als dann gar der Rapport der päpstlichen Kommission an die Öffentlichkeit drang, entstand eine Erwartungshaltung in der öffentlichen Meinung in eben diesem Sinn.

Was den langsamen, dann schließlich schnellen Umschwung in der öffentlichen Meinung innerhalb der katholischen Kirche betrifft, dürften die Geschehnisse in England wohl typisch sein: Der emeritierte Erzbischof von Delhi, der Jesuit Robertson, war angesichts der Bevölkerungsexplosion und des Hungers in Indien einer der ersten Kirchenmänner, der öffentlich für eine Aufhebung der strengen Norm von „Casti connubii" eintrat. Da er in England lebte und sprach, fühlten sich 1964 die englischen Bischöfe im Gewissen verpflichtet, ihn öffentlich zur Ordnung zu rufen.

Bei diesem Anlaß rief mich ein Journalist des „Manchester Guardian" an, was ich darüber denke. Ich sagte ihm dem Sinn nach, daß es mir lieber gewesen wäre, wenn die Bischöfe einstweilen keine Stellungnahme gegen den emeritierten Erzbischof abgegeben hätten. Der Journalist machte daraus eine große Schlagzeile für die erste Seite „Pater Häring gegen die englischen Bischöfe". Dies war schlechte Manier, aber sie erklärt sich angesichts der Bewegung der öffentlichen Meinung in dieser Frage.

Wie verlief die Schlußsitzung der päpstlichen Kommission? Wie kam es zum Rapport der Minderheit?

Ich muß offen bekennen, daß ich mich von der Teilnahme an der letzten Sitzung gedrückt habe. Es bestand zwar dafür ein objektiver Grund: Ich hätte einen lange Zeit vorher zugesagten Kurs für protestantische Pastoren in den USA absagen müssen. Das entscheidende Motiv war aber der Gedanke, daß ich der Sache durch meine Abwesenheit vielleicht besser dienen könne. Ich wußte um die feindselige Gesinnung der maßgebenden Männer des Heiligen Offiziums gegen mich und um ihre Tendenz, mich als den Sündenbock für den Mei-

nungsumschwung in der päpstlichen Kommission hin-
zustellen; denn diese war anfänglich doch so zusam-
mengesetzt, daß von vorneherein eine Empfehlung
eher im Sinne von „Casti connubii" zu erwarten war. Ich
wollte demnach Empfindlichkeiten schonen. Ich
schrieb in einem Brief an Riedmatten, den Vorsitzenden der Kommission, daß alles, was Pater Perico SJ
sage und wie er stimme, genau das sei, was ich sagen
und wie ich stimmen würde. In der Tat erschien er mir
als der klarste Kopf und fähigste Sprecher der fortschrittlichen Meinung unter den Theologen der Kommission.

In der Kommission gab es bei der Schlußsitzung,
nach allem, was ich von Teilnehmern erfahren konnte,
nicht etwa zwei Rapporte. Es gab den einen und nur
den einen Rapport, der auf sich gut 90% der Stimmen
vereinigte.

Erst nachträglich verfaßte die Gruppe der vier oben
genannten Theologen mit anderen Freunden von Kardinal Ottaviani einen gegenteilig lautenden Rapport.
Letzterer wurde also in der Kommission weder vorgelegt noch diskutiert. Den Minderheitsrapport unterschrieben auch keine Laien aus der Kommission. Er
ging jedoch selbstverständlich an den Papst.

*Gab es nicht doch noch einen andern Rapport, der an den
Papst ging?*

Ob man von einem Rapport reden soll, weiß ich nicht
zu sagen. Tatsache ist jedoch, daß Paul VI., als die Arbeit seiner Kommission zum Abschluß gekommen war,
eine Art Kontroll-Kommission einsetzte, bestehend aus
Kardinälen und Bischöfen. Darunter waren unter anderem die Kardinäle Döpfner und Heenan und Weih-

bischof Wojtyła, unser heutiger Papst. Jedermann konnte sich die Einstellung von Kardinal Döpfner leicht vorstellen. Von Kardinal Heenan nahm man an – wohl auch der Papst –, daß er auf der alten strengen Linie lag; denn er hatte seinerzeit gegen Erzbischof Robertson öffentlich Stellung bezogen. Ferner hatte er im Konzil, in Sankt Peter, hart gegen mich Stellung genommen, und zwar wegen dieser Fragen. Doch Kardinal Heenan hatte sich nicht nur völlig mit mir versöhnt, sondern hatte sich auch mehr oder weniger zu der gleichen Überzeugung durchgerungen wie ich.

Zwei Drittel der Kontrollkommission fanden den Rapport der Kommission für richtig, ein Drittel war dagegen. Es wird kaum ein Zweifel bestehen über die damalige Stellungnahme von Bischof Wojtyła. Er hat wohl seine Meinung nie geändert, die er in seinem Buch über Ehe und Verantwortung kurz vor dem Konzil äußerte: für ihn bestand immer noch die Alternative: entweder Ausrichtung auf Zeugung – dann ist auch die Lust mit Liebe vereinbar – oder aber Kontrazeption – dann ist es nicht mehr als tierische Lust, sündhafte Lust.

Paul VI. hat sich lange Zeit gelassen mit seiner Antwort in „Humanae vitae" im Sommer 1968. Was ist wohl in der Zwischenzeit geschehen?

Soweit ich erfahren konnte, war Paul VI. anfänglich vom Rapport der Kommission ziemlich stark beeindruckt, wohl auch angesichts der Tatsache, daß die zusätzliche Kardinals-Bischofs-Kommission mit gut Zweidrittel den Rapport für richtig hielt.

Diese meine Meinung scheint auch durch eine Aussage von P. Hermenegild Lio OFM, jahrzehntelang

Konsultor beim Heiligen Offizium und besonderer Berater von Kardinal Ottaviani, bestätigt zu sein. Franziskanerfreunde, die mit P. Lio in Sant'Antonio lebten, berichteten mir von einer indiskreten Aussage von P. Lio, wonach es ihm durch zwei von Kardinal Ottaviani organisierte Audienzen gelungen sei, den Papst, der schon fast umgeschwenkt war durch den Rapport, wieder zu bekehren.

Nebenbei bemerkt, P. Lio war mit P. Hürth der Hauptredakteur der vorkonziliaren Vorlage über Keuschheit, Jungfräulichkeit, Ehe, Familie, in der, wie schon gesagt, zu lesen war: „Verboten zu behaupten, in der Ehe sei die Liebe wesentlich." Lio war auf Anordnung von Kardinal Ottaviani dann auch Peritus in der Konzilssubkommission über Ehe und Familie, bis die Bischöfe der Subkommission erklärten, sie würden nicht mehr teilnehmen, solange Lio dabei sei.

Ich selbst konnte in der ganzen Zwischenzeit den Papst nie persönlich sprechen. Zwei- oder dreimal versuchte ich, eine Audienz zu erhalten; es wurde mir höflich geantwortet, man würde mich verständigen; doch dies geschah nie. So gab ich meine Bemühungen auf. Soweit ich erfahren konnte, haben auch keine anderen Theologen, die in der Kommission für den Rapport mitverantwortlich waren, bis zur Veröffentlichung den Papst gesprochen, vielleicht mit Ausnahme von Lambruschini, der in der Kommission mit der Mehrheit stimmte, den aber dann Paul VI. beauftragte, die Enzyklika „Humanae vitae" in der Pressekonferenz vorzustellen. Er hat dabei bekanntlich klar geäußert, daß der Papst die Enzyklika nicht als eine unfehlbare und irreformable Lehre ansehe.

Wie erlebten Sie die Veröffentlichung von „Humanae vitae"?

Ich war damals zu Vorträgen in den USA. Zwei Journalisten von „Time" und „Life" suchten mich auf und übergaben mir etwa fünf Tage vor der Veröffentlichung der Enzyklika den Text mit dem Ansinnen, für sie in einem Interview dazu Stellung zu nehmen, das am gleichen Tag wie die Enzyklika veröffentlicht werden würde. Ich fragte sie, wie sie zu dem Text gekommen seien. Antwort: Er hat uns nur einige Tausend Dollar gekostet! Ich nahm den Abzug des Textes mit, verwahrte mich aber energisch gegen das Ansinnen, bei einer Sache, die offensichtlich mit immoralischem Verhalten zu tun hatte, irgendwie mitzuwirken. Dabei konnte ich die Neugier der Journalisten besser verstehen als den vatikanischen Verkäufer eines solchen Dokumentes. Ich zog mich unverzüglich in ein „Haus des Gebetes" in Californien zurück, gab nur meinen Obern die Adresse. Meine Absicht war, lange zu beten und noch länger zu schweigen. Ich las wohl zwanzigmal den Text, stellte dankbar fest, daß darin auch sehr Schönes über die Bedeutung ehelicher Liebe gesagt war. Es war mir auch klar, daß die neue Enzyklika nicht mehr vom *crimen* (Verbrechen) der Kontrazeption sprach – es war also eine Entkriminalisierung gegenüber „Casti connubii". Doch die ausnahmslose Norm, daß jeder eheliche Akt auf Zeugung hin ausgerichtet bleiben muß, erschien mir als eine inkommunikable Aussage angesichts der folgenden Darlegung, daß natürliche Methoden (wohl berechnete unfruchtbare Zeiten) diesem Grundsatz gerecht würden. Ich sah die Gewissensnot vieler Menschen voraus, hoffte jedoch, daß der relativ milde Ton als tonangebend verstanden würde.

Bald nach der Veröffentlichung der Enzyklika lief je-

doch das Telephon bei mir heiß. Irgend jemand muß
meinen Aufenthaltsort verraten haben. Theologen, angesehene Priester, Ärzte sagten mir am Telephon, daß
sie daran dächten, aus der Kirche auszutreten. Warum
denn? In der Kirchengeschichte sind doch viel ernstere
Unfälle passiert. Man gab mir mehrmals zur Antwort:
Sogar im „Osservatore Romano" erschien eine Aufforderung von Kardinal Felice, daß jene, die nicht gehorsam und gläubig die Enzyklika annähmen, aus der
Kirche austreten sollten. Damit war auf einen Schlag
mein Vorsatz zu schweigen in Frage gestellt. Man
mußte nicht nur wie bei „Casti connubii" eine Entfrem-
dung von den Sakramenten der Kirche, sondern einen
geradezu massiven Exodus aus der Kirche fürchten.

*Wie konnten Sie als ein einzelner, sozusagen als Einzelkämpfer,
hoffen, etwas gegen eine so ernste Gefahr tun zu können?*

Selbstverständlich war ich selbst auch nicht sicher, ob
einem mutigen Versuch ein Erfolg beschieden sein
würde. Wird es ein vielstimmiges Konzert zum Aufruf
werden, in der Kirche zu bleiben, oder wird der Ruf
einzelner verhallen?

Es wurde mir die Frage gestellt, ob ich die Erklärung
von zahlreichen USA-Theologen, die sich in Washington versammelt hatten, unterschreibe. Es ging also um
die Frage der Wirksamkeit einer gemeinsamen Sache.
Ich stimmte mit der Kernaussage jener Erklärung überein, nämlich daß es durchaus eheliche Situationen
gebe, in denen ein ausnahmsloses Befolgen der strengen Norm, d. h. des strengen Verbots künstlicher Empfängnisregelung, nicht urgiert werden dürfe. Doch ich
wollte mich nicht dem Vorwurf aussetzen, einen kol-
lektiven Protest mitorganisiert zu haben.

Nach einer durchbeteten Nacht kam ich zu dem Entschluß, daß ich es der Liebe zur Kirche, zum „Volk Gottes" schulde, offen meinen Standpunkt auszusprechen, was immer auch die Folgen für mich persönlich sein mochten. Ich vertraute auf die Gnade Gottes, daß ich treu und innerlich ruhig in der Kirche bleiben könne, auch wenn ich Sanktionen unterworfen würde.

So gab ich denn folgende Erklärung ab: Wer sich überzeugen lassen kann, daß das von „Humanae vitae" absolut ausgesprochene Verbot künstlicher Mittel der Empfängnisregelung die zutreffende Auslegung des göttlichen Gesetzes sei, muß sich ernst bemühen, dieser Überzeugung gemäß zu leben. Wer aber nach ernster Überlegung und Gebet überzeugt ist, daß in seinem Fall ein solches Verbot nicht der Wille Gottes sein könne, soll in innerem Frieden seinem Gewissen folgen und sich dabei nicht als Zweiter-Klasse-Katholik fühlen.

Am folgenden Tag stand meine Stellungnahme auf der ersten Seite der „New York Times" und der meistgelesenen Zeitungen vieler Länder. Ich hatte sicher nicht erwartet, daß meine einsame Stimme ein solches weltweites Echo finden würde. Hunderte von Katholiken versicherten mir in der darauf folgenden Zeit, daß sie auf diese meine Stimme hin die Versuchung, aus der Kirche auszutreten, überwunden hätten.

Umgehend schrieb ich meinen Artikel „The Encyclical Crisis: Contradiction Can and Must be a Service to the Pope" für die Zeitschrift „Commonweal" (1968, 588–594). Zugleich sandte ich eine deutsche Fassung an Kardinal Döpfner. Der Text wurde in seinen wichtigsten Aussagen unmittelbar in der Münchener Kirchenzeitung veröffentlicht. Auch diese ausführlichere Äußerung fand ein weltweites Echo. Sie war sicher für viele Gläubige ein Anlaß zu einer ernsten und ehrlichen Gewissensüberprüfung und wurde von vielen als befreiend empfunden. Auch mein damals veröffentlichter Kommentar zum Kapitel über Ehe in „Gaudium et spes" in „Das Zweite Vatikanische Konzil, Dokumente und Kommentare" (Freiburg 1968, III, 424–446) wurde weltweit beachtet. In rascher Abfolge folgten die zwei Bändchen „Brennpunkt Ehe. Heutige Probleme und Perspektiven in Tradition und Lehramt" und „Krise um Humanae vitae". Beide Bücher wurden rasch in viele Sprachen übersetzt. Wohl erstmalig stand eine pastoral- und theologiekritische Äußerung im modernen Medienfeld. In wenigen Wochen hatten sich weltweit Bischöfe, Theologen und „Laien" über eine brennende Gewissensfrage so schnell verständigen können.

Hatten Sie nach diesen Ihren Äußerungen auch Kontakte mit Bischöfen?

Sogar unerwartet viele. Ich möchte nur einiges erwähnen. Schon sehr bald wurde ich zusammen mit einigen anderen Theologen zu einem intensiven Gespräch mit bedeutsamen Vertretern der USA-Bischofskonferenz eingeladen. Die Diskussion fand in einer wahrhaft geschwisterlichen Atmosphäre statt. Ich traf mich auch mit Schlüsselfiguren des kanadischen Episkopats.

Anfang September kehrte ich aus Nordamerika nach Rom zurück. Seit langem hatte ich Einladungen von sizilianischen und sardinischen Bischöfen angenommen. Nach meiner freimütigen öffentlichen Meinungsäußerung schrieb ich an die einladenden Bischöfe, daß ich vermute, daß unter diesen Umständen mein Kommen wohl inopportun sei. Doch die Antwort war: „Im Gegenteil. Wir wollen hören, was Sie zur pastoralen Lage nach ‚Humanae vitae' zu sagen haben." Die zwei Wochenkurse auf den beiden Inseln verliefen bei zahlreicher Hörerschaft in bester Atmosphäre: was ich mir sicher nicht zu träumen gewagt hätte.

Wie haben darauf Ihre Ordensbrüder und Oberen reagiert?

Die Redemptoristen sind volksnahe Seelsorger. Wie ein Seismograph spüren sie Erschütterungen, ja sogar schon ein vorausgehendes Vibrieren. Ich kann wohl dankbar sagen, daß der Großteil meiner Mitbrüder und alle meine Obern deutlich gespürt haben, daß meine verschiedenen Äußerungen durch und durch pastoral inspiriert waren. Die meisten sahen auch, daß auch Protest eine große Liebe zu Kirche und Papst ausdrücken kann.

In einigen Ordensprovinzen war jedoch der Übergang von einer teilweise rigoristisch-kasuistischen Moral zu einer kerygmatisch ausgerichteten Moraltheologie vor allem bei den älteren Patres noch nicht vollzogen. In insgesamt drei englisch sprechenden Ordensprovinzen war die englische Übersetzung meines Buches „Das Gesetz Christi" trotz des großen Erfolgs noch im Fach der verbotenen Bücher eingeschlossen. Dies hatte jedoch zur Folge, daß sich die Theologiestudenten und jungen Patres die Bücher schenken ließen und sie um so eifriger studierten, je heftiger dagegen gewettert wurde. Ein Generalkonsultor einer dieser Provinzen, der mir persönlich sehr freundlich gesinnt war, warnte mich ganz offen vor Besuchen in Häusern seiner Provinz, wenn ich mir nicht harte Vorwürfe machen lassen wollte. Als ich auf Drängen eines freundlichen Hausobern anders handelte, bekam ich zu spüren, wie recht der Generalkonsultor hatte. Ich konnte mit den Älteren durchaus mitfühlen. Manche hatten mit wundem Herzen in genauer Erfüllung dessen, was „Casti connubii" zur Beichtpraxis bezüglich Empfängnisverhütung sagte, vielen Pönitenten die Lossprechung verweigert; und allmählich hatten sie sich daran gewöhnt und waren vielleicht sogar etwas stolz auf ihre radikale Treue zur kirchlichen Lehre. Dabei spürten sie zum Teil nicht einmal, daß der Ton von „Humanae vitae" doch ein ganz anderer war als der von „Casti connubii". In Häusern, in denen die Spannung und das Generationsproblem besonders heftig waren, traten nicht wenige ideal gesinnte junge Mitbrüder aus der Kongregation aus. Manche behielten Kontakt mit mir.

Die Obern gaben mir auch in dieser kritischen Phase einen großen Vorschuß an Vertrauen. Ich möchte hier nur auf das Verhalten meines damaligen Generalobern Amaral aus der von den süddeutschen Patres gegründeten Ordensprovinz von São Paulo, Brasilien, hinweisen. Nach Bekanntwerden meiner kritischen Äußerungen, von denen ich jeweils einen Durchschlag an das Staatssekretariat des Papstes geschickt hatte, rief Kardinal Cicognani, der damalige Staatssekretär, P. Amaral zu sich und drang in ihn, mich von meiner Position abzubringen und mich zu bitten, mich vorbehaltlos hinter die Aussagen der Enzyklika zu stellen. Man wies ihn auch darauf hin, daß dies wohl auch angebracht wäre in Hinsicht auf wichtige Dienste, die Pater Häring in Zukunft in der Kirche erfüllen könne. P. Amaral antwortete, wie er mir erst mehrere Wochen später sagte: „Ich bin nur ein Kanonist. P. Häring hat auf dem Gebiet der Moraltheologie eine viel größere Kompetenz."

Als ich im September aus Nordamerika nach Rom zurückkam und den Ordensgeneral begrüßte, sagte er mir davon kein Wort. Erst zwei Wochen später, nach einer Reise nach Sardinien und Sizilien, sprach er davon und ließ mich wissen, daß Kardinal Cicognani mich zu einem Gespräch eingeladen habe. Dieses fand auch alsbald statt. Es war jedoch nicht der erste Kontakt mit mir seit meinen kritischen Äußerungen. Der Vatikan suchte den Kontakt mit mir nicht durch den Apostolischen Nuntius in den USA Vagnozzi, weil man wußte, daß ich gegen ihn schwer verstimmt war, da er mich all die Zeit hatte bespitzeln lassen und unrichtige Nachrichten gegen mich an das Heilige Offizium weitergegeben hatte. Man schaltete also den Apostolischen Delegaten Clarizio von Ottawa ein. Dieser ließ mir einen im Ton sehr freundlichen Brief überbringen, in dem er mich zu einem baldigen Besuch nach Ottawa einlud. Erzbischof Clarizio holte mich persönlich am Flugplatz ab, behandelte mich als „Ehrengast", nahm meine Begründung, daß ich so gehandelt habe, um einen Exodus aus der Kirche zu verhindern, sachlich zur Kenntnis und begleitete mich schließlich wiederum persönlich auf den Flugplatz. Kardinal Cicognani war durch ihn durchaus sachlich informiert.

Das Gespräch mit dem Kardinal-Staatssekretär dauerte sehr lang und war überaus sachlich und beiderseits höflich. Es wirkte auf mich jedoch wie ein Schock, als er mir sagte, der Papst sei besonders betrübt über meine Propaganda gegen den Zölibat. Ich wies dies als eine große, unerhörte Verleumdung zurück und bot mich an, ihm ein ganzes Dossier meiner jüngsten Veröffentlichungen und Reden über den Zölibat zu übergeben. Bei allem pastoralen Verständnis für jene Priester, die sich nicht in der Lage sahen, den übernommenen Zölibat sinnvoll und wahrhaft zu leben, hatte ich immer wieder zur Treue gegenüber der frei übernommenen Verpflichtung aufgerufen. Der Kardinal versicherte

101

mir, daß er mir dies durchaus glaube; und er werde den Papst genaustens informieren, daß es sich hier um ein tristes Kapitel von Anschwärzung handle. So trat bei dieser wichtigen Unterredung schließlich die Frage über „Humanae vitae" in den Hintergrund. Am Schluß begleitete mich der Kardinal genau so weit, wie es Brauch ist gegenüber Regierungsvertretern. Ich war über diese delikate Behandlung nicht wenig erstaunt. Ich glaube, der Grund war das tiefe Mitempfinden des Kardinals wegen der Verleumdung.

Einige Zeit später nahm der Kardinal wieder Kontakt zu mir auf durch Erzbischof Clarizio anläßlich dessen Heimaturlaubs. Dieser lud mich in sein Elternhaus ein. Nach längerem höflichem Gespräch fragte er mich – offensichtlich im Namen von Kardinal Cicognani –, ob ich mich jetzt vielleicht nach allen Klärungen durch Bischofskonferenzen in der Lage sähe, mich positiv zur Enzyklika zu äußern. Ich gab dann tatsächlich aufrichtig eine solche Erklärung ab in dem Sinne, daß ich die Enzyklika, so wie sie nun von großen Episkopaten pastoral ausgedeutet sei, durchaus als annehmbar anerkenne und jetzt auch die positiven Werte besser sehe. Dies genügte dem Vatikan damals durchaus.

Ich stehe auch heute genau auf dem gleichen Standpunkt. Mein Aufsatz vom Januar 1909 in der Wochenzeitschrift „Christ in der Gegenwart" und in „il regno" ist der genaue Reflex. Ich meine, die Enzyklika sei so rezipiert, wie sie aus den Erklärungen großer Episkopate hervorging, während ich fest überzeugt bin, daß sie weder rezipiert noch rezipierbar ist, wenn man sie im Lichte von „Casti connubii" und im Kampf gegen jene Bischofskonferenzen verschärft durchsetzen will.

Heute wie damals lese ich die Enzyklika „Humanae vitae" im Lichte der Alfonsianischen Lehre von der Anwendung der Epikie auch in Fragen des abgeleiteten Sittengesetzes, im Lichte der großen Tradition der Orthodoxen Kirchen über die *oikonomía,* die die Frage der Epikie sehr viel vertieft durch ihre Pneumatologie, und im Lichte der Beschlüsse der gemeinsamen Synode der westdeutschen Diözesen.

Können Sie vielleicht an konkreten Beispielen zeigen, wie Sie mit diesen Problemen pastoral umgehen?

Ein erstes Beispiel liegt auf der Ebene der Moralverkündigung: bald nach meinen Äußerungen zu „Humanae vitae" im Sommer 1968 lud mich der Pfarrer einer der größten Pfarreien in der Gegend von Boston ein, zur ganzen Pfarrei in dem riesigen Gemeindesaal zu sprechen. Er war bis auf den letzten Platz besetzt. Ich sprach in der Sicht des Konzils über hochherzig verantwortliche Weitergabe des Lebens, über die erstaunliche „Fruchtbarkeit" ehelicher Liebe für Zeit und Ewigkeit, über eheliche Keuschheit als Pflege eben dieser Liebe. Ganz kurz sprach ich über eine sinnvolle Auslegung der Enzyklika in eben dieser Sicht des Konzils. Ich sprach ein paar Sätze über den Sinn von Epikie und oikonomia und das dahinter stehende Gottesbild. – Ich erhielt großen Applaus. Viele sagten mir: „Ja, Sie lieben die Kirche und den Papst und fühlen mit uns mit." Über die Fruchtbarkeit dieses „approach" lassen sich die Taufregister des folgenden Jahres konsultieren.

Auch anläßlich von Tauffeiern, die ich in den USA übernahm, erfuhr ich immer wieder, mündlich oder schriftlich, daß sich manche Eheleute neu entschlossen, sich nach einem weiteren Kind zu sehnen. Anläßlich von Exerzitien für evangelische Pastoren und ihre Frauen kam ein anglikanisches Paar, um mich über Me-

thoden der Familienplanung zu konsultieren. Ich antwortete: „Die Frage der Methode kommt erst ganz am
Schluß zur Sprache! Jetzt meditieren Sie über das Wort:
‚Was kann ich dem Herrn vergelten für alles, was er mir
getan hat!' Denken Sie nach über die Innigkeit Ihrer
Liebe und über die Harmonie in Ihrer schon sechsköp-
figen Familie, über Ihre Erziehungskunst, über Probleme der Gesundheit. Dann erst können wir sinnvoll
über Fragen der Methode sprechen. Und da möchte ich
auch zuerst mir sagen lassen, wie Sie beide denken und
fühlen." Nach zwei Jahren waren sie wieder bei mir zu
Exerzitien. Unterdessen war ihre Sinty geboren, und sie
hatten ein behindertes schwarzes Waisenkind adoptiert. Es folgten noch vier Adoptionen von schwierigen
„Mischlingen", die niemand wollte, und schließlich
noch eine ungeplante Schwangerschaft, als die Frau bereits 42 Jahre zählte. Sie kamen zu mir zur Beratung wegen eines Knicks der Gebärmutter: sollen sie der Natur
ihren Lauf lassen, da, wenn kein Eingriff erfolge, späte-
stens gegen Ende des dritten Monats ein Spontanab-
gang zu erwarten sei. Wir beteten miteinander. Der
konsultierte Gynäkologe sagte, der Eingriff bedeute ein
nicht geringes Risiko und viel Beschwerden. Doch er
fügte hinzu: „Diese Frau verfügt offenbar über unver-
sieglich innere Kraftquellen." Das zur Welt gebrachte
Kind ist heute eine große Freude für die ganze, glückliche Familie. Und all das ohne einen Hauch von Rigorismus!

Wir stehen nicht unter nackter Gesetzlichkeit, sondern unter dem Walten der Gnade. Dies muß in unserer ganzen Pastoral spürbar werden.

Lehrprozeß und andere Erfahrungen mit dem Heiligen Offizium

Ich weiß von anderen Theologen der Konzilsmehrheit, daß sie mit dem Heiligen Offizium und später mit der Glaubenskongregation in Konflikt gerieten. Wie war das bei Ihnen?

Sie haben gespürt, wie schwer es mir fällt, über Dinge, die lange geheim waren und die mich zuinnerst berühren, öffentlich zu sprechen. Mein Zögern kommt gewiß nicht davon, daß ich mir die letzten Jahre oder Monate meines Lebens nicht mit vielleicht unnützen Belastungen erschweren möchte. Meine Frage ist vor allem, ob es der Kirche und der Glaubensfreude, die wir alle brauchen, dient; ob wir unser Menschenmögliches tun, um einen Wandel, eine Umwandlung unevangelischer Strukturen und Mentalitäten zu begünstigen. Ich meine, wir sind an einem Punkte angelangt, an dem nicht mehr zu verhehlen ist, daß es sich um eine pathologische Situation handelt, die ihre lange Geschichte hat.

Meine intensive Beschäftigung mit der Gewaltfreiheit von Gandhi und mit der therapeutischen Dimension der Befreiungstheologie ließ mich zum Schluß kommen, daß es an diesem Punkte der Satyàgraha, der kraftvoll und mit Liebe geäußerten und befreienden Wahrheit, bedarf. Aus langer Sanitätsdienstzeit weiß ich, daß man Wunden offenlegen muß, bevor man an die Heilung gehen kann.

Im Geist der von Ghandi praktizierten Transparenz und auch mit seiner Ahimsa, seinem einfühlenden Mitleid, möchte ich in den folgenden Gesprächen die Hand auf die Wunden legen, die auch auf der institutionellen Ebene einer Heilung bedürfen, wohl wissend, daß wir alle selbst im besten Fall nicht mehr sind als verwundete Heiler. Ich vertraue, daß mir das ohne Groll möglich sein wird.

Ist ein gewisser Triumphalismus, ein Verdecken und Vertuschen demütigender Zustände in der Kirche nicht ein größeres Ärgernis, ja ein Ärgernis im moralischen Sinn, als sachliches Aussprechen herber Wahrheiten?

Sie und Ihre Freunde wie auch meine Freunde haben mich langsam davon überzeugt. Auch bei Betrachtung der Bibel wurde mir in dieser Hinsicht manches deutlich.

Hat nicht Christus selbst am meisten gelitten angesichts des Versagens seiner Jünger, ja sogar seiner Apostel und im Vorauswissen um ungesunde, krankmachende kirchliche Strukturen und Nachahmung von weltlicher Macht und Pracht?

In vollem Bewußtsein, daß wir selbst immer auf dem Weg fortschreitender Bekehrung bleiben müssen, wenn wir nach Reform der Kirche rufen, sehe ich aber auch, wie unecht Bekehrungspredigt auf individueller Ebene sein kann, wenn man sich nicht mitbeteiligen will an der beständigen Reform der Kirche und ihrer Strukturen. Es geht ja um nichts weniger als um die Treue zum Evangelium, um die Glaubwürdigkeit unseres Zeugnisses und der gesamten Verkündigung.

Nicht zuletzt bewegt mich der Gedanke an die Einheit der Christenheit. Die orthodoxen Kirchen haben ihren Glauben treu bewahrt, ohne eine Institution zu haben, die vergleichbar wäre mit der römischen Inquisition, mit einer „Suprema Sacra Congregatio Sancti Officii" (welch ein Name! „Höchste Heilige Vereinigung des Heiligen Amtes"). Hat sie die Glaubensfreude gefördert? Hat sie die frohe und inkarnierte Heilsverkündigung an alle Kulturen und Völker gestärkt? Hat sie zur unablässigen Forschung und einem immer tieferen Durchdenken der geoffenbarten Wahrheit ermuntert? Alle diese Fragen beunruhigen mich, am meisten aber das ökumenische Interesse, damit nicht die große Gnade unserer Zeit vertan wird. Der ökumenische Patriarch Dimitrios hat im Dezember 1987 anläßlich seines Rombesuches die Römische Kurie mit großem Freimut beschworen, doch bei allem Tun und Lassen das ökumenische Anliegen in den Mittelpunkt zu stellen[1]. Und immer wieder haben ökumenisch engagierte Kirchenmänner aus allen Teilen der Christenheit gemahnt, daß gewisse Formen des Zentralismus und undurchsichtiger Autoritätsausübung dem Anliegen der Wiedervereinigung ganz besonders im Wege stehen.

Wie haben sich Ihre oft schmerzlichen Erfahrungen, vor allem das gegen Sie lange laufende Lehrverfahren, auf Ihr Schaffen als Theologe und auf Ihr persönliches Leben ausgewirkt?

Im Ringen um eine Antwort denke ich vor allem an das von 1975–1979 dauernde Lehrverfahren. Es lief noch zwei Jahre, während ich einen Kampf auf Leben und

---

[1] Vgl. L'Osservatore Romano, 6. Dezember 1987, S. 4: „Der Blick auf die Einheit der Christenheit sei die bestimmende Grundlage für jede kirchliche Tätigkeit!"

Tod gegen den Kehlkopfkrebs zu führen hatte. Und bald nach der letzten Heilbehandlung begannen ähnliche Schwierigkeiten mit der Studienkongregation. Der Gedanke daran plagte mich während vieler schlafloser, schmerzerfüllter Nächte nicht wenig. Ich sehe das als eine gnadenvolle Herausforderung an meinen Glauben, der allem Leiden einen Sinn zu geben vermag. Die Frage, die mich nun beim Erzählen und bei meinem Entschluß, die Dokumente der Öffentlichkeit zugänglich zu machen, bewegt, ist die: Wie kann man andern solches Leid ersparen?

Rückblickend glaube ich jedoch feststellen zu können, daß dies die schöpferischste Zeit meines Lebens war. Die Aussicht auf einen baldigen Tod gab mir eine große innere Freiheit gegenüber jeder Form von äußerem Druck. Und der Druck, den vatikanische Ämter auf mich ausüben wollten, bestärkte meine Wachsamkeit, doch ja nicht die Sünde der Feigheit und Verstellung zu begehen.

Gerade in dieser Zeit und unter diesen Umständen entstand das Hauptwerk meines theologischen Schaffens, „Frei in Christus", das nun in vierter deutscher Auflage als Sonderausgabe erscheint. Ich selbst schrieb es zuerst auf Englisch, weil der englische Sprachraum viel breiter ist als der deutsche. Es ist in weitere neun Sprachen übersetzt. Dieses Buch ist keine Neuauflage von „Das Gesetz Christi"; denn seit 1954, dem Jahre der Erstauflage dieses Werkes, hat sich die Lage in Welt und Kirche sehr verändert, und auch mein Denken wurde durch das Konzil und weltweite Erfahrungen nicht wenig beeinflußt.

Ohne Ironie oder Sarkasmus glaube ich sagen zu können, daß auch meine Erfahrungen mit dem Heiligen Offizium und später mit der Glaubenskongregation auf mich befreiend gewirkt haben. Also habe ich in gewissem Sinn eine Dankesschuld abzutragen. Möchten doch meine Reformvorschläge als solcher Versuch angesehen werden!

Wer die Kirche liebt, muß auch bereit sein, an der Kirche, mit der Kirche, durch die Kirche und für die Kirche zu leiden. Große Theologen der Vergangenheit und Gegenwart haben uns darin ein Beispiel gegeben. Ich denke unter anderem an den hl. Thomas, den hl. Alfons, Antonio Rosmini, Kardinal Newman, Karl Rahner, Henri de Lubac, Yves Congar, um nur einige zu nennen.

Wie haben Sie die Leiden anderer Männer durch das Heilige Offizium miterlebt?

Als mir das Lehrverfahren angehängt wurde, war ich darauf durch das Mitleiden mit anderen irgendwie vorbereitet. Doch ihr Leiden war sehr viel härter; denn vor dem Konzil wurde jeder, der vom Blitz des Heiligen Offiziums, von der Indizierung oder Verurteilung getroffen war, in seiner Umgebung wie ein Aussätziger behandelt. Er war einfachhin ausgegrenzt und gebrandmarkt. Heute, auch schon bei meiner ersten Durchleuchtung durch das Heilige Offizium, war und ist das anders. Ich erfuhr in all den schweren Jahren den größten Vertrauensvorschuß und ständige Ermutigung durch meine Ordensoberen, durch viele Bischöfe und zahllose andere Christen.

Ich erinnere mich mit tiefer Ergriffenheit, wie mir der berühmte Exeget Professor Josef Schmid von der Münchener Katholisch-Theologischen Fakultät erzählte, wie sehr seine Schaffensfreude von unliebsamen Erfahrungen mit dem Heiligen Offizium gelähmt wurde. Fritz

Tillmann, dessen moraltheologische Werke mich nachhaltig geprägt haben, war zuerst Exeget, verließ dann freiwillig dieses gefahrvolle Gebiet, um sich der Moral zuzuwenden, die damals nicht im Blickfeld des Heiligen Offiziums lag. Ich wunderte mich nicht, als ich aus dem Munde des gelehrten und heiligmäßigen Kardinals Pellegrino in bezug auf einen typischen Vertreter dieser harten Linie hörte, daß man bei diesem „eine vollkommene Proportion zwischen Unwissenheit und Anmaßung" entdecken könne. Um es nun anders auszudrücken, möchte ich meine Hauptsorge so formulieren: „Disproportion zwischen Amts- und Sachkompetenz".

Diese erstaunliche Disproportion bekam mein Freund Herbert Doms zu spüren, dessen durch hohe Fachkompetenz und abgewogenes Urteil hervorragendes Werk „Vom Sinn und Ziel der Ehe" (1935) durch das Heilige Offizium in Aufsehen erregender Weise verurteilt wurde. Ich traf ihn das erstemal persönlich auf einem Moraltheologenkongreß in Luxemburg 1952. Bei langen Spaziergängen erzählte er mir von seinem schweren Schicksal nach der russischen Besetzung seiner Heimatstadt Breslau, von seiner Inhaftierung durch die Russen, seiner abenteuerlichen Flucht in den Westen, vom totalen Verlust seines nicht unbeträchtlichen väterlichen Erbes. Doch all dieses Leid hielt er für ein Nichts im Vergleich mit dem, was ihm das Heilige Offizium, speziell P. Hürth, zugefügt hatte. Als er sich nach dem Krieg um den Lehrstuhl in Münster bewarb, tat P. Hürth das möglichste, um dies zu verhindern. Ich war in den folgenden Jahren sein Gast in Münster und lernte, seine unerschütterliche Liebe zur Kirche immer mehr zu bewundern. Das Konzil hat ihm völlig recht gegeben.

Zugleich mit Herbert Doms wurde das Buch von Bernardin Krempel „Die Zweckfrage der Ehe in neuer Beleuchtung" (1941) auf den Index der verbotenen Bücher gesetzt. Die Art, in der ich mit Krempel in Beziehung kam, ist für mich nicht rühmlich. Krempel beschwerte sich (zu Recht) darüber, daß ich in der ersten Auflage meines Buches „Das Gesetz Christi" dem Anliegen seines Buches nicht gerecht wurde. Es entwickelte sich ein jahrelanger freundschaftlicher Briefwechsel, der mich mit seinen tiefen Seelenleiden bekannt machte. Krempel wurde buchstäblich wie ein Aussätziger ausgegrenzt. Als er sich in Rom verteidigen wollte, wurde er weder vom Heiligen Offizium noch von P. Hürth empfangen. Auch sein Orden spielte das Trauerspiel mit. So kam es, daß er aus der Freundschaft mit einer edlen Frau Trost schöpfte, sie schließlich standesamtlich heiratete. Doch ohne die Ehe vollzogen zu haben, trennten sie sich wieder in gegenseitigem Einverständnis, um wieder zu den Sakramenten zugelassen zu werden. Das beharrliche Eintreten von Freunden erreichte in Rom schließlich auch die Aufhebung der Suspension. Er dozierte später in Königstein Philosophie.

Krempel starb kurz vor Beginn des Konzils. Die Ordensschwestern, in deren Krankenhaus er starb, erzählten bewegt von seinem heiligen Tod: „So gottergeben haben wir noch niemand sterben sehen." In einer Arbeitspause der vorkonziliären Subkommission über Ehe erzählte ich P. Tromp und P. Hürth davon, ohne anzumerken, daß ich vom gestörten Verhältnis zu Hürth etwas wußte. Tränen rollten über das Gesicht von Hürth, sie versöhnten mich mit ihm.

Innigen Anteil nahm ich auch an den seelischen Leiden meines holländischen Mitbruders Pater W. Duynstee, eines angesehenen Professors der Rechtsgeschichte an der Universität von Nijmegen, Verfassers des bescheidenen Buches „Das sechste Gebot im modernen Leben" (1935). Bei ihm konvertierte eine angesehene Psychotherapeutin, mit der er als Seelsorger zusammenarbeitete. Bei einer kanonischen Visitation in Holland traf ihn der Blitzstrahl von Pater Tromp: er wurde aus Holland verbannt, ohne daß man ihm oder den Oberen einen konkreten Grund angab. Er durchlebte seine Verbannung mehrere Jahre in Sant'Alfonso während der ersten Zeit meines römischen Aufenthaltes. Tromp hatte nicht einmal mit Duynstee selbst gesprochen. Soweit wir erfahren konnten, hatte er einige männliche Patienten der Psychotherapeutin, die von Duynstee seelsorglich betreut wurden, gefragt, ob ihnen der Pater klar gesagt habe, daß Masturbation eine Todsünde sei. Sie verneinten es ahnungslos. Außer mir und Pater General wußte im Hause niemand, was der Grund für seinen Aufenthalt dort war. Er arbeitete in Sant'Alfonso bescheiden für die Bibliothek und das Archiv. Man kann wirklich sagen, daß er ein heiligmäßiger Mann war. Erst in der Vorbereitungszeit des Konzils gelang es Kardinal Alfrink und Pater General, für ihn zuerst die Erlaubnis zu einem Besuch in Holland (aber nicht in Nijmegen!) und später die Heimkehr zu erlangen. Ich kann mich noch gut erinnern, wie er mich fragte, ob die weitere Verbannung aus Nijmegen andere Gründe haben könne als der Wille des Heiligen Offiziums, doch recht zu haben.

Ein ähnlicher Fall, der mir bekannt wurde, war die Verbannung von Pater Kentenich, des Gründers der Schönstattbewegung und blühender Schwesternkongregationen. P. Tromp hatte ihn in die USA verbannt mit der strikten Anordnung, keinen Kontakt mit seinen Gründungen aufrechtzuerhalten. Er gehorchte vorbildlich. Während des Konzils bat mich Bischof Tenhumberg von Münster, die Schriften und Manuskripte von P. Kentenich zu prüfen und ein Gutachten für Papst Paul VI. darüber auszuarbeiten, was ich auch tat. Ich vermochte wahrhaftig nicht das geringste zu entdecken, was nach Häresie aussehen könnte. Paul VI. ordnete die volle Rehabilitierung von Kentenich an. Die Art und Weise, in der sie stattfand, gab mir erneut sehr zu denken.

Wie haben Sie den Angriff der Monsignori Piolanti und Romeo von der Lateran-Universität gegen das Bibelinstitut miterlebt?

In der Tat, ich habe ihn aus der Nähe miterlebt. Den Auftakt gab ein Aufsatz des Kardinals Ruffini von Palermo im „Osservatore Romano" bald nach dem Tod Pius' XII., in dem die entscheidenden Lehren der Enzyklika „Divino afflante Spiritu" über das Studium der Heiligen Schrift als Irrsinn angegriffen wurden. Es war schon deutlich, daß die Zielscheibe das Bibelinstitut und insbesondere Augustin Bea waren, der bei der Abfassung jener bedeutsamen Enzyklika eine entscheidende Rolle gespielt hatte. Piolanti, der Rektor der Lateran-Universität, eine „Säule des Heiligen Offiziums" in Fragen der Dogmatik und Bibel-Exegese, sprach vor seinen Studenten von einem eigenen Plan, an seiner Universität ein Bibelinstitut einzurichten gegen „die Jesuiten". Dies berichteten mir mehrere Studenten. Dann folgte der aggressive Artikel seines Freundes und Mitkämpfers Monsignore Antonio Romeo, „Die Enzyklika Divino afflante Spiritu und neue Meinungen" in der vom Lateran herausgegebenen Zeitschrift „Divinitas" (1960, S. 387–456): ein klassisches

Beispiel von „rabies theologorum", von wutschäumen-
den Theologen. Bald darauf erhielten die zwei beliebte-
sten und angesehenen Professoren des Bibelinstituts
St. Lyonnet und M. Zerwick ein formelles Lehrverbot.

Ich dozierte damals für etwa zweihundert Priester-
studenten am Pastoralinstitut der Lateranuniversität.
Diese baten mich vor der Vorlesung um eine Stellungnahme. Während der Vorlesung sagte ich dazu kein
Wort, aber am Ende sprach ich nach dem „Oremus": „A
furore theologorum", und alle antworteten im Chor:
„Libera nos Domine!" Piolanti war darüber erbost, doch
er konnte mir nichts anhaben, da er wußte, daß mir
Papst Johannes XXIII. wohl gesinnt war.

Es ist mir aber noch heute ein Rätsel, warum Papst
Johannes das Heilige Offizium in dieser trüben Angelegenheit gewähren ließ. Bei seinem Tod war das Lehrverbot gegen die zwei genannten Professoren immer
noch nicht aufgehoben. Wollte er durch ein entschlos-
senes Wort das Heilige Offizium nicht gegen sich
selbst herausfordern? Päpste waren oft in der Geschichte bei bestem Willen machtlos.

1964 sagte ich zu Paul VI.: Daß dieses Lehrverbot
immer noch weiter besteht, ist ein Skandal nicht nur für
die römisch-katholische Kirche, sondern für die ganze
Christenheit. Er gab mir darauf zur Antwort: „Es tut mir
leid, daß ich noch nicht die Zeit fand, mich mit dieser
Sache eingehend zu beschäftigen." Nach einem tiefen
Atemzug wagte ich zu sagen: „Aber das könnten Sie
doch Pater Bea oder dem Ordensgeneral der Jesuiten
übergeben; sie können die ganze Situation über-
schauen." Nach ein paar Tagen war die ganze Sache erledigt: der Papst hatte sie in die Hand von P. Bea gelegt.
Bei seinem folgenden Besuch an der Lateranuniversität
kam Paul VI. mit großer Deutlichkeit auf diesen unsin-

nigen, intoleranten Streit zu sprechen und schloß mit den Worten: „Mai più" – „nie wieder!" Einige Jahre später wurde P. Lyonnet zum Konsultor des Heiligen Offiziums ernannt. Seine Beerdigung vor einigen Jahren war wie der Triumphzug eines Heiligen. Als solchen verehrten ihn viele, die ihn kannten.

Wer immer darauf vertraut, daß eine therapeutische Behandlung von „Strukturen der Sünde" möglich und notwendig ist, sollte diesen Fall gründlich studieren, und zwar auch mit den Kategorien der Wissenssoziologie, die den Konflikt zwischen Heilswissen und Herrschaftswissen gründlich untersucht hat (z. B. Max Scheler). Dabei geht es ganz sicher nicht darum, die Autorität des Papstes zu schmälern. Im Gegenteil, es geht um eine gründliche Reform im Sinn der Kollegialität (synodale Verfassung) und Subsidiarität, um die wahre Autorität des Papstes zu schützen und zu stärken.

Stimmt es, daß das Heilige Offizium auch während und gleich nach dem Konzil der feindseligen Stimmung gegen angesehene Theologen, die viel zum Gelingen des Konzils beigetragen haben, freien Lauf gelassen hat?

Sehen wir einmal ganz von der unbestreitbaren Tatsache ab, daß es die einflußreichsten Konzilstheologen in den Vorbereitungskommissionen und sogar in den Konzilskommissionen nicht leicht hatten, so gibt es dafür doch viele Beweise, daß das Heilige Offizium niemals aufhörte, sie zu verdächtigen. Ein weltbekanntes Beispiel sind die Schwierigkeiten, die Karl Rahner bereitet wurden. Das Heilige Offizium verlangte sogar nichts weniger, als daß er ohne Zensur dieser Behörde nicht mehr veröffentlichen dürfe. Nur dem tapferen Eintreten deutschsprachiger Kardinäle und der Entschlossenheit von Johannes XXIII. ist es zu verdanken, daß dies schließlich verhindert wurde. Ich erhielt von einem Bischof die Photokopie eines amtlichen Briefes von Kardinal Parente, in dem mich letzterer als nicht vertrauenswürdigen Theologen hinstellte. Von allen Belegen, die ich habe, ist wohl der eindrucksvollste ein Brief des Assessors des Heiligen Offiziums an meinen Freund Giovanni Rossi vom 24. Februar 1964. Dieser Brief, von dem ich durch meine Freunde unverzüglich eine Photokopie erhielt, ist ein eindrucksvoller Beweis kurialer Opposition gegen den Papst. Henri Fesquet, ein weltbekannter Konzilsjournalist, schrieb in seinen Tagebuchnotizen vom Konzil am 29. Oktober 1963: „Der Papst hat neulich in einer seiner Privataudienzen betont: P. Congar ist einer der Theologen, die am meisten zur Vorbereitung des Konzils beigetragen haben und dessen Gedanken von den Konzilsvätern am meisten geschätzt werden." Ähnlich äußerte sich der Papst bald darauf in einer öffentlichen Audienz.

Trotzdem schrieb am 24. Februar 1964 Parente an Giovanni Rossi von der „Pro Civitate Christiani" (Assisi): „Der Kardinalsekretär dieser Allerhöchsten beauftragt mich, Ihnen mitzuteilen, daß es, gelinde gesagt, wenig klug ist, in Rocca Lobhymnen zu veröffentlichen zugunsten von Theologen wie P. Congar, die durch ihre Veröffentlichungen trotz ihres Genies und ihrer Gelehrsamkeit Anlaß zu Zweideutigkeiten und Reserven gegeben haben. Eine Zeitschrift, die in die Hände aller und in so viele christliche Familien gelangt, muß sich insbesondere in Sachen der Lehre und von Strömungen theologischer Gedanken auf einer sicheren Linie halten ... Seine Eminenz erwartet, daß Sie ähnlichen Unfällen vorbeugen" (voller Wortlaut in der italienischen Ausgabe dieses Buches).

Als Paul VI. in öffentlicher Audienz lobend über Yves Congar gesprochen hatte, verriet mir dieser, daß man ihm darauf im Dominikanerkonvent ein wohnlicheres Zimmer zugeteilt habe.

Dieser und andere ähnliche Vorfälle gaben mir eine Vorahnung davon, was uns erwarten könnte, wenn die Konzilsväter wieder zu Hause sein würden.

Ich sah bei vielen Anlässen, wie stark sich der Unwille der nichtreformbereiten Männer der Kurie gegen die holländischen Bischöfe und ihre Berater richtete. Die Zahl der holländisch sprechenden Bischöfe auf dem Konzil war beträchtlich aufgrund der Tatsache, daß die relativ kleine Zahl holländischer Katholiken der Missionskirche mehr Priester geschenkt hatte als die volkreiche Kirche Italiens. Ich konnte es mir nach allem an den Fingern abzählen, daß der äußerst begabte und zudem bescheidene P. Edward Schillebeeckx bald eine Hauptzielscheibe sein werde. Und so trat es auch ein. Darüber ließe sich ein ganzes Buch schreiben. Schillebeeckx ließ sich nicht beirren, aber seine Gesundheit hat unter all dem zeitweise sehr gelitten.

Haben Sie die zurückweisende Haltung der Kurie und insbesondere der Glaubenskongregation gegenüber den lateinamerikanischen Theologen beobachtet?

Sicher, denn eine Anzahl dieser Befreiungstheologen waren früher meine Hörer an der „Academia Alfonsiana" gewesen und blieben mir freundschaftlich verbunden. Durch sie kam ich auch mit Gustavo Gutiérrez in Kontakt. Ich erhielt Abzüge der gegen ihn gerichteten Anklageschrift der Glaubenskongregation zusammen mit sorgfältig verfaßten Analysen derselben, z. B. durch die theologische Fakultät (ökumenisch) von Ber-

117

keley/Californien. Es ist das beschämendste Beispiel von vollkommener Harmonie zwischen Ignoranz und Arroganz, um noch einmal an dieses bekannte Wort des Kardinals Pellegrino anzuknüpfen. Die Oberflächlichkeit, mit der Sätze aus dem Zusammenhang herausgerissen, Zitate als Aussagen des Autors angeklagt wurden, grenzt ans Unglaubliche. Die Anklage auf Marxismus und Anstiftung zu gewaltsamer Revolution ist ganz besonders Gutiérrez gegenüber einfach unerhört. Ich habe selten irgendwo so überzeugende Argumente zugunsten von gewaltfreien Lösungen gelesen wie bei meinem Freund Gutiérrez.

Mit der Anklage auf Marxismus hat es seine besondere Bewandtnis, der ich mich hier etwas genauer zuwenden möchte.

Als ich als junger Student das Hauptwerk von Karl Marx, „Das Kapital", las, entdeckte ich mit Entsetzen, wie viele Beweise Marx beibringt, um seine These, Religion sei nichts anderes als Opium für das Volk, d.h. eine Einpfropfung eines falschen Bewußtseins in das Bewußtsein der Ausgebeuteten, zu belegen. Ich war erschüttert. Genauso ergeht es den Befreiungstheologen, wenn sie die Geschichte der Kolonialisierung-Missionierung Lateinamerikas unvoreingenommen studieren. Wir entdecken eine „Religion", die das Heilswissen im Dienste des „Herrschaftswissens" verzweckt und so gründlich verfälscht. Wir können nicht anders, als die Geschichte Europas und insbesondere der Kirche *auch* in diesem Lichte zu durchforschen.

Und doch hat das letztlich mit Marxismus als solchem nichts zu tun; denn Marx sieht diesen Mißbrauch der Religion als ein „eisernes Gesetz des dialektischen Materialismus" an. Wir dagegen sagen offen, daß es sich um eine der heimtückischsten Versuchungen und der folgenschwersten Sünden gegen Gott und den Menschen handelt. Diese Sünde und die dadurch geschaffenen „Strukturen der Sünde" sind zu entlarven, um uns und die Kirche davon zu befreien. So und nur so, glauben wir von der Befreiungstheologie her, kann man die Marxsche Grundthese überwinden. Bloße Apologetik dagegen sehen wir als ein sündhaftes Verdeckungsmanöver an, das dem Marxismus zugute kommt und der Kirche schwer schadet. Dabei brauchen wir uns jedoch nicht zu verwundern, daß die mit den Machthabern und Unterdrückern verbündeten „Kirchenfürsten" und kirchlichen Gruppen, die mit den Militaristen und Reichen verzahnt sind, instinktiv spüren, daß sie damit eigentlich auf der Anklagebank sitzen, was sie ohne Bekehrungswillen einfach nicht wahrnehmen wollen. Zu der Kategorie, die am meisten von solchen heimtückischen Versuchungen heimgesucht wird, gehören kirchliche Ehrenjäger und Streber. Es kann ihnen allzuleicht geschehen, daß sie ein verschüttetes Gewissen haben. Von dort rührt die bittere Frontstellung gegen die Befreiungstheologie her. Andere Kirchenmänner fallen darauf herein, nicht aus einem krankhaften Gewissen, sondern einfach weil sie von den Kategorien der Wissenssoziologie nichts wissen.

Gustavo Gutiérrez war nicht so sehr durch den Schachzug des Vatikans erschüttert, den „Schwarzen Peter" einer Verurteilung seiner Theologie dem Episkopat Perus zuschieben zu wollen – was nicht gelang – als vielmehr durch den ganzen Stil und die Methode der Anklageschrift, mit der die Glaubenskongregation ein Lehrverfahren gegen ihn einleitete. Am Nachmittag vor seiner ersten Vorladung war er bei mir in meinem Zimmer in Sant'Alfonso. Wir haben viel miteinander gebetet, nicht nur für uns, sondern ganz besonders für die

Kirche. Ich konnte Gustavo nicht genug bewundern. Dieser erste große Theologe aus der Urbevölkerung Perus hat sein Studium auf dem Rollstuhl gemacht. Er ist körperlich schwer behindert, aber von eiserner Schaffenskraft. Neben seinem Studium verbringt er einen Großteil in der Seelsorge bei den Allerärmsten. Wie groß muß die Verschlossenheit jener Hintermänner sein, daß sie nicht begreifen, von welch verehrungswürdiger Größe dieser Indio ist. Mit Hilfe seiner Freunde und ganz besonders dank der Klugheit der Mehrzahl der peruanischen Bischöfe ist die Sache Gutiérrez in Rom gut ausgegangen. Auch darüber ließe sich noch vieles sagen.

Der Fall Boff wurde in der ganzen Welt mehr bekannt als der Fall Gutiérrez, weil letzterer zu keiner Disziplinierung geführt hat. Der Fall Boff war insofern einmalig, weil ihn zwei der angesehensten Kardinäle der Kirche nach Rom begleitet und sich für ihn eingesetzt haben. Das ihm auferlegte Schweigegebot war ein höchst beredtes Ereignis. Er zeigte sich als gehorsam, aber keineswegs als servil.

Großes Aufsehen hat der Fall Charles Curran erregt, und es wurde durch die Presse bekannt, daß Sie ihn als eine Art Verteidiger zu einer entscheidenden Begegnung mit der Glaubenskongregation begleitet haben. Können Sie uns dazu etwas sagen?

Curran war vor mehr als 25 Jahren Hörer bei uns an der „Academia Alfonsiana", und er hat promoviert mit einer Dissertation über die Ehrfurcht vor dem irrenden Gewissen beim hl. Alfons. Schon damals fiel er durch seine außerordentliche Begabung auf, nicht zuletzt auch dadurch, daß er einer der wenigen Amerikaner war, die fließend Latein sprachen. Er ist ein tiefgläubiger und frommer Theologe und ein Freund der Armen. Sein Einkommen kommt ihnen zugute. Er liebt Einfachheit im Lebensstil und im Umgang mit anderen. Kein Wunder, daß er für viele Studenten der Katholischen Universität in Washington und darüber hinaus als der ideale Theologe gilt.

Ich bin, ohne es zu ahnen, irgendwie mitschuldig geworden, daß er in Washington in einen Wirbel geriet. Die Geschichte fing so an: Nach der ersten Konzilsperiode luden Studenten und Professoren drei hervorragende Konzilstheologen zu Vorträgen an der Katholischen Universität von Washington ein. Der konservative Rektor der Universität, ein Bischof, verwehrte ihnen den Zugang zur Universität. Darüber gab es schwere Verstimmungen. Die Professoren verlangten ein Zeichen der Wiedergutmachung und brachten mich dabei ins Spiel: Es sollte mir der freigewordene Lehrstuhl für Moraltheologie angeboten werden. Als ich ablehnte, wurde ich um einen Vorschlag gebeten, und dieser Vorschlag lautete: Charles Curran. Er wurde schnell populär, auch wegen seiner menschlichen Qualitäten. Der konservative Kanzler und der Rektor wollten ihn loshaben und erneuerten den Vertrag ohne einsichtige Gründe nicht. Ein fast hundertprozentig durchgeführter Streik von Professoren und Studenten zwangen die Leitung nicht nur, ihn wiedereinzusetzen, sondern auch, ihn zu befördern. 1968 unterzeichnete er mit vielen Kollegen aus den USA eine Erklärung über „Humanae vitae", wonach es Situationen geben könne, in denen Eheleute guten Gewissens künstliche Methoden der Kontrazeption anwenden dürften. Das wurde ihm von manchen nie verziehen. 1979 – ich hatte schon Kehlkopfkrebs – zeigte er mir das Schreiben der Glau-

benskongregation, das den Lehrprozeß gegen ihn eröffnete. Er war davon offensichtlich sehr betroffen. Er
lebte, wie so viele andere, in der Überzeugung, daß ein
Lehrverfahren nur bei Verstoß gegen eine Glaubenslehre zulässig sei.

In der sich bis 1986 hinziehenden Korrespondenz
konnte er nie erfahren, ob es bei der Glaubenskongregation für ihn einen Verteidiger gebe. Auch seine wiederholte Anfrage, ob jeder Dissens gegen eine sicher
nicht-unfehlbare Doktrin eine Straftat sei, blieb ohne
Antwort. Erst gegen Ende wurde ihm dies bestätigt. Es
stand ja unterdessen auch im neuen Kirchenrecht, daß
Dissens in bezug auf nicht-unfehlbare Lehren strafbar
sei. Es ging ausschließlich um Fragen der Sexualethik,
wie dies bei all den zahlreichen Verfahren gegen Moraltheologen meines Wissens fast durchweg der Fall ist.
Es handelte sich im Fall Curran um Grenzfragen bezüglich Masturbation, Kontrazeption, geschlechtliche Beziehungen von Verlobten vor der formellen Eheschlie-
ßung, Pastoral der Homosexuellen und Pastoral der
Geschiedenen.

*Sind Sie persönlich in all diesen Fragen genau der gleichen
Meinung wie Charles Curran?*

Durchaus nicht! Ich gelte in Fragen der Sexualmoral
zwar als pastoral gütig, aber theologisch als ziemlich
konservativ. In vielen Fragen bin ich zurückhaltender
als Curran, einfach weil ich nicht zu einem klaren Urteil
gekommen bin. Aber Curran liegt nach der Meinung
der meisten, die ihn und seine Schriften kennen, im allgemeinen auf einer gemäßigten Mittellinie. Er ist
durchaus nicht vom Zeitgeist oder gar der Unkultur des
Sexualkonsums angesteckt. Er glaubt fest an den Sinn

des priesterlichen Zölibats, wenn dieser überzeugt gewählt wird. Er tastet sich in vielen einzelnen Fragen vorsichtig vor, wieweit pastorale Lösungen und pastorale Unterweisung Menschen in Schwierigkeiten entgegenkommen können. Erst die Zukunft wird zeigen, ob und inwiefern er vielleicht in einigen Punkten etwas zu weit geht. Er hat auch nie behauptet, daß seine Vorschläge oder Hypothesen so, wie sie formuliert sind, gegen anders lautende Doktrinen des Lehramtes einfachhin in die Praxis umgesetzt werden sollten. Die Punkte, in denen er eisern der Glaubenskongregation widersprochen hat, sind das Recht und unter Umständen auch die Pflicht, Dissens in bezug auf nicht-unfehlbare Lehren anzumelden und die Bedeutung der akademischen Freiheit, die zusammenhängt mit dem genannten Recht auf bisweiligen Dissens. Er hat immer betont, daß sein Dissens seinen Ort in einem umfassenden Konsens habe.

Wie verlief das „Gespräch" mit der Glaubenskongregation, zu dem Sie Charles Curran am 8. März 1986 begleiteten?

Der Dekan der Theologischen Fakultät von Washington, ein Dominikanertheologe, und Monsignore George Higgins, einer der angesehensten Priester der USA und ehemaliger Sekretär der USA-Bischofskonferenz, begleiteten uns bis zum Warteraum. Da Kardinal Ratzinger noch nicht frei war, benützten wir die Zeit zu gemeinsamem, spontanem Gebet. Gerade bevor der Kardinal eintrat, hatte einer von uns vier gebetet, Gott möge uns beistehen, daß es uns nicht so sehr um unseren Sieg als vielmehr um die Sache des Reiches Gottes gehen möge.

Dem Kardinal war kurz vorher ein Brief des Heimatbischofs von Curran ausgehändigt worden, in dem der Bischof seinem Priester ein hervorragendes Zeugnis seines priesterlichen Geistes und seines Verantwortungssinnes als Theologe ausstellte. Zu unserer Überraschung sagte uns der Kardinal, daß dieser Brief die Situation nicht ändern könne, da das Urteil bereits gefällt sei. Daraufhin stellten wir die Frage: Wozu diente dann die Einladung zu einem Colloquium? Nach einigen Ausflüchten räumte der Kardinal doch eine kleine Möglichkeit ein, die ganze Sache nochmals zu überdenken.

Darauf hielt ich mein Plädoyer: Die Glaubenskongregation möge, wo es um die Anklage wegen Dissens gehe, bedenken, daß diese Institution und insbesondere ihre Rechtsvorgängerin vor der Geschichte vor Gericht stehe wegen eines vielfach langdauernden Dissenses gegen die überwiegende Mehrheit der Theologen und Gläubigen. Ich nannte einige bekannte Beispiele. Die Männer der Glaubenskongregation waren zwar von meinem Freimut beeindruckt, aber ob sie dieses gewichtige Argument entsprechend zu einem Umdenken bewegen kann, entzieht sich meiner Kenntnis. Man möchte es hoffen, auch angesichts der Tatsache, daß im neuen Kirchenrecht ohne vorherige Diskussion in der entsprechenden Kommission Dissens als solcher als Straftatbestand auftaucht, und zwar in allen Fragen, die nicht-unfehlbare Lehren der Kirche betreffen – allen geschichtlichen Erfahrungen zum Trotz.

Dann diskutierten wir, und wie ich meine, in einem guten menschlichen Klima. An einem kritischen Punkt fragte Curran aber etwas gereizt: „Warum sucht man gerade mich als Sündenbock aus, wo ich doch sicher nicht zu den extremen Theologen gehöre?" Die Antwort darauf blieb aus. Ich schaltete mich ein mit der Bemerkung: „Ich möchte nur hoffen, daß man am Ende nicht Kardinal Ratzinger zum Sündenbock für viele Dinge machen wird."

Dann sprachen wir ganz sachlich über den Vorschlag, den Curran schon früher durch Kardinal Bernardin und Erzbischof Hickey, den Großkanzler der Katholischen Universität von Washington, gemacht hatte. Curran bot an, in alle Zukunft an der Katholischen Universität keinen Kurs und auch kein Seminar zu geben in Fragen der Sexualethik; man solle ihn jedoch in anderen Fächern der Moral und der Sozialethik lehren lassen, in Dingen also, in denen es nie gegen ihn eine Beanstandung gab. Zudem habe er bereits gut zehn Jahre keine Vorlesungen und kein Seminar über Sexualethik gegeben.

Ich hatte am Ende den Eindruck, daß Kardinal Ratzinger bereit war, diesen Vorschlag bei der nächsten Sitzung der Glaubenskongregation empfehlend vorzutragen. Damit wäre doch ein sehr sinnvoller Kompromiß geschlossen gewesen. Curran war nicht so optimistisch. Leider hat die weitere Entwicklung seiner Besorgnis recht gegeben. Ich vermute, es waren Kräfte in den USA selbst, auch unter den mächtigen Kirchenmännern, die wollten, daß Curran gemaßregelt wird. Über 750 promovierte Theologen und Kirchenrechtler hatten einen Appell unterschrieben, Rom möge auf jede Disziplinierung verzichten. Umsonst.

Bald darauf folgte die Disziplinierung des sehr volksnahen Bischofs Hunthausen von Seattle, der der konservativen Politik in den USA durch sein Engagement in der Friedensbewegung ein Dorn im Auge war. Das Verhältnis zum Vatikan war durch die Koinzidenz dieser beiden Fälle bei den fortschrittlichen Katholiken sehr erschüttert, während die Traditionalisten jubelten.

Eine Verschärfung der vorher schon bestehenden Polarisierung war der teure Preis. Curran erhielt umgehend Einladungen zur Übernahme von Lehrstühlen an den berühmtesten Universitäten der USA. Er ließ sich Zeit. Im Herbst desselben Jahres kam er zu mir nach Gars zu geistlichen Exerzitien. Kein anklagendes Wort gegen irgendeine Person hörte ich aus seinem Mund. Er will für die Sache kämpfen, aber absolut ohne jede Gewalt.

Hatte außer Charles Curran keiner Ihrer ehemaligen Studenten Schwierigkeiten mit dem Vatikan?

Ich hatte in Rom in den vergangenen 35 Jahren über dreitausend Hörer, die sich in Moral- oder Pastoraltheologie spezialisierten. Eine ganze Anzahl wurde sozusagen geräuschlos aus dem Verkehr gezogen und auf Nebengleise abgeschoben, sofern Bischöfe Winke vom Vatikan gehorsamst vollzogen. Einer der begabtesten Redner und Schriftsteller wurde nach einem Monitum von Rom auf eine kleine Pfarrei versetzt. Er nahm es ohne jeden Protest an. Da ihm gerade damals ein großes väterliches Erbe zufiel, verwandelte er es in ein Rehabilitationszentrum für Drogenabhängige. Er ist eine überzeugende Persönlichkeit mit großen Heilerfolgen. Neulich erzählte er mir, sein Bischof habe ihn freundlichst gefragt, warum er nichts mehr veröffentliche und keine Vorträge mehr halte. Ich wollte wissen, wie er reagiert habe. Er sagte: „Ich habe den Bischof angelächelt, und er hat verstanden."

In der spanischen Presse erregte der Fall meines sehr begabten, ehemaligen Hörers, des Klaretinerpaters Forcano, großes Aufsehen. Er war ein hochgeschätzter Redakteur der weitverbreiteten Zeitschrift „Misión abierta" und hatte einen lange andauernden Lehrprozeß

vor allem wegen seines Buches „Neue Sexualmoral".
Die Anklageschrift war fast genauso oberflächlich und
unsachlich wie im Fall Gutiérrez. Schließlich verlangte
man von ihm, den anhand der Anklageschrift verbesserten Text vor Veröffentlichung zur Zensur der Glaubenskongregation vorzulegen. Seine Obern und ich,
die wir den verbesserten Text lasen, waren beeindruckt
von der Selbstverleugnung des Pater Forcano. Doch er
hatte ein Zitat aus der Erklärung der französischen Bischöfe über Lösung von Konfliktfällen bezüglich der
Norm von „Humanae vitae" N. 14 stehen lassen. Offenbar war man darüber sehr erzürnt.

Das Verdikt, das sein Generaloberer vollziehen sollte
und schließlich unter Druck teilweise vollzog, war viel
schärfer als im Fall Curran: Absetzung als Schriftleiter,
keine weitere Mitarbeit an „Misión abierta", keine weitere Veröffentlichung ohne Druckerlaubnis durch die
Glaubenskongregation. Sein Glaube ist dadurch nicht
erschüttert, aber innerlich erlitt er stärkere Erschütterungen als Curran.

*Bis jetzt sprachen Sie nur von Ihrer Betroffenheit angesichts der
Schwierigkeiten anderer. Könnten Sie uns auch von Ihren eigenen Erfahrungen bis hin zu dem für Sie harten und langdauernden Lehrverfahren erzählen?*

Als ich als junger Professor nach Rom kam, hörte ich
einen erfahrenen Generalkonsultor, einen Flamen, sagen: Der stärkste Beweis, daß wir Redemptoristen für
die Erneuerung der Theologie nicht viel geleistet haben, ist die Tatsache, daß noch keiner auf den Index der
verbotenen Bücher gekommen ist. Es scheint fast so etwas wie eine „Regel" zu sein, daß Theologen, die irgendwie Pionierarbeit leisten, es mit der obersten

kirchlichen Kontrollinstanz zu tun bekommen. Nur die allermüdesten Nachzügler bleiben unbehelligt. Das hat mit einer langen Tradition zu tun, für die der Name „Inquisition" steht, wobei wohl zugegeben werden sollte, daß im allgemeinen die römische Inquisition nicht so hart zugriff wie die spanische Inquisition, die mit einem an Uniformität interessierten Herrschaftssystem verkettet war.

Bevor ich negative Erlebnisse erzähle, möchte ich nicht versäumen zu erwähnen, daß ich im Vatikan viel Liebe und Anerkennung gefunden habe, zunächst durch Päpste, dann aber auch von zahlreichen hochgestellten und weniger hochgestellten Persönlichkeiten. Ich mahne den Leser, sich nicht zu schnellen Verallgemeinerungen verleiten zu lassen. Bis heute habe ich im Vatikan gute Freunde. Auch dort gibt es aufgeschlossene und absolut selbstlose Männer. Ich würde gern hinzufügen „und Frauen". Doch für Frauen war bislang im Vatikan kaum ein Platz von einigem Einfluß. Das ist für das „Klima" nicht vorteilhaft. Hier liegt einer der Punkte, in denen der Vatikan nicht repräsentativ ist für die Weltkirche. Ich habe schon früher erwähnt, daß mich mitten im Konzil mein väterlicher Freund Kardinal Cento mehrmals gemahnt hat, wachsam zu sein gegenüber Machenschaften, die darauf hinauslaufen, meinen Einfluß auszuschalten. Sie kamen m. E. fast ausschließlich aus dem „Palast des Heiligen Offiziums". Ich kann hierbei allerdings mitfühlen, allein schon wenn ich daran denke, daß von den 70 Dokumenten, die unter dem Einfluß dieser Behörde für das Konzil vorbereitet waren, keines eine Chance hatte, angenommen zu werden. Die Kommission, die das Schema für die Liturgiereform vorbereitete, war ganz anders orientiert. Kardinal Lercaro und sein engster

Mitarbeiter Bugnini, mit dem ich schon seit meinem ersten Romaufenthalt gut bekannt war, standen darum nach dem Konzil zualleroberst auf der schwarzen Liste. Daß der Kurie die Maßregelung gelang, war eines der ersten Alarmzeichen.

Bald nachdem mich Kardinal Cento wieder gewarnt hatte, wurde ich vom Assessor des Heiligen Offiziums, Erzbischof Pietro Parente, vorgeladen. Er sagte zu mir herrisch: „Sie haben in den USA gesagt, daß man auf das Magisterium des Papstes nicht zu hören brauche." Es folgte eine regelrechte Schelte aus vollem Munde.

Ich antwortete schließlich: „Ich möchte fürs erste bemerken, daß ich von der Weisung des Papstes weiß, man solle mich im Heiligen Offizium anhören, bevor man Anklagen gegen mich vor ihn bringe. Nun aber haben Sie mich nicht angehört, bevor Sie diese Schelte über mich ergehen ließen. Fürs zweite darf ich sagen, daß ich doch klüger bin, als Sie meinten. Ich habe darum gewußt, daß Sie mich mit Hilfe des Apostolischen Delegaten Vagnozzi ausspionieren ließen. Darum habe ich während meines Aufenthaltes in den USA immer einen Mitbruder bei mir gehabt, der alles, was ich vor großen oder kleinen Kreisen sagte, auf Band aufnahm. Die Bänder stehen Ihnen zur Verfügung. Von dem einen Kurs über das Bußsakrament, den Sie erwähnt haben, liegt schon eine genaue Abschrift der Tonbänder vor."

Seine Antwort: „Übergeben Sie uns das Material." Dies tat ich alsogleich. Als nach mehreren Monaten keine Reaktion kam, rief ich Erzbischof Parente an. Ans Telephon kam jedoch nur sein Sekretär, der mich fragte, worum es gehe. Als ich von dem Material sprach, das ich zur Überprüfung abgegeben hatte, sagte er mir: „Das ist schon alles geregelt. Man hat hier sehr über Ihre Klugheit und Ausgewogenheit gestaunt." Die Sache kam später nie mehr zur Sprache. Bezeichnend ist jedoch, daß auch nie eine Entschuldigung folgte.

Wiederum wurde ich von Erzbischof Parente, telephonisch wie immer, vorgeladen. Er tadelte mich, daß ich mich beim Papst und anderen Persönlichkeiten für einen vom Heiligen Offizium gemaßregelten Bischof eingesetzt hatte. „Es gibt keine Berufung gegen die Suprema." Suprema, die „Allerhöchste", war eine beliebte Abkürzung für „Suprema Sacra Congregatio ..." Er schloß seine Rede mit dem Hinweis: „Wenn Sie so weitermachen, gibt es für Sie keine Carriera."

Hier ging ich zum Gegenangriff über mit der Frage: „Meinen Sie das im Sinne der Skinnerischen Mischung von Lohn und Strafe, Verheißung und Drohung, oder ist es eine Anerkennung für mich, daß ich der Kirche nicht um Lohn diene?" Seine Antwort: „Es ist Ausdruck der Bewunderung!" Hatte ich ihn vielleicht zu einer Lüge oder Ausrede „verführt", so frage ich mich nachdenklich. Aber Parente hätte auf meine Frage ja auch schweigen können.

Die wohl bezeichnendste Vorladung durch Parente ereignete sich zwischen dem Abschluß der Kommissionsarbeit über Bevölkerungsprobleme und „Humanae vitae". In einem Interview hatte mich der Journalist der Zeitschrift „la Rocca" unter anderem auch gefragt, welche Stellungnahme ich mir von Papst Paul VI. zu der Norm von „Casti connubii" erwarte. Ich hatte geantwortet, daß ich darüber in diesem Moment nicht reden möchte, doch ich sei absolut zuversichtlich, daß Paul VI. dem Konzil nicht widersprechen werde. Parente schrie mich an: „Damit haben Sie die Überlegenheit des Papstes über das Konzil geleugnet!" Ich erwiderte: „Die Kohärenz des Papstes mit dem von ihm selbst promulgierten Konzil behaupten und seine Überlegenheit über das Konzil leugnen, sind zwei ganz verschiedene Dinge. Auf jeden Fall lassen Sie mich jetzt begreifen, was Ihre Ziele sind!"

Bei der letzten Vorladung durch Parente war ich zum äußersten entschlossen. Ich zeigte Parente drei ihn kompromittierende Schriftstücke, darunter den schon zitierten Brief an Don Giovanni Rossi gegen Congar und einen gegen mich mit amtlichem Siegel, mit der offenen Frage: „Wollen Sie, daß ich diese Schriftstücke veröffentliche?" Er wollte danach greifen, doch ich zog sie schnell zurück. Er hatte noch die Frage: „Wie kommen Sie zu diesen Schriftstücken?" Ich erklärte ihm, daß ich über kein Spionagenetz verfüge, aber daß mir diese Dinge einfach zufliegen. Dann wiederholte ich meine Frage. Parente wurde kreidebleich und mußte sich unmittelbar setzen. Ich befürchtete einen Schlaganfall und beruhigte ihn, es ginge mir nicht darum, damit an die Öffentlichkeit zu treten, sondern einfach darum, diesem Unfug ein Ende zu bereiten. Er versicherte mir, daß er mich verstanden habe und bei gegebener Gelegenheit zugunsten dieser Theologen öffentlich sprechen werde. Er hielt sein Versprechen, und auf lange Jahre hatte ich vor dem Heiligen Offizium Ruhe.

Blieb es immer bei bloß verbalen Äußerungen? Erhielten Sie nie ein Schriftstück übersandt?

Ich fand in meinem Archiv nur eines, eine amtliche, schriftliche Anfrage durch Kardinal Ottaviani an mich, als ich in den USA war. Es handelte sich um eine Zeitungsnachricht, nach der ich Seelsorgern und führenden Leuten der christlichen Familienbewegung den Rat gegeben hätte, in Fragen der Empfängnisregelung das

Gewissen der Pönitenten und Ratsuchenden zu respektieren. Ich hatte mich dabei mit Zitaten auf den hl. Alfons berufen, also nicht etwa auf zu erwartende Ergebnisse der päpstlichen Kommission. Ich erklärte dies in meiner schriftlichen Antwort und wurde weiter nicht bedrängt. Der besagte Brief war von Kardinal Ottaviani unterzeichnet unter dem Datum vom 8. Februar 1967.

Am 26. Juni wurde Parente zum Kardinal kreiert. Seinen Platz als zweiter Mann im Heiligen Offizium übernahm Msgr. Philippe, später Jerôme Hamer. Ottaviani trat am 8.1.1968 von seinem Posten zurück. Ihm folgte der Erzbischof von Zagreb, Kardinal Šeper. Mit Šeper und Philippe stand ich während des Konzils in bester Verbindung.

Wann und wie kam es zum Lehrverfahren gegen Sie?

Am 4. Juni 1975 beschloß die Kardinalsversammlung der Glaubenskongregation, ein Lehrverfahren gegen mich einzuleiten, und zwar hauptsächlich wegen meines Buches „Etica Medica". Am 13. Juni approbierte Paul VI. diesen Beschluß.

Die offiziellen Schriftstücke wurden mir insgesamt über meinen Generalobern P. Joseph Pfab, zugesandt, der in Gars am Inn mein Student in Moraltheologie und Kirchenrecht gewesen war. Ich füge hier nur die an mich selbst gerichteten Dokumente ein. Ich glaube, sie brauchen keinen umfangreichen Kommentar. Sie sprechen für sich selber. Das erste Schreiben der Glaubenskongregation (vom 16. Dezember 1975) übergehe ich und beginne mit meiner Antwort vom 5. Februar 1976, in dem ich auf alle Anklagepunkte eingehe.

1

An Seine Eminenz
KARDINAL FRANJO ŠEPER
Präfekt der Glaubenskongregation

Rom, den 5. Februar 1976

Eminenz,

Kurz nach meiner Rückkehr am 1. Februar wurde mir von meinem Generalobern Ihr Schreiben mit dem Datum 16. Dez. 1975 überreicht.

Erlauben Sie mir, mit aller Offenheit zu antworten. Sie werden verstehen, daß ich dieses Schreiben der Glaubenskongregation lese im Zusammenhang mit einem ungewöhnlich scharfen Artikel des Osservatore Romano zu Beginn des hl. Jahres der Versöhnung. Der Artikel gipfelte damals in der Anklage, daß ich das Magisterium des Papstes untergraben wolle. Das ist auch die Kernanklage in Ihrem Schreiben. Der Beweis für eine solche Anklage wurde vom Vatikanischen Blatt nicht erbracht. Außerdem hatte man es nicht für nötig gehalten, bei mir anzufragen, ob das beschuldigte Interview wirklich von mir so gegeben wurde. Viele hochgestellte Persönlichkeiten der katholischen Welt haben mir persönlich ihr Erstaunen über Inhalt und Ton jenes Artikels und zugleich ihre Sympathie für den Angegriffenen ausgesprochen. Sie werden aus meiner Analyse Ihres Schreibens sehen, warum ich diese beiden Dinge und einige frühere Erfahrungen in Zusammenhang stelle.

Das Schreiben der Glaubenskongregation wird den Geschichtsschreiber interessieren. Die Art und Weise, in der Vorwürfe erhoben und Texte des Angeklagten analysiert werden, dürfte wohl auch in der langen Geschichte der Glaubenskongregation und ihrer Rechts-Vorgänger ungewöhnlich sein. Die Klärung dieser Angelegenheit könnte für die Kirche providentiell sein. Ich antworte auf jeden Punkt:

1. Nach einer sehr generellen Anfrage wird die Anschuldigung erhoben: „Tatsächlich wird der Beitrag der Offenbarung minimalisisert und fast ganz entleert (cfr.pp. 29)". Meine Antwort: Im Blick auf die besonders sorgfältige Herausarbeitung der spezifisch christlichen Sicht der ärztlichen Ethik haben Übersetzer und Verleger der französischen Ausgabe den Titel gewählt: „Perspective chrétienne pour une médicine hu-

maine" („Eine christliche Sicht der Humanmedizin") (Fayard, Paris 1975). Wer die Seiten 29–34 aufmerksam liest, wird sehen, wie hoch die Anforderungen an eine spezifisch christliche Moral sind. Von einem Aushöhlen kann hier keine Rede sein. Hier geht es ja nach dem Schreiben der Glaubenskongregation an mich um Fragen der *Fundamentaltheologie*. Hier dürfen doch wohl nicht „Beweistexte" für einzelne Thesen gesucht werden. Vergleichen Sie, bitte, die Seiten 113–119; 199–207; 251–274. Während die Seiten, auf die sich Ihr Schreiben bezieht, die generellen Grundlinien einer spezifisch christlichen Ethik herausarbeiten, führen die von mir hier angegebenen Seiten das Thema weiter in bezug auf den Sinn des Lebens, des Todes, der Krankheit und der Heilung, und zwar immer ausdrücklich im Blick auf die Offenbarung, und speziell im Blick auf das Wort Gottes.

Die Anklage läßt mich sprachlos. Ich bitte die Glaubenskongregation, mir irgendeinen traditionellen Text der katholischen ärztlichen Ethik zu nennen, in dem dieses Anliegen mit so viel Sorgfalt, auf so vielen Seiten und mit so hohen Ansprüchen behandelt wird.

Die generelle Anklage geht auf Unvollkommenheit und Unvollständigkeit. War das in der Vergangenheit jemals ein Grund für einen Prozeß? Könnte in dieser Hinsicht nicht jedem Autor und sogar den Veröffentlichungen der Glaubenskongregation ein Prozeß gemacht werden?

Meine ehrliche Absicht war, gemäß „Optatam totius" des II. Vat. Konzils zu zeigen, wie die ganze Sicht der Moral vom Worte Gottes genährt sein muß. Weder die Seitenzahl, die diesem Anliegen gewidmet noch die Höhe der Ansprüche an das Gewissen erlauben die Anklage eines „Aushöhlen" („svuotare"). Noch schlimmer die Übertreibung: „quasi completamente svuotato", „fast ganz ausgehöhlt".

Die verallgemeinernde Anklage über Unvollständigkeit sollte wenigstens in diesem Punkt nicht erhoben werden, im Blick auf die Tatsache, daß bisher kein Autor einer ärztlichen Ethik diese spezifisch christliche Sicht so vollständig herausgearbeitet hat.

2. Weiterhin wird beanstandet: „Anderseits wird das Thema des natürlichen Sittengesetzes (S. 78–87) mit einer sehr mangelhaften Vertiefung behandelt" – Kann diese Anklage nicht gegenüber sehr vielen traditionalistischen Auto-

ren erhoben werden? Warum dann die Anklage gerade gegen mich? Ich habe in so vielen Veröffentlichungen eine spezifisch christliche Sicht des natürlichen Sittengesetzes darzustellen versucht, so daß ich nicht noch einmal alles sagen mußte. Ich habe mich auf jene Punkte beschränkt, die für den Dialog mit der heilenden Berufsgruppe wichtig sind. Gerade hier gilt es, Mißverständnisse abzutragen, die den Dialog fast ganz ausgeschlossen haben. Der Gutachter hat wohl nicht beachtet, was das Ziel dieses Buches ist: Evangelisation der heutigen Welt, Anknüpfungspunkte für das Gespräch, Herausarbeitung einer wahrhaft christlichen Haltung.

3. Insbesondere wird ein Punkt meiner Auffassung des natürlichen Sittengesetzes beanstandet, nämlich meine Kritik an einem Satz des hl. Thomas; ich habe sonst sehr oft lobend über ihn gesprochen. Lassen Sie mich den kritisierten Thomastext hier anführen: „Dem Menschen wohnt eine Neigung zu besonderen Dingen gemäß der Natur inne, die er mit den übrigen Lebewesen (animalia) teilt: und dementsprechend gehören sie zum natürlichen Gesetz, das durch die Natur alle Lebewesen (animalia) lehrt, wie z. B. die Vereinigung von Mann und Frau und die Aufzucht der Nachkommenschaft und ähnliches" (S.th. Ia IIae q.94, a 2).

Darf ich hierzu bei der Glaubenskongregation anfragen, wie dieser Text auszulegen wäre? Ich meine, daß der Großteil der Theologen und Anthropologen ebenso wie ich den spezifisch humanen Charakter menschlicher Sexualität und Sexualmoral betonen und sich meiner Kritik jenes Textes anschließen.

Die Liebe zur Kirche und der Heilsdienst verpflichten uns, jene mangelhaften Aussagen und Auffassungen auszumerzen, die die Glaubwürdigkeit unserer Verkündigung in Frage stellen können.

4. Weiter wird der Vorwurf erhoben: „Verbunden mit dieser methodologischen Konfusion findet sich ein zweideutiger Gebrauch der Kategorie Zeichen der Zeit: eine wahrhaft zweideutige Redeweise".

Dieser Punkt ist interessant; denn auf S. 63 rede ich überhaupt nicht von „Zeichen der Zeit", sondern von „Zeitgeist". Ich gebrauche dieses deutsche Wort, das jedem gebildeten Italiener bekannt ist, doch ich habe es zudem auch deutlich übersetzt. Zuerst spreche ich von „positiven Elementen des

135

gegenwärtigen Zeitgeistes"; dann vom „Sichverdichten von moralischen Überzeugungen" (S. 64), alles im Blick auf die Erarbeitung des Ärztlichen Codex durch die Ärzteschaft selbst. Wer das Kapitel aufmerksam liest, wird sofort sehen, daß hier von „Zeichen der Zeit" im theologischen Sinn überhaupt nicht die Rede ist, sondern vom „Zeitgeist". Wer eine durchschnittliche Schulbildung besitzt, weiß, was dieser Ausdruck im Geistesleben Deutschlands, Frankreichs und darüber hinaus besagt.

Hier stellt sich bereits eine entscheidende Frage: Wurde diese Anklageschrift von niemandem überprüft? War niemand dazu bestellt, die Anklageschrift sorgfältig dahin zu überprüfen, ob sie dem Anliegen des angeklagten Autors gerecht wird? Diese Frage wiegt für mich und für viele sehr schwer. Es ist nicht denkbar, daß zwei Personen unabhängig voneinander „Zeitgeist" und „Zeichen der Zeit" verwechseln.

Nun zur Anklage bezüglich Seite 30. Sie bricht in sich zusammen, da sie mit dem primitiven Mißverständnis bezüglich S. 63 gekoppelt ist. Dennoch antworte ich ausdrücklich, um zu beweisen, daß ich auch unter solchen Umständen die Glaubenskongregation ernst nehme. Das Zweite Vatikanische Konzil spricht von Zeichen der Zeit als Zeichen der Gegenwart Gottes (vgl. Gaudium et spes). Das von einem amtlichen Organ des Vatikans den Bischöfen ausgehändigte Dokument zur Vorbereitung der Bischofssynode 1974 (Aufriß der Diskussion, Zweiter Teil, II/F) sagt, daß die Zeichen der Zeit *häufig als locus theologicus verstanden werden.* Und das Instrumentum laboris für die gleiche Synode betont weiter, daß Evangelisation darauf zu achten hat, wie Gott durch die Zeichen der Zeit seinen Willen offenbart (u. B. in N. 22 und 46). Genau das verstehe ich unter einem fortschreitenden Sich-Offenbaren des Willens Gottes in der Heilsgeschichte. Ich habe in meinen Werken oft genug darauf hingewiesen, daß die Zeichen der Zeit nur im Blick auf die Offenbarung in Jesus Christus verstanden werden können. Darf ich diesbezüglich auf mein Buch „Morale ed evangelizzazione del mondo di oggi" (Ed. Paoline, 1974, S. 9–39) verweisen?

Meine Sichtweise des Fortwirkens Gottes habe ich kurz so zusammengefaßt: „Christus ist das entscheidende und letztgültige Wort, das der Vater zur Menschheit spricht. Kein Fortschritt in Wissenschaft und Technik, kein Kennen der Gesamtgeschichte wird jemals Christus übertreffen oder an den zweiten Platz rücken können. Er ist in seiner Liebe zum Vater und zu den Menschen, in dem, was er in seinem irdischen Leben bis zur Auferstehung getan hat, der Schlüssel zum Heil für alle Zeiten und die Wahrheit, an der alle Teilwahrheiten letztlich zu messen sind. Aber die Entfaltung der Geschichte der Welt und der Kirche durch die Jahrtausende kann und soll zu einem Wachstum des Kennens Christi aus seinen Werken und seinem Fortwirken in der Geschichte beitragen. Christus wird durch die fortlaufende Geschichte nicht größer, aber unsere Kenntnis des Heilsplanes, der in Christus der Welt geoffenbart ist, wird durch das Wirken des Geistes in der Geschichte der Kirche, vor allem in den Heiligen und in unserem Herzen vollständiger und lebensnaher" (B. Häring, „Wie als Christ handeln?, in: Gott, Mensch, Universum (hrsg. von J. Hüttenbügel, Graz-Wien-Köln, 1974) p. 632–633.

Das Wirken Gottes ist immer in Seinem Wort. Und deshalb haben wir auf dieses Wort zu hören. Genau das ist gemeint, wenn ich mit dem amtlichen Vatikanischen Dokument von den Zeichen der Zeit als locus theologicus rede.

5. Der nächste ebenso unbegründete Vorwurf spricht von einem „Abgleiten in einen ethischen Relativismus, der die Kriterien des ehrbaren Aktes ausschließlich der geschichtlichen Situation entnimmt". Während ich diese Anklage las, überkam mich ein starkes Gefühl des Ekels. Wie soll ich diese schwerwiegende Anklage widerlegen, da kein einziges Element angegeben ist, sie zu begründen? Diese Anklage wiegt umso schwerer, da der Glaubenskongregation meine übrigen Werke bekannt sein dürften. Daraus ist mehr als bewiesen, wie konstant ich mich gegen den mir hier zur Last gelegten Historizismus gewandt habe. Wenn ich das mit mehr Nuancen getan habe als jene Theologen, die den historischen Kontext der Sprache und der ethischen Aussagen vernachlässigen, dürfte ich doch einen bedeutsamen Beitrag in dieser Hinsicht eingebracht haben, daß es unverständlich ist, mir vorzuwerfen, dem Historismus, dem Relativismus einen Vorschub geleistet zu haben. Ist es niemand in Ihrer Kongregation aufgefallen, wie schwer das Wort „unicamente" wiegt? Ich darf Sie persönlich bitten, mein Buch Etica medica selbst zu lesen, um sich Rechenschaft von der enormen Ungerechtigkeit dieses Vorwurfs geben zu können. Sie finden eine

kurze Synthese meines Gedankens zu dieser Frage in dem oben schon genannten Aufsatz in „Gott, Mensch, Universum" S. 640–647, unter der Überschrift „Spezifisch christliche Normenbildung".

6. Der Schlüssel zu der ganzen Konstruktion des Prozesses gegen mich ist die folgende Anklage: „So leugnet man schließlich die Zuständigkeit des Lehramtes als solchen in Moralfragen" (p. 68). Was ich auf der angeführten Seite 68 sage, ist im Grunde nichts anderes, als was Papst Johannes XXIII. in seiner Eröffnungsansprache zum II. Vat. Konzil gesagt hat. Ich behaupte nur, daß es einer gesunden Hermeneutik bedarf, um den Dokumenten des kirchlichen Lehramtes gerecht zu werden und daraus Licht für völlig neue Probleme zu finden. Diese gleiche Sicht findet sich übrigens auch in dem von der Glaubenskongregation veröffentlichten „Mysterium Ecclesiae". Die Anklage, die sich auf S. 68 beruft, wäre nur dann begründet, wenn man die Aussagen des Magisteriums zu Moralfragen als zeitlose, einer Hermeneutik nicht bedürftige Aussagen ansehen würde.

Wie bei dem unglaublichen Mißverständnis bezüglich *Zeitgeist*, so stellt sich hier wiederum die dringliche Frage: War niemand in der Glaubenskongregation bestellt, die angeschuldeten Seiten gründlich darauf zu überprüfen, ob sie dem Autor gerecht werden? Diese Frage stellt sich hier mit Unerbittlichkeit, da der Heilige Vater selbst mit dieser Sache befaßt wurde und da gerade eine solche Anklage mich besonders wirksam in seinem Herzen und in seinen Augen vernichten sollte. Ich stehe vor dem vierten, mir bekannten Fall, wo der Heilige Vater mit ähnlichen summarischen Anklagen gegen mich befaßt wurde. Da geht es wirklich um eine ernste Gefährdung eines heilbringenden Wirkens des Heiligen Vaters und der Kurie. Wie können unter solchen Umständen die Menschen die Römische Kirche als „Vorsteherin des Liebesbundes" erkennen? Ich weiß, wie sehr der Heilige Vater selbst sich darum bemüht, dieses Zeugnis der Liebe zu geben.

Ich sage nicht, daß es in all den vier mir sicher bekannten Fällen von ähnlichen Anklagen meiner Person, Initiativen der Glaubenskongregation waren. Eine identische Anklage ging schon während der Zeit des Konzils vom Heiligen Offizium aus. Damals konnte ich aufgrund der Abschrift der Tonbänder nachweisen, daß ich die mir in den Mund gelegte Äußerung nie getan hatte. Zum Glück waren alle meine Vorträge jenes Jahres auf Tonband aufgenommen. Die Tonbänder bewiesen, wie ehrfürchtig und nachdrücklich ich von der Person und dem Amte des Papstes gesprochen hatte. Niemals kam jedoch an meine Adresse eine Entschuldigung. Und ich weiß nicht, ob der Heilige Vater über den wahren Tatbestand informiert wurde.

Gerade die angeschuldete Seite 68 beweist, ebenso wie mein ganzes Schrifttum, daß ich das Magisterium des Papstes sehr ernst nehme. Viele äußern nie eine Kritik gegen die Kurie, weil sie diese nicht mehr ernst nehmen. Diese Anklage kann gegen mich nicht erhoben werden. Im Index analiticus zu etica medica (4. Aufl., 1975, S. 407) finden Sie die Verweise auf die Seiten, die sich auf das Magisterium beziehen. So können Sie, wenn Sie wollen, sich schnell orientieren und sehen, welch ungerechte Anklage gegen mich zum Heiligen Vater getragen wurde.

Ich mache mir nunmehr selber Vorwürfe, daß ich bisher all diese Anschuldigungen auf sich beruhen ließ, um mehr Zeit zu Gebet und zum Dienst am Evangelium zu finden. Aber nun sehe ich ein, daß mein eigener Dienst in der Kirche und das Wohl der Kirche eine Bereinigung gebieterisch verlangen. Ich muß sicher sein können, daß der Heilige Vater nun endgültig und klar über die Ungerechtigkeit all dieser Anschuldigungen informiert wird. Ich bitte Ihre Eminenz, mir eine Audienz beim Heiligen Vater möglich zu machen. Zum mindesten muß ich klare Belege dafür haben, daß der Heilige Vater die Wahrheit bezüglich dieser Dinge erfährt. Ich glaube auch ein Recht zu haben, daß mir die Glaubenskongregation amtlich bescheinigt, daß die Anklage insgesamt der Sache nach ungerecht und im Ton verletzend ist.

Es würde mich außerordentlich schmerzen, sollte ich, im Falle einer erneuten Verweigerung jeglicher Genugtuung, mich gezwungen sehen, mich an die kirchliche Öffentlichkeit zu wenden. Auch in diesem extremen Falle könnte meine Absicht keine andere sein, als der Kirche zu dienen und zu zeigen, daß man auch heute noch gläubig in der Kirche bleiben kann, wenn man ebenso ungerecht behandelt wird wie einstmals Rosmini und Newman. Ich bin bereit, von Herzen zu verzeihen, auch bevor Genugtuung geleistet wird. Aber es geht nicht mehr allein um meine Person, sondern um das gute Funktionieren entscheidender Ämter in der Kirche, und auch darum, daß andern ähnliche Erfahrungen erspart bleiben sollen.

7. Ich habe mich ehrlich bemüht, mich in die Denkart des Verfassers der Anklageschrift hineinzudenken. Es ist mir in keiner Weise gelungen, zu verstehen, wie im Blick auf die zahlreichen angeführten Seiten der Vorwurf formuliert werden konnte: „So leugnet man die Möglichkeit eines moral-theologischen Diskurses aufgrund der ihm selbst eigenen Autonomie und Autorität (cfr. pp. 5,6,15,18,32,160)".

Auf den einleitenden Seiten 5–6 betone ich die Notwendigkeit des interdisziplinären Dialogs, um neue Probleme gemeinsam aufzuarbeiten.

Die Seiten 15 und 18 finden sich unter der Überschrift „Medizin in Selbstkritik und im interdisziplinären Dialog". Ich hoffe, dort deutlich gemacht zu haben, daß im Laufe der Jahrtausende die Ärzteschaft selbst nach dem sittlich Guten und Wahren gefragt hat. Vom Dialog mit der theologischen Fakultät oder mit dem Lehramt ist dort überhaupt nicht die Rede. Auch hier wird deutlich, daß der Ankläger nie auf Zusammenhänge geachtet hat.

Auf S. 22 finden sich deutliche Aussagen zum Thema, und zwar so, daß sich die Anklageschrift selbst widerlegt, wenn sie sich auf diese Seite stützen will. Ich bitte wiederum, Ihre Eminenz diese Seiten persönlich nachzulesen, da Sie ja doch die Anklageschrift durch Ihre Unterschrift unterstützt haben. – Um auf die Anklage bezüglich S. 160 antworten zu können, müßte ich wissen, auf welche Auflage sich die Glaubenskongregation bezieht. Die 4. Auflage war schon lange bevor der Anklageschrift veröffentlicht. S. 160 (4. Aufl.) gibt einen besonderen Grund für die Notwendigkeit des interdisziplinären Dialogs, nämlich das gemeinsame Bemühen um den Schutz des keimenden Lebens im Mutterschoß. Ich leugne nicht, daß Theologie oder Lehramt auch autonom, ohne Dialog mit der Fachwelt, die Immoralität der Schwangerschaftsunterbrechung lehren können. Aber Theologie als Heilsdienst ist nicht möglich unter Ignorierung alles dessen, was uns Mediziner und andere Wissenschaftler zur Sache zu sagen haben. Die S. 160 in früheren Auflagen behandelt andere Dinge, aber kein Wort gibt Anlaß zu der Beschuldigung.

Was ich insgesamt über die Notwendigkeit des Dialogs der

Theologen und des Lehramtes mit dem ärztlichen Berufs-
stand sage, ist doch wohl eine selbstverständliche Anwendung dessen, was das Konzil in Lumen gentium, N. 32–37, in
Gaudium et spes, N. 44 und sonst wiederholt sagt. Die ange-
schuldigten Seiten liegen insgesamt in der Linie der Enzyklika Papst Pauls VI. „Ecclesiam suam". Die Kirche kann ihren
Heilsauftrag und ihren heilenden Dienst nicht im Monolog
erfüllen. Sie bedarf des Dialogs, in dem Theologen und Amtsträger stets etwas zu lernen haben zugunsten ihres Heilsauf-
trags.

8. In einer Anklageschrift, die den Heiligen Vater gegen
mich einnehmen sollte, darf der folgende Vorwurf nicht fehlen: „Was auf den S. 149–150 gesagt wird, stellt sich ... gegen
die Lehre von Humanae vitae", „Ciò che viene detto a p.
149–150, nonostante le apperenze di fedeltà, si pone contro
l'insegnamento dell'Enciclica Humanae Vitae". – Ich könnte
mich mit Berufung auf die genaue Formulierung meines Textes in Etica medica leicht verteidigen. Sogar die Ausdrucks-
weise der Anklageschrift läßt erkennen, daß es um einen
Prozeß gegen meine Intentionen und nicht gegen meine Aussage geht. Ich sage sicher nicht mehr als bedeutsame Episkopate in ihren Pastoralerklärungen zu „Humanae Vitae" gesagt
haben. Ich glaube auch, daß die zurückhaltende Art, in der ich
Etica medica spreche, zur innerkirchlichen Versöhnung beitragen könnte. Dagegen müßte ein Prozeß über unausgespro-
chene Intentionen und eine Verpflichtung auf eine engherzige Auslegung der Enzyklika einen Großteil, wenn nicht die
Mehrzahl der Theologen und Gläubigen vor das Tribunal der
Glaubenskongregation zitieren und zu einem heillosen Verlust der Autorität führen, gar nicht zu reden von der Gefahr
zunehmender Polarisation.

Ich will mir und der Glaubenskongregation in dieser Frage
die Selbst-Verteidigung nicht zu leicht machen: Treue zur
Kirche ist nicht möglich ohne absolute Aufrichtigkeit. Und
bisweilen bedarf es des Freimuts. Im Januar 1967 – ich könnte
mich im Datum irren – wurde ich von damaligen Sekretär der
Suprema Sacra Congreg. Sancti Officii, Msgr. Parente, gerufen. Ich erhielt ein im Ton äußerst heftiges Monitum, bevor
ich angehört wurde. Es ging um ein Interview, daß die Zeitschrift La Rocca veröffentlicht hatte. Der Substanz nach hatte
ich gesagt: „Es wäre inopportun, jetzt Äußerungen zur Frage

der Geburtenregelung zu machen; denn darüber wird der Papst in absehbarer Zeit wohl sprechen. Aber eines scheint mir sicher zu sein, daß man erwarten muß, der Papst werde sicher nicht in einer der Aussagen des Konzils entgegengesetzten Weise sprechen". Die Worte sind eine Zusammenfassung. Die Anschuldigung, die gegen mich erhoben wurde, war, daß ich den Papst dem Konzil unterordnen wolle. Ich wurde angeschrien: „Der Papst ist nicht an das Konzil gebunden. Sie können nicht sagen, der Papst müsse sich an das Konzil halten." Ich bin bereit zu einer persönlichen Konfrontation mit Kardinal Parente und zur Aussage unter Eid. Ich habe damals mit der Bemerkung reagiert: „Nun weiß ich mehr über gewisse Intentionen." Ich könnte das Bild leicht vervollständigen.

Um mich besser zu verstehen, bitte ich auch folgende Tatsache zur Kenntnis zu nehmen. Franziskanerpatres von Sant'Antonio, wo Pater Lio, Konsultor der Glaubenskongregation, wohnte, berichteten mir geraume Zeit vor Veröffentlichung der Enzyklika über sehr indiskrete Äußerungen des P. Lio. Ich zitiere dem Sinn nach. Er sprach zu seinen Mitbrüdern davon, daß der Papst den Irrtümern der Päpstlichen Kommission über Geburtenregelung schon fast verfallen war; aber daß es ihm in kurzer Zeit gelungen sei, den Papst zu „riconvertire".

Das ist nur ein Teil des Hintergrundes meiner Reaktion bei der Veröffentlichung von „Humanae Vitae". Etwa sechs Tage vor der Veröffentlichung wurde mir der komplette Text der Enzyklika von einer großen nordamerikanischen Wochenzeitschrift ausgehändigt, mit dem Ansinnen, eine Erklärung oder Stellungnahme dazu abzugeben, die praktisch unmittelbar nach der Veröffentlichung der Enzyklika an die Öffentlichkeit kommen sollte. Ich wies dieses Ansinnen nicht nur deshalb zurück, weil mir gesagt wurde, der Text sei der Redaktion der Zeitschrift von einem Monsignore des Vatikans für zweitausend Dollars ausgehändigt worden. Ich verbarg mich in einem abgelegenen Exerzitienhaus, um nicht mehr belästigt zu werden und mich dem Gebet zu widmen. Ich kam zu dem Entschluß, über die Enzyklika überhaupt nie ein Wort zu sagen, auch nicht über den mir bekannten Hintergrund. Stets von neuem las ich die Enzyklika, in der Hoffnung, daß ich Entscheidung und Argumentation schließlich doch ehrlichen Gewissens annehmen könnte. Es gelang mir nicht. Darum wollte ich schweigen. Ich schwieg auch noch mehrere Tage nach der Veröffentlichung. Als jedoch hohe Würdenträger in der Kirche in hartem Ton die Leute, die die Enzyklika nicht mit Glaube annehmen wollten, aufforderten, sie sollten die Kirche verlassen und auch erfuhr, daß tatsächlich eine ganze Anzahl von Ärzten ihren Kirchenaustritt erklärten, änderte sich mein Entschluß, wiederum nach langem Gebet. Was immer ich in den folgenden Tagen sagte oder schrieb über die Enzyklika, sandte ich vorher an das Staatssekretariat Seiner Heiligkeit Paul VI. Anfangs Oktober 1968 hatte ich eine lange und freimütige Aussprache mit dem damaligen Staatssekretär Kardinal Cicognani. Zu meiner Überraschung hörte ich ihn zu Beginn sagen, daß der Heilige Vater schmerzerfüllt sei über meinen ständigen Kampf gegen den Zölibat. Ich traute meinen Ohren nicht. Ich bot dem Kardinal an, alle Beweise und Zeugenaussagen zu erbringen, daß wohl kaum ein anderer Theologe so viel zugunsten des Zölibats und der Treue gegenüber dem gegebenen Versprechen gesprochen und geschrieben habe. Ich protestierte gegen die Verleumdungen. Der Kardinalstaatssekretär versprach mir dann, er werde dafür sorgen, daß der Papst in diesem Punkt besser informiert werde; er wollte aber nicht, daß ich um eine Audienz ersuche. – Dann sprachen wir über Humanae Vitae und über die Ehrlichkeit und Aufrichtigkeit in der Kirche und gewisse Maßnahmen – z.B. den Fall Washington, D.C. –, die Einschüchterung und Heuchelei zur Folge haben könnten. Der Kardinal versprach mir, sich für Schlichtung des Falles einzusetzen.

Im Blick auf Erklärungen vieler Bischofskonferenzen und aufgrund der klärenden Aussprache mit Kardinalstaatssekretär Cicognani und aufgrund der Aussprache mit einer ganzen Reihe hochangesehener kirchlicher Persönlichkeiten, fühlte ich mich schließlich im Gewissen beruhigt, und konnte die Enzyklika *ehrlich* so annehmen, wie sie von großen Episkopaten in ihren Pastoralerklärungen angenommen war.

Die Art und Weise, in der die Anklageschrift gegen mich diesen Punkt behandelt, erfüllt mich mit Angst, nicht meinetwegen, sondern im Blick auf Eintracht in der Kirche und in der Sorge um gute Beziehungen zwischen der Zentralregierung der Kirche und den ehrlichen Kräften in der Kirche, die

in Einzelfragen kritischer sind als die Theologen der Glaubenskongregation. Macht man in dieser Hinsicht mir den
Prozeß, dann ist ein Großteil kirchentreuer Theologen und
Laien mitangeklagt. Dann werden jene Karriere machen, die
ihre Überzeugungen nicht ausdrücken, um ihre Laufbahn
nicht zu schädigen.

9. Um Ihrer Aufforderung bis zum letzten Punkte nachzukommen nehme ich auch noch zur letzten Anschuldigung
Stellung: „In sostanza, si rifiutato di considerare la struttura
dell'atto come fonte di moralità". Wo und wie habe ich mich
geweigert, dies zu tun? Der wahre Sachverhalt ist vielmehr,
daß ich die Gesamtstruktur des Aktes und nicht bloße Teil-
aspekte als letztes Kriterium suche. Die Gesamtstruktur des
Aktes als eines menschlichen Aktes – nicht als jener Akte, die
„die Natur alle Tiere lehrt" – ist entscheidend. Aber ich nehme
auch die biologische Struktur wie die psychische Struktur der
menschlichen Akte sehr ernst. Daraus leitet sich unter anderem meine Bereitschaft zum interdisziplinären Dialog ab;
denn vielfach können uns Mediziner und andere Wissenschaftler sehr Bedeutsames über die biologische oder psychische Struktur eines menschlichen Aktes sagen.

Eminenz,
dies sind meine Antworten. Ich hoffe, daß sie klar und klä-
rend sind. Ebenso hoffe ich, daß Sie meine Gefühle verstehen
werden. Während des Zweiten Weltkrieges stand ich viermal
vor einem Militärgericht. Zweimal ging es um Leben und
Tod. Damals fühlte ich mich geehrt, da ich von Feinden Gottes angeklagt war. Die Anklagen stimmten zudem weithin mit
der Wahrheit überein; denn ich war jenem Regime nicht unterwürfig. Nun bin ich äußerst demütigenderweise von der
Glaubenskongregation angeklagt: Die Anklagen sind un-
wahr. Zudem kommen sie von einem sehr hohen Organ der
Kirchenleitung, einem Organ jener Kirche, der ich ein langes
Leben lang mit ganzer Kraft und Ehrlichkeit gedient habe und
hoffe, weiterhin mit Hingebung zu dienen. Ich würde es vor-
ziehen, wiederum vor einem Kriegstribunal Hitlers zu stehen.
Aber mein Glaube ist nicht erschüttert.

Als mich zu Beginn des Jahres der Versöhnung der Osservatore Romano im Kursiv-Artikel in einer Erstaunen erregen-
den Weise angriff, schwieg ich, obwohl ich hätte beredt sein

können und obwohl mich einflußreiche Massenmedien drin-
gend zu einer Antwort einluden. Das Gebot der Versöhnung
gilt heute und immer, auch anläßlich der Anklage durch die
Glaubenskongregation, die gegen Ende des Jahres der Versöhnung abgesandt wurde. Aber wenn Schweigen mißverstanden wird und der Versöhnung nicht dient, dann ist Reden
Gold. Servilismus würde ich als Verrat an der Kirche ansehen.
Deshalb habe ich hier klar geantwortet, und zwar mit innerer
Ruhe und Friede im Herzen. Ich darf keinen Zweifel darüber
aufkommen lassen, daß ich diesmal mein Recht auf Wiedergutmachung einfordern will. „Opus justitiae pax".

Ich benütze die Gelegenheit, Ihnen persönlich, Eminenz,
meine Hochschätzung auszusprechen. Ich bitte um Ihren Se-
gen und hoffe, daß Sie der Daniel sein werden, der die Ältesten zur Rede stellt.

Ich verbleibe im Frieden Christi

Ihr ergebener
Bernhard Häring, C. Ss. R.

Am 5. März gab mir Kardinal Seper eine persönlich ge-
haltene Zwischenantwort „zu meiner besseren Information und auch zur Beruhigung". Denn es handle sich ja
um ein Lehrverfahren, und nicht um einen Strafprozeß.
Er schloß mit der Bemerkung, daß sich diese Verfahren
absolut geheim vollziehen; darum entstehe auch kein
Schaden in der Öffentlichkeit. Die von mir stark betonte Klage, daß man meiner Ehre dem Papst gegenüber geschadet habe, wurde nicht berührt.

Ich wollte diese Zwischenantwort in ihrer guten
Absicht durchaus nicht herabsetzen, durch die in vollem Wortlaut wiedergegebene folgende Überlegung,
die ich im Blick auf die Geschichtsschreibung über
diese Art von Lehrverfahren dem Kardinal aushändi-
gen wollte.

2

S. E. CARD. ŠEPER
Congregazione per la della Fedeottrina   13. März 1976

Eminenz,
Da das gegen mich zur Zeit laufende Lehrverfahren sicher auch die Geschichtsschreiber interessieren wird, und da es ein bezeichnendes Licht auf die gegenwärtige Situation in der Kirche wirft, möchte ich meine Überlegungen über die „zwischenbescheidliche" Information mitteilen.

Der Brief spricht von „Beruhigung" und betont, daß ein Lehrverfahren nicht zur Beunruhigung des Autors gedacht ist. Muß es aber nicht äußerst beunruhigend wirken, wenn ein offizielles Lehrverfahren eingeleitet und vom Papst bei Angabe der Beschuldigungen genehmigt wird, bevor der Autor irgendwie gehört wurde? Aber dies könnte man noch übersehen, wenn die Anklagepunkte wenigstens vor feierlicher Einleitung eines Lehrverfahrens von einem dem Autor freundlichen Theologen oder wenigstens von einem gebildeten und objektiv denkenden Theologen überprüft worden wären. Wie meine erste Antwort doch wohl zur Genüge gezeigt hat, wären ganz aus der Luft gegriffene Anklagen, Bezugnahme auf manche Stellen des Buches von jedem objektiv denkenden und gebildeten Theologen oder auch von jedem religiös und kulturell gebildeten Laien sofort als nicht stichhaltig erkannt worden.

Muß eine solche Einleitung des Lehrverfahrens nicht jeden die Kirche, auch als Institution liebenden Christen tief beunruhigen?

Weiter wird in der Information darauf hingewiesen, daß es sich ja nicht um ein „Strafverfahren" gehe. Es fehlt im Brief das Wörtchen „nur"; aber die Beruhigung soll ja vom Wissen kommen, daß es sich „nur" um ein Lehrverfahren handelt!

Muß das nicht noch mehr beunruhigend wirken, wenn einem weltbekannten Autor gesagt werden kann, daß er sich über ein gegen ihn eingeleitetes Lehrverfahren nicht beunruhigen soll? Ist nicht ein ganz unbegründeter Verdacht gegen die Rechtgläubigkeit eines katholischen Theologen, zumal wenn er institutionell aufgrund einer so erstaunlichen Anklageabhandlung vorgebracht wird, ebenso gravierend wie ein leichtfertig eingeleitetes Strafverfahren?

Es wird von „einer dialektischen Etappe" gesprochen. Das Wort Dialektik befremdet mich hier, da das Lehrverfahren tatsächlich nur als ein Glied in einem mehr als unfreundlichen Verhalten gegen den Autor steht. Geht es hier nicht um einen Richtungskampf einer ganz bestimmten Theologie? Dies dürfte doch aus der Anklageschrift deutlich hervorleuchten. Die Unfreundlichkeit und Ungerechtigkeit der Anklagen lassen hier – man verzeihe mir das Wort – an eine Art von marxistischer Dialektik denken, in der die gegenseitige Hochschätzung und das gemeinsame Suchen nach Wahrheit nicht daheim sind.

Stets Ihr im Herrn ergebener

Bernhard Häring

Am 1. Mai schrieb ich von mir aus an den Präfekten der Glaubenskongregation und übersandte ihm meinen kritischen Aufsatz zu Persona Humana. Ich war entschlossen, mit offenen Karten zu spielen.

3

An S. Eminenz
H. KARDINAL FRANJO ŠEPER
Präfekt der Glaubenskongregation   1. Mai 1976

Eminenz,

Die radikale Offenheit, mit der ich auf das gegen mich eröffnete und immer noch nicht abgeschlossene Lehrverfahren antworten will, veranlaßt mich, Ihnen den beiliegenden Aufsatz, Reflexionen über „Persona Humana" zuzusenden.

Das mir zugesandte Anklageschreiben, das das Lehrverfahren begründet, offenbart eine ganz bestimmte Theologie. Das war für mich ein Grund, der Frage nachzugehen, ob das Lehrschreiben über einige Sexualfragen, nicht eine ähnliche oder die gleiche theologische Tendenz aufzeige. Ich hatte ursprünglich die Absicht, in bezug auf PH – trotz meines Unbehagens bezüglich mancher Formulierungen – nur meine grundsätzliche Bejahung zum Ausdruck zu bringen, da ich mit den Kernanliegen ja tatsächlich in Übereinstimmung bin. Ich wies alles weitere Drängen von Presseagenturen und Journalisten zurück. Der Grund war nicht Feigheit, sondern pastorale Sorge anläßlich der äußerst negativen Reaktionen der Presse der verschiedenen Länder. Meine kurze, positive Stellungnahme, die in der Presse die Runde machte, löste weithin Erstaunen und Ungläubigkeit aus. Man wollte nicht glauben, daß ich auf einmal so unkritisch und unterwürfig sein könne. Würde es der Wahrheit und der Heilssorge (einschließlich der Glaubwürdigkeit) dienen, so könnte ich solche Reaktionen auf sich beruhen lassen. Aber die erstaunlichen Begründungen des Lehrverfahrens gegen mich, und noch mehr die Heilssorge, Sorge für die Glaubwürdigkeit, motivierten mich schließlich, dem wiederholten Ansuchen verschiedener Redaktionen nachzukommen und eine wissenschaftliche Stellungnahme zu PH zu veröffentlichen. Da diese meine Reflexionen meine Antwort auf die Anklageschrift ergänzen, möchte ich sie zu Ihrer Kenntnis bringen.

Mit dem Ausdruck meiner Ehrfurcht für Ihre Person und Ihr Amt bin ich Ihr im Herrn ergebener

Bernhard Häring, C.Ss.R.

Cfr. B. Häring, Reflexionen zur Erklärung der Glaubenskongregation über einige Fragen der Sexualethik, in Theol.-praktische Quartalschrift 124 (1976) 115–126.

Mein Artikel in der Theol.-praktischen Quartalschrift brachte mir viele Dankschreiben von Seelsorgern und Theologen. Ich möchte einen Satz aus einem Brief von dem allgemein hochverehrten ganz und gar pastoral ausgerichteten Prof. Richard Egenter zitieren: „Mit großer Zustimmung habe ich eben Ihren Artikel zum römischen Sexualpapier in der Th.Pr.QuSch 1976,2 gelesen.

Ich danke Ihnen sehr herzlich und voller Hochachtung, daß Sie mit diesem verantwortungsbewußten Freimut schreiben ... Die Wirkung von PH hier in der BRD ist verheerend in doppeltem Sinn, weil die große Öffentlichkeit, einschließlich ernster Katholiken dafür nur Verachtung hat, sodann aber weil es die Starr-Konservativen zusammenschweißt und ihnen eine Waffe in die Hand gibt."

Ein anderer, noch lebender Moraltheologe schreibt mir unter anderem: „Unter den mannigfachen, kritischen Äußerungen halte ich die Ihre nach Inhalt und Stil für die, die uns in der Spannung Wissenschaft-Lehramt-Basis den größten Dienst erweist durch Ihre Klarheit, die aber lückenlos mit der Option für die konkrete Kirche verknüpft ist."

Die Glaubenskongregation dachte anders. Noch anläßlich des letzten Gesprächs in meinem Lehrprozeß zeigte sich der Unmut sehr deutlich.

Doch sehr bald sollte ein anderer Anlaß zu einer weiteren Verschärfung der Spannung führen: Ich war damals regelmäßiger Mitarbeiter der größten katholischen Wochenschrift *Famiglia Cristiana*. Ich gab jede Woche Antwort auf einen oder mehrere Briefe zu Fragen der christlichen Lebensgestaltung. Nach Ausweis eines Instituts für Meinungsforschung hatte ich zwischen sieben und neun Millionen Leser für meine Seite. Am 23. Mai antwortete ich auf eine ganze Reihe von Briefen von Eheleuten, die schrieben, eine wörtliche Beobachtung der Norm von „Humanae vitae" gegen Kontrazeption habe den Ehegatten entfremdet, ihn zum Kirchenfeind gemacht und drohe die Ehe zu zerstören. Ich antwortete ganz kurz, indem ich einen längeren Satz aus der Stellungnahme des französischen Episkopats zitierte. Da zahlreiche andere Bischofskon-

ferenzen sowie die gemeinsame Synode der westdeutschen Diözesen ganz ähnlich lautende Weisungen
gegeben hatten, erwartete ich durch dieses Zitat keine
Verschärfung der Spannung zwischen der Glaubenskongregation und mir. Doch ich hatte mich getäuscht,
wie die zwei folgenden Schreiben von Kardinal Šeper
vom 3. Juli und 11. November 1976 zeigen.

Das folgende Dokument hat eine besondere geschichtliche Bedeutsamkeit. Erstens ist es französisch
verfaßt, was wohl darauf schließen läßt, daß eigentlich
die französischen Bischofe und alle die sich auf sie berufen möchten, hier gemeint und gewarnt sind.

Zweitens ist es sehr klarer Ausdruck der festen Entschlossenheit der Glaubenskongregation bezüglich des
Verbots von künstlicher Kontrazeption absolute Inflexibilität, absoluten Ausschluß jeglicher Anwendung
von Epikie oder *oikonomia* hart zu statuieren. Es soll niemand denken dürfen, daß ein Zuwiderhandeln auf der
objektiven Wertskala zuzulassen sei. Was zugestanden
wird, ist höchstens die Möglichkeit verminderter sub-
jektiver Schuld. Es sei noch vermerkt, daß der Osservatore Romano am 14. Juli 1976 aus der Feder des
Mailänder Moralisten G. B. Guzzetti genau in diesem
Sinn einen äußerst polemischen Artikel gegen mich
veröffentlichte („Neue Angriffe auf Humanae vitae,
Oss. Rom., 14. Juli, S. 2). Bemerkenswert ist jedoch,
daß im genannten Artikel total verschwiegen ist, daß
meine Antwort ein genaues Zitat aus der amtlichen Erklärung des französischen Episkopates ist, während die
Glaubenskongregation darauf Bezug nahm. Diesbezüglich liegen die Karten nunmehr offen. Eine Berufung auf die Äußerung großer Episkopate wird als
Straftat angesehen. – Hier folgt der Text in deutscher
Übersetzung.

4

SACRA CONGREGATIO
PRO DOCTRINA FIDEI
Prot. N. 13/59   3. Juli 1976

Hochwürdiger Pater,
In Ihrer Antwort an eine Leserin der Zeitschrift „Famiglia Cristiana" vom 23. Mai (S. 9) verweisen Sie auf „die traditionelle
Lehre", auf die sich die französischen Bischöfe beriefen, wonach „im Pflichtenkonflikt die gewichtigere und dringendere
Pflicht den Vorrang hat. So könnte es geschehen, daß Gatten
guten Gewissens und ohne Schuld das angemessenste Mittel
der Empfängnisregelung wählen".

Zweifellos fehlt im Paragraph 16 der „Note pastorale de
l'Episcopat Français sur *Humanae Vitae*" (vom November 1968)
eine Präzisierung in bezug auf den objektiven und subjektiven Aspekt des Gewissenskonflikts. Ich halte es jedoch für
wichtig, Sie auf die autorisierten Präzisierungen zu verweisen, die die Bischofskonferenz diesbezüglich durch Kardinal
Renard, den damaligen Vorsitzenden der französischen Bi-
schofskommission für die Familie, gegeben hat, in einem
Text, der vielleicht Ihrer Aufmerksamkeit entgangen ist (Documentation Catholique, 1968, col. 2174). Eine Beifügung
hinzu (cf.ibid.col 2174) sagt sogar ganz klar in bezug auf den
§ 16 der „Note": „Was immer mit der *subjektiven* Schuld sein
mag, ein kontrazeptiver Akt kann niemals *objektiv* gut sein."

Die Glaubenskongregation steht auf dem Standpunkt, daß
die Erklärung der französischen Bischöfe nicht unter Abse-
hen von dieser Verbesserung benützt werden darf. Auch
erachten wir es als notwendig, von Ihnen eine Richtigstellung
Ihrer Antwort in „Famiglia Cristiana" zu verlangen, und das
um so mehr, da diese in der Presseagentur ANSA und im Ge-
folge in einer Anzahl von Zeitungen, Aufmerksamkeit gefunden hat."

In bezug auf das Schreiben an meinen Generalobern,
durch den mit der obige Text übermittelt wurde, verweise ich auf die vollständige Dokumentation in der
italienischen Ausgabe „Fede Storia Morale".

Hier nun meine Antwort vom 14. September 1976

5

An S. E. KARDINAL FRANJO ŠEPER
Präfekt der Glaubenskongregation   Rom, den 14. Sept.,
Fest Kreuzerhöhung 1976

Eminenz,

Ihr Schreiben vom 3. Juli 1976 erreichte mich erst Mitte August auf einer entlegenen Missionsstation Asiens. Dort hatte ich keine Gelegenheit, die Texte nachzusehen, auf die Sie verweisen. Sofort nach meiner Ankunft hier habe ich das getan.

Ich kannte die Ansprache von Kardinal Renard aus Documentation Catholique und aus einem Büchlein unter dem Titel: K. Rahner – Card. Renard – B. Häring, A propos de l'encyclique Humanae vitae, Apostolat des Editions, Paris 1969. Ich kannte die in Doc. C. 1968, col 2174 veröffentlichte Rectification der Ansprache nicht. Der in dem genannten Buch veröffentlichte Text hat eine dritte Lesart, die mir glücklicher zu sein scheint. Im Grunde sagte der Kardinal jedoch das gleiche, mit der Erklärung: „Les évêques ont tracé, dans le paragraphe 16, un cheminement, si l'on peut ainsi dire, d'un état subjectif vécu par les époux, à un état objectif c'est-à-dire correspondant à la volonté de Dieu" (l. c. p. 64). Meines Wissens gehört der Vortrag des Vorsitzenden der französischen Bischofskonferenz nicht als integrierender Teil zu der bischöflichen Erklärung. Und die Tatsache, daß drei verschiedene Lesarten vorliegen, zeigt sein eigenes Ringen um ein Verständnis.

Läßt sich die Erklärung des französischen Episkopates so auslegen, wie Kard. Renard es tut, dann gilt das auch von meinen Antworten in Famiglia Cristiana; denn ich antworte nicht abstrakt, sondern entsprechend dem „état subjectif vécu par les époux". Sieht man dann „objectif" als „meta ideale" an, wie es die italienischen Bischöfe in ihrer Erklärung tun, so läßt sich ein Sinn gewinnen. Ich fürchte jedoch, daß dieses Auseinanderreißen in „subjectif" und „objectif" nicht leicht in die Erklärung der französischen Bischöfe hineinzulesen ist. Es öffnet auch alle Tore und Türen für „Subjektivismus". Man ließe besser den Text der französischen Bischöfe gemäß der

Tradition im Sinne des richtig zu lösenden Falles der Pflichtenkollision stehen.

Was soll ich den zahlreichen Anfragen bezüglich folgender Fälle antworten: Eine Ehefrau, die glaubt, eine Empfängnis unbedingt ausschließen zu müssen, verlangt von ihrem Mann Totalabstinenz. Sie entfremdet ihn dadurch von sich und von der Kirche. Muß sie das „objektiv" einfach in Kauf nehmen? Oder handelt sie richtig, wenn sie nun versucht, ihren Ehemann für die Ehe und für die Kirche zurückzugewinnen, indem sie mit ihm übereinkommt, zeitweise ein nicht abortives Mittel der Empfängnisverhütung anzuwenden? Wenn ich zuerst sage: „Objektiv ist das unbedingt zu vermeiden", dann kann ich nicht mehr sinnvoll die Weisung der französischen Bischöfe geben.

Im Wissen und unter Beachtung der Erklärung von Kardinal Renard (erste und dritte Fassung) habe ich in meiner Antwort in Famiglia Cristiana, 20. Juni 1976, S. 5–6 gerade jenen Satz der Erklärung der französischen Bischöfe hervorgehoben, auf den sich Kard. Renard nachträglich bezieht. Ich schrieb: „Ich sage nicht, daß Kontrazpetion ein Gut sei, ich sage nur, daß im Fall des mir unterbreiteten Konflikts die Eheleute guten Gewissens und ohne Schuld handeln können." Dann füge ich das Zitat an: „Die Kontrazeption kann niemals ein Gut sein. Sie ist immer eine Unordnung; aber diese Unordnung ist nicht immer schuldhaft ..."

Diese meine vorsichtig abgewogene und durchaus ehrfürchtige Antwort, was die Autorität des Papstes betrifft, hat im Osservatore Romano (14. Juli 1976, S. 2) eine nicht nur unsachliche, sondern auch im Ton unverständliche Reaktion gefunden. Der Artikel ist von Msgr. G. M. Guzzetti gezeichnet. Gleichzeitig haben seine Freunde in andern Presseorganen ähnliche Artikel veröffentlicht. Das Erstaunliche ist, daß dabei verschwiegen wurde, daß der Artikel vom 20. Juni im wesentlichen nichts anderes tat, als die Erklärung der französischen Bischöfe zu zitieren. Ging es darum, die Meinung der französischen Bischöfe zurückzuweisen oder einen einzelnen Theologen anzuschwärzen?

Ihr Schreiben vom 3. Juli ist so abgefaßt, daß es vermuten läßt, mein Artikel vom 20. Juni sei noch nicht bekannt gewesen. Angesichts dieser Tatsache und insbesondere im Blick auf die von Mgrs. Guzzetti und Freunden geführte Kampagne vermute ich, daß die Glaubenskongregation nicht weiter darauf bestehen wird, daß ich nochmals in Famgilia Cristiana auf diese Sache zurückkomme. Ich könnte guten Gewissens nicht weiter gehen als in meinem Artikel vom 20. Juni. Ich bin um das Friedens willen bereit, die Sache so auf sich beruhen zu lassen. Die Geschichte wird einmal ruhiger urteilen. Und ich weiß im Gewissen, daß jeder vor Gottes Gericht antworten muß. Soll hierin ein Lehrverfahren gegen mich weitergehen, so müßte der Großteil der theologischen Gemeinschaft mit mir ins Lehrverfahren hereingezogen werden.

Sollte die Glaubenskongregation dennoch auf einer Rektifikation bestehen, so müßte ich in voller Redlichkeit meine Gewissensüberzeugung darlegen, nämlich daß im Falle der Pflichtenkollision objektive Kriterien zur Verfügung stehen. Außerdem müßte ich zu der von Guzzetti und seiner Gruppe inszenierten Polemik Stellung nehmen. Ich bin jedoch bereit, eine von der Glaubenskongregation verfaßte und autorisierte „Rektifikation" in F. C. und (oder) andern Presseorganen zu veröffentlichen, jedoch mit dem klaren Hinweis, daß es sich um einen Akt des äußeren Gehorsams handelt und nicht um einen Wandel meiner persönlichen Überzeugung, falls die mir auferlegte Rektifikation meiner Überzeugung widerspricht. Was nicht aus ehrlicher Überzeugung kommt, ist Sünde.

Ihr im Herrn allzeit ergebener

Bernhard Häring, C.Ss.R.

Sehr viel heftiger fiel ein Schreiben der Glaubenskongregation in gleicher Sache aus, als die „Neue Illustrierte" meine Aussagen aus „Famiglia Cristiana" übernahm, und zwar in der Form eines Interviews, das nie stattgefunden hatte:

6

SACRA CONGREGATIO
PRO DOCTRINA FIDEI
Prot. N. 13/59   11. November 1976

Am 14. September haben Sie auf den Brief dieses Dikasteriums geantwortet in bezug auf die Frage des Gebrauchs von Kontrazeption im Falle von Pflichtenkollision, wie Sie dies in „Famiglia Cristiana" behandelt haben.

Ich will Ihren guten Glauben im Festhalten an Ihren Ideen nicht in Zweifel ziehen, doch fühle ich die Pflicht, Ihnen klarzumachen, daß die Glaubenskongregation Ihre Weise, diese Problematik zu behandeln, nicht billigen kann und besonders beklagt, daß Sie Ihre Meinung in einer so verbreiteten Zeitschrift wie Famiglia Cristiana als katholisches Denken präsentieren. Nicht genug, Sie haben Ihre Ideen in einem der „Neuen Illustrierten Revue" gegebenen Interview wiederholt (21. Juni 1976), die zudem ein pornographisches Presseorgan ist.

Ich teile Ihnen mit, daß ich von Ihrem Generalobern verlangt habe, Sie zur Ordnung zu rufen in bezug auf größere Klugheit. Zugleich mache ich Ihnen pflichtgemäß klar, daß es unangebracht ist, sich zur Verbreitung Ihrer Ideen solcher Art und ganz allgemein in Presseorganen weiter zu äußern.

Mein Ordensoberer entledigte sich dieses Auftrages in der höflichsten Weise.

Ich erklärte in einer ersten Antwort, daß ich ein solches Interview nie gegeben habe. Kardinal Šeper bedankte sich für diese Information am 8.2.1977. Als dann eine formelle Erklärung, daß tatsächlich kein Interview stattgefunden hatte, vom Herausgeber der „Neuen Illustrierten Revue" einging und ich diese Dokumente der Glaubenskongregation zugesandt hatte, schrieb mir Kardinal Šeper: „Ich möchte Ihnen für diese Information herzlich danken und verbleibe mit den besten Wünschen."

Mehr kann man vom Vatikan wirklich nicht erwarten. Eine formelle Entschuldigung hat in kurialer Tradition keinen Platz, auch bei einem so höflichen Mann wie Kardinal Šeper fiel sie aus.

Doch zurück zum Hauptverfahren in bezug auf mein Buch „Etica Medica". Auf meine ausführlichen Antworten vom 5. Februar 1976 erhielt ich eine Antwort mit einem noch längeren „Sündenregister" am 18. Mai 1977, also nach 15 Monaten. Die Mühlen Roms mahlen langsam. Ich gebe den Haupttext in deutscher Übersetzung wieder und verweise in bezug auf den langen, schwulstigen Anhang (annexus) auf die italienische Ausgabe dieses Buches (Fede, storia, morale, Rom 1989). Er ist nach Ausage von Kardinal Hamer von „zwei großen Moralisten" ausgearbeitet, von den gleichen, die „Zeitgeist" mit „Zeichen der Zeit" verwechselten. Ihr Denkmodell ist rein deduktiv, abstrakt, „am Leben vorbei", statisch und ungeschichtlich.

7

SACRA CONGREGATIO
PRO DOCTRINA FIDEI
Prot. N. 13/59   18. Mai 1977

Hochwürdiger Pater,
Mit Schreiben vom 16. Dezember 1975 hat Sie diese Kongregation in bezug auf Ihr Buch „Etica Medica" zu einigen grundlegenden Klärungen und Präzisierungen sowohl über den Diskurs der Moraltheologie wie zu Fragen der medizinischen Deontologie, die in dem genannten Buch zur Sprache kommen, aufgefordert. Ihre Antwort vom 5. Februar 1976 hat einige Punktualisierungen beigebracht, doch ergab sie sich nicht als hinreichend. Man hat darum daran gedacht, Sie zu einem Gespräch hier bei dieser Kongregation einzuladen, um die ungelösten Probleme zu klären, jede Zweideutigkeit aus-

zuräumen und vor allem, um mit Ihnen einen offenen, positiven Dialog zum Dienste der Einheit im Glauben zu eröffnen.
Leider erfuhr man zu spät von ihrer Abreise, und so mußte
man – um die Sache nicht zu sehr in die Länge zu ziehen, den
schriftlichen Weg wählen. Wir hoffen, daß dieser das gleiche
Ziel erreicht.

Wie Sie wissen, besteht die Aufgabe dieser Kongregation
darin, den Glauben und die Sitten (costumi) in der katholischen Welt zu fördern und zu schützen (vgl. Integrae servan-
dae, AAS 57, 1965, S. 952 und Regimini Ecclesiae Universae,
AAS 59, 1967, S. 885–952) und dabei insbesondere jene im
Auge zu behalten, die allein nicht die genügende Fähigkeit
oder theologische Vorbereitung haben, um in den verschiedenen Publikationen zu unterscheiden zwischen dem, was zum
unverzichtbaren Patrimonium des Glaubens gehört, und
dem, was nur eine mehr oder weniger bedenkenswerte theologische Meinung ist. Das Eingreifen dieser Kongregation in
bezug auf Sie ist von diesen genauen Sorgen inspiriert.

Sie wissen ja, wie wichtig es für die Heilsverkündigung an
unsere Zeitgenossen ist, daß sich zwischen Lehramt und
Theologen eine konstruktive Beziehung festige, in der Beachtung der verschiedenen Kompetenzen und in einem Klima
verantwortlicher Zusammenarbeit. Der Heilige Vater hat es
schon in seiner Ansprache an den internationalen Kongreß
über die Theologie des Zweiten Vatikanischen Konzils in Erinnerung gerufen (AAS 58, 1966, 890). Sicher ist Ihnen auch
die Arbeit der Internationalen Theologenkommission in Rom
(vgl. Gregorianum 57, 1976, S. 549–563) bekannt, wo zwölf
Thesen dargeboten wurden, die die Beziehungen beleuchten
zwischen der dem kirchlichen Lehramt aufgetragenen Sendung zum Schutz der göttlichen Offenbarung und der den
Theologen zugewiesenen Aufgabe, die Glaubenslehre zu studieren und darzulegen, mit den verschiedenen Funktionen
und der gemeinsamen Verantwortung gegenüber dem *Wort
Gottes,* dem *Glaubenssinn* des christlichen Volkes, den Dokumenten der *Tradition* sowie der *pastoralen und missionarischen
Aufgabe,* auf die sich sowohl das Magisterium wie die Theologen ständig zu beziehen haben.

Vielleicht ist es nicht unnütz, hier buchstäblich den Text
bezüglich der respektiven Funktionen des Magisteriums und
der Theologen heranzuziehen:

1. Aufgabe des Lehramtes ist es, autoritativ die katholische Integrität und die Einheit des Glaubens und der Sitten (costumi) zu verteidigen. Daraus ergeben sich einige besondere Funktionen, die, auch wenn sie auf den ersten Blick einen eher negativen Charakter zu haben scheinen, dennoch ein positiver Dienst für das Leben der Kirche sind; solche Funktionen sind: „Das Amt, authentisch das geschriebene und überlieferte Wort Gottes auszulegen" (DV, 10); die Verurteilung von Meinungen, die für den Glauben und die der Kirche eigentümlichen Sitten gefährlich sind; das Lehren der für die gegenwärtige Zeit aktuellen Wahrheiten.

Obwohl es nicht scheint, daß es Sache des Lehramtes sei, theologische Synthesen aufzustellen, so muß es doch zum Schutz der Einheit die einzelnen Wahrheiten im Lichte des Ganzen betrachten, insofern das sich Einreihen jeder Wahrheit in das Ganze zur Wahrheit selber gehört.

2. Die Funktion der Theologen ist in gewissem Sinn Vermittlung zwischen Lehramt und Gottesvolk; in der Tat „hat die Theologie einen doppelten Bezugspunkt mit dem Lehramt der Kirche und mit der ganzen christlichen Gemeinschaft. Sie ist, in gewissem Ausmaß, Mittlerin zwischen dem Glauben der Kirche und dem Lehramt" (Paul VI, l.c. 892). Einerseits unterzieht die Theologie „im Raum jedes großen soziokulturellen Territoriums, im Lichte der allumfassenden Tradition der Kirche die von Gott geoffenbarten und von den Vätern und dem kirchlichen Lehramt gedeuteten Ereignisse und Worte einer neuen Untersuchung" (AG, 22) ... Anderseits stellen die Theologen die Lehre und die Warnungen des Magisteriums durch ihre Ausdeutungs- und Lehrtätigkeit in ihre Synthese eines weiteren Atems und erlauben so ein besseres Kennen von seiten des Volkes Gottes. So arbeiten sie zusammen, um die vom Magisterium gelehrte Wahrheit auszuarbeiten, zu illustrieren, zu rechtfertigen und zu verteidigen" (Paul VI, l.c. 891).

Hochwürdiger Pater, Die Heilige Glaubenskongregation anerkennt sehr gern, daß ein Gutteil Ihrer Tätigkeit auf dieser Linie liegt, als den von Ihnen geleisteten Beitrag zur ethisch-theologischen Reflexion und die von Ihnen mit wachem seelsorglichen Sinn erwiesene Aufmerksamkeit für die stets neuen Probleme der Welt von heute.

Doch kann diese Kongregation nicht verschweigen, daß

verschiedene Seiten Ihres Buches „Etica Medica" uns perplex lassen, trotz der Verbesserungen in der letzten Ausgabe (vierte Auflage, Rom 1975).

Im Annex finden Sie diesbezüglich einige Bemerkungen. Doch das, was jetzt dieser Kongregation zumeist am Herzen liegt, ist nicht so sehr, die diesbezüglich von dem Buch aufgeworfenen Fragen aufs neue zu diskutieren als vielmehr, Ihnen Ihre Aufgabe als Theologe ins Gedächtnis zu rufen und deshalb als Zeuge des Glaubens in allem, was Sie schreiben und lehren, und wie diese Ihre Aufgabe im Blick auf den doppelten Bezugspunkt zu sehen ist: Magisterium und christliche Gemeinschaft. Zum Magisterium: sich nicht außerhalb oder in Kontrast zu stellen zu dem, was die universale Kirche autoritativ lehrt und verkündet. Zur christlichen Gemeinschaft durch die ständige Sorgfalt – und ganz besonders wenn Sie in Zeitschriften weiter Verbreitung schreiben –, wie die breite Öffentlichkeit (vor allem wenn sie mit der theologischen Problematik nicht bewandt ist, was im allgemeinen bei denen der Fall ist, an die Sie sich wenden) das aufnehmen könnte, was Sie sagen und so zu Überzeugungen und ethischen Entscheidungen kommen könnten, die den Grundprinzipien, den unverzichtbaren Prinzipien der katholischen Morallehre nicht entsprechen.

Darum verlangt die Glaubenskongregation von Ihnen vor allem größere Wachsamkeit und größere Klugheit, um so auf jede Weise zu vermeiden, fragwürdige und subjektive Aspekte zu verbreiten, vor allem in so weit gelesenen Zeitschriften wie z. B. Famiglia Cristiana, oder in Werken mit weiter Verbreitung oder bei öffentlichem Auftreten. Diese Kongregation dringt in Sie, Ihre Zustimmung zur katholischen Lehre zu erklären bezüglich der fraglichen Punkte, in bezug auf die sich das Lehramt authentisch ausgesprochen hat und in Zukunft jede mündliche oder schriftliche Aussage zu unterlassen, die Zweifel an dieser Zustimmung aufkommen lassen könnte.

Eine ausdrückliche Bestätigung in diesem Sinn und Ihre Bereitschaft, zum Wohl der Gläubigen die angegebenen Punkte z. B. anläßlich neuer Veröffentlichungen zu klären und richtigzustellen oder bei eventuellen Neuauflagen des Buches die notwendigen Verbesserungen anzubringen. So würden Sie uns ermöglichen, an Höherer Stelle den Abschluß der sich abwickelnden Prozedur zu beantragen. So ersucht Sie also diese Kongregation, ihr eine schriftliche Zusicherung im oben beschriebenen Sinn zukommen zu lassen.

Ergebenst

F. Kardinal Šeper, Präfekt

Dazu wäre wohl vieles zu sagen. Liest man noch den Anhang (annexus), dann müßte ich meine ganze moral-theologische Arbeit widerrufen, zu einem sehr engen Begriff des Heilens, zu einem statischen Begriff des na-türlichen Sittengesetzes zurückkehren, nicht nur jeden Dissens vermeiden, sondern auch alles, was auch nur den Anschein eines Dissenses erwecken könnte. Wahr-haftig keine guten Aussichten für mich, das Ende des Lehrprozesses noch zu erleben, zudem sich gerade in diesem Moment die ersten Anzeichen des Kehlkopf-krebses bemerkbar machten.

Ich schickte an die Glaubenskongregation am 2. Juni 1977 folgende Erklärung:

8

Ich erhielt Ihr Schreiben vom 18. Mai 1977 mit der Protokoll-Nr. 13/59. Ich gebe hiermit folgende Erklärung ab:

Nie habe ich an Dogmen der Kirche gezweifelt, die vom Ma-gisterium als solche vorgelegt sind, noch habe ich Zweifel ausgedrückt.

Immer werde ich ein Höchstmaß an Aufmerksamkeit und Re-spekt zeigen in bezug auf Lehren, die ohne die Qualifikation „unfehlbar" vorgelegt sind. Reformierbare Lehren können je-doch keinen Glaubensakt und keine absolute Zustimmung fordern. Alle Welt weiß, daß in der Vergangenheit das Magisterium selbst einige Lehren reformiert hat, die es vorher betont vorgelegt hat; und das wurde ermöglicht kraft der Loyalität und Aufrichtigkeit so vieler Theologen.

Ich werde immer versuchen, die Kirche, das Volk Gottes und ihr Magisterium durch absolute Aufrichtigkeit zu ehren, auch wenn mir das Leiden einbringen sollte. Diese Loyalität und Aufrichtigkeit ist mir eine heilige Pflicht auch in all den Fragen, in denen ich, nach ernster Überlegung und Gebet, zur Überzeugung gekommen bin, allzu engherzige Auslegungen der Lehre durch die Glaubenskongregation nicht annehmen zu können, vor allem wenn ich mich einig weiß mit vielen Bischöfen, mit der Mehrheit der Theologen und einer Großzahl glaubenseifriger Laien. Ich würde nicht großes Zutrauen zu meinen eigenen Einsichten haben, wenn ich mich dabei im Gegensatz zur großen Mehrheit der Theologen oder zum Glaubenssinn der Christgläubigen fände.

So kann ich zum Beispiel nicht sehen, daß es Aufgabe des Magisteriums sei „die Einheit der Sitten autoritativ zu verteidigen", wie Ihr Brief es zu behaupten scheint. Die Einheit im Glauben ist eine Sache, eine andere Sache aber ist die Einheit der Sitten über die in der großen Tradition als allgemein anerkannten Grundsätze hinaus.

Ich leugne nicht, sondern bekräftige und bekenne die Zuständigkeit des Lehramtes in Fragen, die das ins Herz der Menschen geschriebene Gottesgesetz betreffen. Doch sehe ich im Lehramt einen unabdingbar notwendigen Teil des Pilgervolkes Gottes, das voranschreiten soll im Kennen Gottes und der menschlichen Natur. Dieser Fortschritt kann neue Klärungen und Unterscheidungen verlangen.

Das Naturgesetz ist Teil des Gesetzes Christi; dies schließt nicht aus, daß neue geschichtliche Gegebenheiten, ein besseres Kennen des Menschen, der verschiedenen Traditionen usw. in Betracht gezogen werden müssen. Das ins Herz der Menschen geschriebene Gesetz ist kein Kodex von Formulierungen, sondern kann und muß dargelegt werden mit Formulierungen in der lebendigen Sprache.

Ich habe hier den italienischen Text von Etica Medica nicht zu Händen. Doch wenn Ihre Eminenz das will, so werde ich nach meiner Rückkehr nach Rom, am 7. September, eine ausführliche Antwort zu jedem Punkt geben.

Ohne weiteres nehme ich Ihre Mahnung ernst, in meinen Ausdrücken vorsichtig zu sein; doch zugleich werde ich mich der Aufrichtigkeit befleißigen, um der Sache der Kirche und den Gläubigen zu dienen.

In einem Schreiben vom 5. Juli 1977 drängte Kardinal Šeper auf baldigste Beantwortung all der aufgeworfenen Fragen. In einer Antwort vom 25. Juli erbat ich mir mehr Zeit zum Nachdenken, zur Konsultation frommer und weiser Personen und auch zu sorgfältiger Formulierung in Anbetracht des Rechtes der Kirche, einmal – und sei es auch nach meinem Tod – das Verfahren richtig beurteilen zu können.

Als ich dann infolge des Kehlkopfkrebses schon fast stumm war, wollte ich vor Beginn der nötigen Operationen doch eine zusammenfassende Antwort geben, in der Hoffnung, die Dinge endlich hinter mich zu bringen.

Hier mein Briefwechsel mit der Glaubenskongregation vom August 1977 bis August 1978:

9

An S.E. KARDINAL F. ŠEPER
Präfekt der Glaubenskongregation

Edmonton, den 20. August 1977

Eminenz
Hier ist meine Antwort auf konkrete Punkte Ihres Schreibens vom 22. Mai 1977, gemäß Ihrer Aufforderung durch Schreiben vom 5. Juli 1977.

An erster Stelle danke ich Gott, daß er mir während der zwei Jahre des Lehrverfahrens der Glaubenskongregation in reichem Maße die Erfahrung des inneren Friedens und der Freiheit geschenkt hat.

Ich danke Gott aber auch für das Leiden, das mir dieses Lehrverfahren und die Liebe zur Kirche gebracht hat. Diese Erfahrung wird sich sicher sehr stark auswirken auf meinen weiteren Dienst, den ich der Kirche leisten will. Diese Erfahrung ergänzt jene, die ich von 1959 bis zum Ende des Konzils mit dem Heiligen Offizium und speziell mit einigen seiner Vertretern hatte. All das verwandelte meine Liebe zur Kirche in eine leidende und kritische Liebe.

Wie schon früher vermerkt, kann ich nicht umhin, dieses Lehrverfahren in Verbindung zu bringen mit allen Erfahrungen von Feindseligkeiten und Mißverständnissen – mit offensichtlichen und geplanten Verleumdungen, die meinen Einfluß untergraben sollten, mit einigen erstaunlichen Artikeln im Osservatore Romano und dergleichen. Schon früh in meinem Leben lehrte mich die Wissenssoziologie den Unterschied zwischen Heilswissen, abstraktem Seinswissen und den verschiedenen Formen des Herrschaftswissens. Ich werde mich diesem Problem im Lichte meiner Erfahrungen neu zuwenden und hoffe, so der Kirche und auch der Glaubenskongregation einen konkreten Dienst zu leisten.

Die folgenden Überlegungen sind nicht in erster Linie auf Selbstverteidigung ausgerichtet, sondern als ein Versuch eines freimütigen Gesprächs im Dienste der Kirche. Nach langer Zeit der Reflexion, nach Gebet und gemäß dem Rat der heiligmäßigsten Personen, die ich kenne, hoffe ich, daß diese Reflexionen ernstlich in Betracht gezogen werden. Das heißt, daß ich hoffe, Sie, Eminenz, meine Ankläger und Richter möchten diesen Appell nicht als Richter und Ankläger, sondern als Mitchristen und verantwortliche Diener der Kirche lesen.

I. Eine erste Reflexion betrifft den Schock, den mir wiederholt die Spannung zwischen Amtskompetenz und Sachkompetenz bereitete. Ich bin sprachlos angesichts der Tatsache, daß die Glaubenskongregation gegen einen wohlbekannten Theologen sich auf Sachberater oder offizielle Ankläger verläßt, die nicht einmal zwischen „Zeitgeist" und „Zeichen der Zeit" zu unterscheiden vermögen; weiter verweise ich auf die erstaunlichen Anklagen, wonach die Betonung des interdiszi-

plinären Dialogs die Autonomie der Moraltheologie leugne.
Das bedeutet der Sache nach, daß diese Sachbearbeiter des
Lehrverfahrens Sachkenntnis in Medizin für unnötig erachten, wenn es um neue Probleme der medizinischen Ethik
geht.

Der schwerwiegendste Aspekt ist jedoch die mangelnde
Unterscheidung zwischen mores (costumi, Sitten) einerseits
und Moralität anderseits. Ich werde auf diese Frage angesichts der weittragenden Konsequenzen zurückkommen,
wenn ich auf Einzelheiten Ihres Schreibens und den Annex
vom 22. Mai antworte.

Aus der ganzen Korrespondenz scheint hervorzugehen,
daß die Sachbearbeiter dieses Lehrverfahrens sich nicht bewußt geworden sind, daß ihre Art und Weise zu denken und
zu argumentieren eine ganz begrenzte und heute sicher nicht
repräsentative Denkweise oder ein solches Denkmodell dar-
stellen und daß es in der Kirche, wenn sie im Dialog mit der
modernen Welt einen positiven Einfluß ausüben will, Raum
geben muß für andere Denkmodelle.

II. Eine zweite Serie von Reflexionen betrifft den menschlichen und christlichen Aspekt des Lehrverfahrens. Ich will
hier nicht auf den besonderen Hintergrund des Lehrverfahrens eingehen, auf den ich durch Indiskretionen sehr frühzei-
tig aufmerksam gemacht wurde. Ich stütze mich hier nur auf
Ihre eigene Dokumentation.

1. Meines Erachtens verstößt der Ton der Anklageschrift
und auch des letzten Annexes gegen die humanistischen Re-
geln der Höflichkeit und mehr noch gegen die Sorgfalt gegenüber der Wahrheit, wenn es um so schwerwiegende Anklagen und Verfahren geht. Der Apostel mahnt, „Ihr Väter
irritiert nicht eure Kinder!" Ich kann nicht sehen, wie ein solcher Ton und ein solches Verfahren zusammengeht mit dem
täglichen Gebet, „Und führe uns nicht in Versuchung".

2. Sanktionen, ohne den Angeklagten zu hören und ohne
einen Verteidiger zu benennen: Ich beziehe mich auf das an-
gebliche Interview in der Zeitschrift NEUE REVUE. Den Generalobern einschalten und von ihm verlangen, daß er mich
zurechtweise, ist eine sehr schwerwiegende Sanktion. Diese
erfolgte, bevor ich irgendeine Möglichkeit hatte, zur Sache
Stellung zu nehmen. Aber noch schwerwiegender ist die Tat-

sache, daß nach klarem Beweis, daß ich jenes Interview nicht gegeben hatte, keine Entschuldigung erfolgte. Im Gegenteil: der Generalobere wurde nochmals eingeschaltet, mit neuen Auflagen.

Wenn die Glaubenskongregation nie einen Irrtum zugeben und um Verzeihung bitten kann, wie steht es dann mit der Krise des sakramentalen Bekenntnisses unserer Sünden?

3. Fast zu gleicher Zeit veröffentlichte der Osservatore einen Artikel „Neue Angriffe auf die Enzyklika Humanae vitae" gegen mich – wobei unterschlagen wurde, daß alles ein Zitat der französischen Bischöfe war, während die Glaubenskongregation den gleichen Fall zum Anlaß heftiger Zurechtweisung und Einschaltung meines Generalobern nahm. Meine Darlegung, daß ich mich genau im Rahmen und Wortlaut der gemeinsamen Erklärung der französischen Bischöfe gehalten hatte, wurde keines Wortes der Antwort für würdig erachtet. Zur Sache möchte ich folgende Frage stellen: Ist der Wahrheit und dem pastoralen Anliegen gedient, wenn eine maßvolle Stimme zum Schweigen gebracht wird? Es dürfte der Glaubenskongregation wohl bekannt sein, daß der generelle Trend sehr viel negativer ist. Wenn ich zum Schweigen verurteilt werde – wenigstens in der Absicht der Glaubenskongregation, werden die radikalen Stimmen nur um so lauter sein.

III. Antwort auf einige wichtige Punkte Ihres Schreibens vom 18. Mai 1977 Prot. 13/59:
1. Seite 1. Absatz: Betrifft Unterscheidung zwischen theologischen Meinungen und „patrimonio inalienabile della fede cattolica":

In der Frage, die das Herzstück der Anklage ist, und der heftigen Sanktion (Einschaltung des Gehorsamsverhältnisses zum Generalobern) ging es um ein Zitat des französischen Episkopates. Ich hätte auch den westdeutschen oder skandinavischen oder andere Episkopate zitieren können oder mich auf die westdeutsche gemeinsame Synode berufen können. Es war aus dem Kontext klar, daß ich mich auf *eine* Auslegung unter anderen berief. Es war klar genug, daß es sich nicht um eine Glaubensaussage handelte. Die Gläubigen wissen ohnehin schon oder aber haben ein Recht zu wissen, daß es in Fragen der Auslegung einen Pluralismus in der Kirche gibt, der keineswegs zu Chaos oder Laxismus führen muß. Meine

Frage an die Glaubenskongregation ist, gerade bezüglich dieses Punktes: Muß es nicht zu sehr viel größerer Verwirrung
unter kritischen und unkritischen Gläubigen führen, wenn
die Glaubenskongregation zu sehr konkreten Fragen Stellung
nimmt und eine ganz bestimmte Lösung autoritativ auferlegt,
während sehr viele gelehrte Theologen und Ärzte aufgrund
ihres Fachwissens und ihrer Erfahrung und langer Reflexion
und Diskussion anderer Meinung sind? Ich beziehe mich beispielshalber auf die Erklärung über Sterilisation in Katholischen Hospitälern (Prot. 2027/69) vom 13. März 1975. Ich
habe die Verwirrung, den Zorn, die Verachtung und den Sarkasmus von Ärzten verschiedener Konfessionen und die
Glaubensfrage katholischer Ärzte gesehen. Alle fragen sich:
Woher hat die Glaubenskongregation die Sachkenntnis in
diesen Fragen? Was für einen Begriff von Therapie hat die
Glaubenskongregation, wenn sie Ärzte belehrt, daß die Integrität eines vas deferens wichtiger ist für Gesundheit und sittliche Integrität als die Rettung der Person vor Geisteskrankheit?

Meine Frage sollte im Gesamt der vielen offiziellen Stellungnahmen der früheren Inquisition und der Suprema
S. Congreg. S. Officii und neuerdings der Glaubenskongregation zu so vielen Fragen der Bibelauslegung und der Moral
verstanden werden. Mein vielseitiges Apostolat hat mir Einblick in Versuchungen gegen den Glauben an die Kirche gegeben, die von diesen allzu vielen Stellungnahmen kamen,
und von der Tatsache, daß diese Behörde nie einen Irrtum zu-
gab, nie eine Erklärung als falsch oder übereilt anerkannte.

Ihre Mahnung an Theologen, das unverzichtbare Glau-
bensgut und theologische Spekulation sauber zu unterscheiden, ist richtig in Theorie, sollte aber auch sichtbar richtig
sein in Praxis. Dies ist besonders deshalb ein Problem, weil
die Konsultoren des Heiligen Officium gewöhnlich lebens-
länglich dort waren oder noch sind und nicht die ganze Breite
katholischen Denkens vertreten. So wird nicht selten eine
ganz bestimmte Theologie zum Maßstab gemacht. Das Lehrverfahren gegen mich ist ein beredtes Zeugnis dafür.

2. Seite 2 / Absatz 3: Betrifft „unità della fede e dei costumi": Es bereitet mir keine Schwierigkeit, wenn von „inte-
grità cattolica dei costumi" die Rede ist. Aber wenn das
Dokument von „l'unità dei costumi" redet, erschrecke ich und

sehe viele Gefahren kommen, die in der Tat schon im Kommen sind und in der Vergangenheit sichtbar waren. Es war
das Charisma des Völkerapostels, das in der apostolischen
Zeit die Gefahr abwendete, als die judaizantes allen die Einheit der costumi (mores, Sitten) auferlegen wollten. Die katholische Kirche hat ihre Sendung, das Evangelium allen
Nationen zu verkünden und alle Völker zu Jüngern Christi zu
machen, äußerst gefährlich verengt, als sie den Chinesen
nicht nur lateinische Sprache, sondern auch westliche Riten
und costumi als Bedingung der Katholizität auferlegen
wollte. Alle Ethiker und angesehenen christlichen Moraltheologen sind sich darüber einig, daß mores nicht gleichgesetzt
werden darf mit Moralität. Die Sitten stehen in einer Interak-
tion mit der Gesamtkultur. Und jede äußere Auferlegung
einer Einheit von costumi, Sitten, mores ohne Rücksicht auf
den legitimen kulturellen Pluralismus ist eine Antwort von
Kulturkolonialismus und eine enorme Gefährdung der Evangelisation aller Völker und Kulturen. Wenn die Glaubenskongregation meint, die unità dei costumi gerantieren zu
müssen, werden ständig Tendenzen zum Vorschein kommen,
etwas als „principi fondamentali e irrinunciabili della dottrina
morale" zu erklären, was eine ganz begrenzte „Sitte", un co-
stume ist, die vielleicht gut und sehr gut war für eine bestimmte Zeit und Kultur, aber nicht neuen Erkenntnissen und
neuen Nöten anderer Zonen, Zeiten und Kulturen entspricht.
Oder es kann zu einer Einschärfung und Wiedereinschärfung
von früheren Erklärungen der Römischen Behörde kommen,
die einfachhin nicht vereinbar sind mit der Entwicklung der
moralischen Erkenntnis. Ich nenne beispielshalber die Berufung auf die propositio 40 der Römischen Behörde unter
Alexander VII. Über die schwere Sündhaftigkeit eines Kus-
ses, wenn dabei sensuale Freude gespürt wird. (Vgl. Erklärung über einige Fragen der sexuellen Ethik vom 29. Dez.
1975, Fußnote (Verweis) 19.

3. Zum letzten Absatz Ihres Schreiben (Seite 3/4):
Sie verlangen von mir eine Erklärung der „adesione alla
dottrina cattolica ai punti in questione sui quali il Magistero si
è autenticamente pronunciato ..." Diese Aufforderung setzt
voraus, daß ich mich in diesem Punkte eines Vergehens
schuldig gemacht habe, was im ganzen Lehrverfahren nicht
bewiesen werden konnte. Die Anschuldigungen stehen un-

bewiesen da. Sie sind weithin offensichtlich ungerecht oder bewußt gesucht.

Ich frage Sie: Wenn ich mich in Zukunft auf die Dokumente der westdeutschen Synode zu Fragen äußere, in denen die Synode eine weitherzigere Auffassung als das Hl. Offizium bzw. die Glaubenskongregation äußert, wird das genug Grund sein, ein neues Glaubensverfahren gegen mich einzuleiten? Wie bestimmen Sie die Punkte, zu denen sich das Magisterium authentisch geäußert hat, wenn innerhalb der katholischen Kirche eine breite Verschiedenheit der Auffassungen besteht?

Gibt es in der katholischen Kirche nie den Fall, daß Theologen einen prophetischen Dissens äußern können? War Friedrich Spee in seiner Trutznachtigal ein ungetreuer Sohn der Kirche, weil er seinen Dissens gegenüber der damals offiziellen Lehre über die Gutheit der Tortur ausdrückte? Wie ich schon früher (in meiner Antwort vom 2. Juni 1977) geschrieben habe, bin ich nie geneigt, von der amtlichen Lehre abzuweichen, auch wenn diese nicht unfehlbar vorgelegt wird, es sei denn, daß ein Großteil der Theologen, Bischöfe von Heiligkeit und intelligente und eifrige Katholiken und ganze Teile der Christenheit zu anderen Auffassungen gekommen sind.

Wenn ich nun recht verstanden habe, lehrt die Glaubenskongregation, daß Kontrazeption nicht nur intrinsece und absolute sündhaft ist, wenn conception gut ist, sondern ebenso in Fällen, in denen eine Empfängnis unbedingt unmoralisch wäre. Es gibt also nach der amtlichen Auslegung der Glaubenskongregation gar keinen denkbaren Fall für die Anwendung der Epilia oder der oikonomia, selbst dann nicht, wenn es gilt, die geistige Gesundheit oder die Ehe zu retten. Habe ich richtig verstanden? In einem privaten Brief von Patriarch Athenagoras seligen Andenkens an einen Freund, der mir auf seinen Wunsch den Brief vorlas, drückte er seinen und seiner Kirche Überzeugung aus, daß Kontrazeption sittlich unzulässig ist, daß jedoch jeder Priester weiß, daß es Fälle der oikonomia gibt, in denen die Handlung frei von Sünde ist. Genau das ist meine Auffassung und, wenn ich mich nicht täusche, die Auffassung der gemäßigten Mehrheit von Priestern, Theologen und katholischen Laien. Soll ich nun erklären, daß ich keinen Zweifel darüber aufkommen lasse, daß ich der

Auslegung der Glaubenskongregation zustimme? Würde ich das versprechen, so wäre ich in meinen eigenen Augen ein Judas, ein Verräter eines sorgsam erworbenen Gewissens, und untreu gegenüber der Kirche, die vor allem ehrliche Diener braucht. Wollen Sie von mir eine solche adesione verlangen, dann müßten Sie gegen die Mehrheit der Priester und Theologen der gemäßigten Richtung angehen.

IV. Meine Überlegungen zu einigen Fragen des „allegato"
   1. Zum Problem des Schwangerschaftsabbruches
   Ich glaube nicht, daß der Sachbearbeiter meine Auffassung richtig zusammengefaßt hat. Der Wille anzuklagen, ist offenbar stärker als das Vermögen, meine Denkart zu verstehen. Es scheint, daß er in diesen Fragen keine besondere Fachkenntnis besitzt, sowohl was die Breite der Geschichte der diesbezüglichen Lehre betrifft wie auch in bezug auf einige wichtige Erkenntnisse der Biologie. Ich bin jedoch gern bereit mit ihm oder anderen Personen der Glaubenskongregation zu einer Aussprache zu kommen, nicht nur um meine Positionen zu erklären, sondern auch, um zu hören und zu verstehen, was die genaue Position der Glaubenskongregation ist. Ich bin auch bereit, in zukünftigen Veröffentlichungen genau anzugeben, was die Glaubenskongregation für wahr hält. Ich werde jedoch nie in meinem Namen etwas lehren, was ich im Gewissen für unannehmbar halte; denn, was nicht aus ehrlicher Überzeugung kommt, ist Sünde.
   Das hauptsächliche Argument bezieht sich auf die berühmte Frage des „direkten abortus". Ich lehne den direkten abortus ab. Aber wie die Moraltheologen der Glaubenskongregation wohl wissen, gibt es zwei verschiedene Schulen in der Theologie in bezug auf das Verständnis des „direkten" abortus. Die eine Schule, zu der wohl der Sachbearbeiter (Ankläger) meines Lehrverfahrens gehört, gibt die Definition im Blick auf den materialen Aspekt. So kommt man zu der Lösung bezüglich der ektopischen Schwangerschaft: abwarten, bis sich ein Tumor um den Embryo gebildet hat; dann die vom Tumor befallenen Tuben (Eileiter) beziehungsweise die Ovarien und/oder den Cervix herausoperieren, um so den abortus „indirekt" zu machen. Ich habe sehr viele Gynäkologen verschiedener Konfessionen und Universitäten befragt. Alle schüttelten den Kopf über diese Denkart.

169

Für mich ist ein abortus direkt, wenn der finis operis, das Sinnziel des Eingriffs die Abtreibung ist. Und mit der Tradition halte ich einen solchen Eingriff für unmoralisch. Ist jedoch der finis operis des Eingriffs (und auch der finis operantis) lebensrettend, so kann der Eingriff pflichtgemäß sein. Ich würde mich gemäß meinem Gewissen mitschuldig am Tod der Mutter halten, würde ich die physizistische Definition des actus directus annehmen und so behaupten, daß es besser sei, zwei Menschenleben sterben zu lassen als wenigstens ein Leben zu retten. Die aus der Praxis der Gynäkologen geschöpfte Erfahrung ist, daß ganz besonders bei ektopischen Schwangerschaften der foetus ohnehin keine Aussicht hat zu überleben, während das Leben der Mutter gerettet werden kann – und nach Auffassung aller meiner ärztlichen Informanten gerettet werden muß.

2. Zur Auslegung von Humanae Vitae

Zu a) S. 2: Meine Auffassung ist identisch mit der Erklärung der deutschen Bischöfe zu Humanae vitae. Es geht um grundsätzliche Überlegungen über das rechte Verständnis von Therapie: ob es Therapie von Organen oder aber um Therapie im Blick auf die Gesamtgesundheit der Person geht. Eine christliche Anthropologie führt meines Erachtens über die biochemische Sicht des letzten Jahrhunderts hinaus. Ich verweise auf große christliche und jüdische Therapeuten: Abraham Maslow, Viktor Frankl, Viktor von Weizsäcker, Paul Tournier. Viele andere könnten aufgezählt werden. Wiederum geht es hier um einen Konflikt zwischen einer rein physizistischen Sicht des „directum" und auf der anderen Seite um Bestimmung des gesamten Sinnzieles.

Zu b) § 4 des Allegato: Hier geht es um wissenschaftliche Tatsachenfragen, ganz ähnlich der Frage im Galilei-Prozeß. Das Magisterium muß hier den Mut haben, die Fragen objektiv und sachlich zu studieren. Darüber gibt es sehr viele Veröffentlichungen. Sollte die Glaubenskongregation es wünschen, so kann ich eine Bibliographie einsenden.

3. Antwort zu Fragen der Fundamentalmoral:

Hier finde ich, daß der Referent der Glaubenskongregation einfach darauf aus ist, anzuklagen und, verzeihen Sie die Bemerkung: zu beleidigen und zu irritieren. Die Fragen, die zu S. 174 gestellt werden, könnten an mich unmöglich in dieser Weise gestellt werden, wenn der Sachbearbeiter sich die

Mühe gemacht hätte, meine wohlbekannten Veröffentlichungen über das natürliche Sittengesetz zu studieren. Die Fragen wären selbst dann so unmöglich, wenn der Sachbearbeiter wenigstens mein ganzes Buch etica medica mit der Absicht gelesen hätte zu verstehen. Z. B. die Frage, „Gehört denn das natürliche Sittengesetz nicht zum Gesetz Christi?" Meine Gegenfrage: Ist es dem Ankläger wirklich entgangen, wie sehr ich mich gerade dafür eingesetzt habe, die Einheit des einen ordo moralis, d. h. die Integration des natürlichen Sittengesetzes im Gesetz Christi zu betonen?

Zur Frage „Können Aussagen des Lehramtes von wissenschaftlichen Forschungen und Aussagen abhängen? Wo bleibt dann der Grad der Sicherheit?"

Der heilige Thomas hat die Antwort genau so gegeben, wie ich sie gebe: Je mehr die moralischen Probleme konkret werden und den komplexen Problemen sich zuwenden, um so geringer ist der Grad der Gewißheit. Die Kompetenz des Magisterium in Fragen des natürlichen Sittengesetzes wird von mir nicht geleugnet. Aber wo es sich um komplexe Fragen ganz konkreter Natur handelt, bedarf es der Sachkenntnis. Das wurde auch vom Konzil betont.

Zu Seite 76–81: Es besteht kein Zweifel, daß die heutige Moraltheologie zu einer mehr dynamischen Sicht der Geschichte gekommen ist. Vgl. Gaudium et spes art. 4–5. Ich werde angeklagt zu lehren, „es gehe nur um einen vagen Einsatz für Evolution der Natur und Geschichte". Hier hört die Möglichkeit des Dialogs offenbar auf; denn solche Anklagen sind undenkbar, wenn man überzeugen will und einen respektvollen Dialog sucht.

Zu Seite 44 par. 5: Die pathetische Klage ist seltsam, wenn man den Legalismus eines Teiles der Moraltheologie kennt. Viele Konzilsväter haben diese Gefahr des Rabbinismus beklagt.

Zu S. 24–25: „Zitiert GS 26, aber es folgt nicht das Zitat über die Abhängigkeit aller Dinge von Gott. So kann man mit den Konzilstexten machen, was man will ..." Hier hört meine Geduld auf. Die Abhängigkeit aller irdischen Wirklichkeit von Gott ist in meinen Ausführungen nicht der Fragepunkt. Ich zitiere den Konzilstext, insofern er sich auf den Fragepunkt bezieht. Das ist allgemeiner Brauch, auch in den amtlichen Dokumenten des Heiligen Stuhles. Wer meine Tätigkeit nur einigermaßen kennt – und ein offizieller Ankläger sollte sich die Mühe nehmen, sie zu kennen, würde unmöglich ohne böse Absicht, eine solche Unterstellung machen. Hier geht es sicher nicht mehr um Heilswissen und heile Beziehungen in der Kirche. Hier werden Brücken abgebrochen und die moralische Autorität einer wichtigen Behörde wird untergraben, um einen unliebsamen Autor zu irritieren. Ich verzeihe. Und in diesem Falle erwarte ich auch keine Entschuldigung, aber einen Sinneswandel. Denn es geht nicht nur um mich, sondern um die Ehre des Apostolischen Stuhles, um Glaubwürdigkeit und die grundlegenden Fragen der christlichen Moral: um Gerechtigkeit und Liebe.

Ich sende diese Antwort am Festtag meines Namenspatrons, des heiligen Bernhard, und bitte um seine Fürsprache, daß diese meine freimütige Aussprache zum Wohle der Kirche sei, auch wenn sie mir weitere Leiden bringen sollte.

Mit ergebenen Grüßen im Herrn

Bernhard Häring, C.Ss.R.

10

SACRA CONGREGATIO
PRO DOCTRINA FIDEI
Prot. N. 13/59   Roma, am 26. April 1978

Hochwürdiger P. Häring,

Ihr Brief vom 20. August 1977, in dem Sie in grundsätzlicher Weise auf das Schreiben dieser Kongregation vom 18. Mai 1977 Stellung bezogen haben, ist bis jetzt, auch in Anbetracht Ihrer Krankheit, nicht beantwortet worden. Nachdem Sie jetzt wiederhergestellt sind, möchte ich Ihnen zunächst meine aufrichtige Freude über Ihre Genesung und die besten Wünsche für ein gesegnetes Wirken im Dienste Christi und seiner Kirche zum Ausdruck bringen.

Die Kongregation für die Glaubenslehre hat in der Zwischenzeit Ihr erwähntes Antwortschreiben überprüft und noch einmal das ganze Lehrverfahren mit Ihnen überdacht. Wenn Sie auch auf einzelne Punkte nur eine teilweise befriedigende Antwort gegeben haben, so will die Kongregation jetzt nicht darauf eingehen. Sie ist vielmehr der Ansicht, es sei in dieser Phase vordringlicher, Sie aufzufordern, einmal Ihre grundsätzliche Einstellung zum authentischen Lehramt der Kirche aufgrund der folgenden Ausführungen einer gewissenhaften Prüfung zu unterziehen sowie Ihr konkretes Verhalten in Einzelfragen daraufhin zu überfragen und zu revidieren.

Schon im Brief vom 18. Mai vergangenen Jahres hat diese Kongregation Sie dazu aufgefordert, indem sie mit Bedacht gleich zu Anfang vom Verhältnis zwischen Lehramt und Theologen gesprochen und hierzu die Konklusionen der Internationalen Theologenkommission (vgl. Gregorianum 57, 1976, S. 549–563) erwähnt hat. In Ihrem Antwortschreiben sind Sie auf die zitierte These 5 der Internationalen Theologenkommission leider nicht eingegangen, sondern haben nur an der theologischen Wendung „Einheit des Glaubens und der Sitten" („unità della fede e dei costumi") eine Kritik geübt, die sachlich wohl nicht am Platze war.

Sie bezeichnen in Ihrem Antwortschreiben Ihre Liebe zur Kirche als „leidende und kritische Liebe". Hierzu darf aus dem erwähnten Schreiben dieser Kongregation vom 18. Mai zitiert werden … (S. 3). Und es soll Ihnen hier nochmals bestätigt werden, daß die Kongregation an Ihrer Frömmigkeit und Liebe zur Kirche keineswegs zweifelt.

Doch geht es um die konkrete Art und Weise, wie Sie zu Äußerungen des Lehramtes der Kirche Stellung nehmen. …

Die Kongregation ist der Ansicht, daß Ihre „kritische Liebe" zur Kirche nicht „positiv" genug und Ihr Verantwortungsbewußtsein als Wissenschaftler und Theologe nicht immer überzeugend genug zum Ausdruck kommt, denn manchmal bringen Sie wissenschaftlich noch nicht abgesicherte Konklusionen voreilig an die Öffentlichkeit (vgl. z.B. Ihre Aufsätze in „Theological Studies", „Rivista di Teologia Morale" und „Theologie der Gegenwart" zur „Verantworteten Elternschaft im Lichte der Genetik"); manchmal greifen Sie bei grundsätzlicher Bejahung einer Äußerung des Lehramts einen peripheren Punkt oder bestimmte theologische Begriffe heraus und stellen sie in einer Weise dar, daß ein zwiespältiger Eindruck entsteht und die kirchliche Lehre selbst verdunkelt wird (vgl. z. B. Ihr Kommentar zu „Persona Humana" mit der Verwertung des „Liber Gomorrhianus"); und was noch bedenklicher ist: manchmal vertreten Sie einseitig kritische oder zu wenig abgesicherte Meinungen in weitverbreiteten Zeitschriften (z. B. „Famiglia Cristiana") oder auf öffentlichen Vortragsreisen, so daß ein Solidaritätseffekt gegen das Lehramt entsteht (vgl. Internationale Theologenkommission, These 8 § 1) und dadurch Ihr Dialog mit dem Lehramt empfindlich gestört wird ...

Die Kongregation für die Glaubenslehre lädt Sie deshalb ein, die eben erwähnten Punkte grundsätzlicher Art zu überdenken und sich zu Herzen zu nehmen. Dann wird auch Ihr künftiges Wirken als Theologe und Seelsorger ein überzeugenderer Beweis Ihrer Liebe zur Kirche und Ihrer Loyalität zum Lehramt sein. Falls Sie es wünschen, ist diese Kongregation selbstverständlich auch bereit zu einer klärenden Aussprache mit Ihnen über diese hier angeschnittenen Fragen.

In der Hoffnung, daß Sie diese Ausführungen in richtiger Weise aufnehmen werden, grüße ich Sie als

Ihr in Christo verbundener   Franc. Card. Šeper
                                                              Präfekt

Ich halte letzteres Schreiben der Glaubenskongregation für besonders aufschlußreich. Man will keine offene Kritik zulassen und durch Lehrverfahren unter Einschaltung der Ordensoberen kritische Theologen zum Schweigen bringen, wenn sie selbst in kleinsten Punkten lehramtlicher Äußerungen anders denken. Nicht nur Dissens, sondern auch jede kritische Äußerung wird so zu einem strafbaren Tatbestand.

11

An S.E. KARD. FRANJO ŠEPER
Präfekt der Glaubens-
kongregation   Rom, den 29. April 1978

Eminenz,

Hiermit bestätige ich den Empfang Ihres Schreibens vom 26. April. Ich danke für die herzliche persönliche Note in Ihrem amtlichen Schreiben. Selbstverständlich bin ich stets bereit, mein Gewissen immer neu zu erforschen, um dem Reiche Gottes besser zu dienen.

Wer sich leidenschaftlich für die Kirche und ihre Erneuerung einsetzt, wird eher greifbare Fehler begehen als träge Konformisten.

Vor Gott darf ich mich über die leidvollen Erfahrungen mit Teilen der Amtskirche, die dem Lehrverfahren vorausgingen, es begleiteten und sich in ihm verdichteten, nicht beklagen. Sie sind mehr als hundertfach ausgeglichen durch die Liebe, die mir in meinem Apostolat und in meiner theologischen Tätigkeit fast überall geschenkt wurde, ganz besonders durch die zahllosen Menschen, die mir dankten, daß sie den Weg zur Kirche oder den Weg zurück zur Kirche gefunden haben. Dank der Gnade Gottes und dank der reichlich erfahrenen Liebe gehe ich einstweilen aus diesen Anfechtungen heraus, ohne verzagt oder verbittert, furchtsam oder zynisch zu werden. Wie groß die Versuchung sein kann, habe ich im seelsorglichen und menschlichen Umgang mit mehreren Personen erlebt, die ähnliche oder schlimmere Erfahrungen gemacht haben. Es ist ein großes Wunder der Gnade, wenn jemand dadurch zu einer gereinigteren und begeisterten Liebe nicht nur zur Kirche im allgemeinen kommt, sondern auch zu allen, die zu solchen Erfahrungen geführt haben.

Ich danke für das freundliche Angebot einer Aussprache. Ich hoffe, daß Sie es nicht als Unfreundlichkeit mißverstehen, wenn ich einen solchen Wunsch nicht äußere. Ich hatte ja schon ein offenes und bereinigendes Gespräch mit Mons. A. Bovone, wofür ich sehr dankbar war und bin. Ich möchte auch Ihnen, Eminenz, für die freundliche Begegnung vom 10. Januar dieses Jahres bestens danken.

Ihr im Herrn ergebener   *Bernhard Häring, C.Ss.R.*

12

SACRA CONGREGATIO
PRO DOCTRINA FIDEI
Prot. N. 13/59   00193 Roma, am 20. Juni 1978

Hochwürdiger P. Häring,

Auf das Schreiben dieser Kongregation vom 26. April d.J.
haben Sie sofort mit Brief vom 30. April geantwortet. Haben
Sie herzlichen Dank dafür.

In Ihrem Brief bringen Sie Ihre Bereitschaft zum Ausdruck,
Ihr Gewissen immer neu zu erforschen, und geben auch indirekt zu, „greifbare Fehler" begangen zu haben. Sie schreiben
sodann von Ihren Erfahrungen und von Ihrem Einsatz für die
Sache des Gottesreiches. Aus all dem tritt sehr deutlich Ihre
zutiefst religiöse Persönlichkeit hervor, welche die Kongregation auch voll anerkennen will.

Wir möchten ihre Aufmerksamkeit aber auf das Hauptanliegen unseres Briefes vom 26. April lenken, nämlich auf Ihre
grundsätzliche Einstellung zum authentischen Lehramt der
Kirche. Darauf sind Sie leider in Ihrer Antwort nicht direkt
eingegangen, sondern haben sich begnügt, zu einzelnen
Lehrpunkten Stellung zu beziehen, welche in unserem Brief
nur als Beispiele angeführt waren, um Ihre Grundeinstellung
in diesem Punkte zu illustrieren.

Sie sagen weiterhin, Sie halten die angebotene Aussprache
nicht mehr für notwendig und verweisen auf die schon geführten Gespräche mit dem Kardinalpräfekten und dem Unterse-
kretär dieser Kongregation. Die genannten Gespräche haben
aber das erwähnte Anliegen unseres Briefes nicht berührt.

Deshalb möchte ich nochmals die Einladung aussprechen,
Ihr grundsätzliches Verständnis und Ihr Verhalten als Theologe zum Lehramt der Kirche mit den Verantwortlichen dieser Kongregation in einem Gespräch zu klären, das etwa im
Herbst nach den Ferien stattfinden könnte.

In der Hoffnung, daß Sie dieses Angebot annehmen werden, verbleibe ich

Ihr in Christus verbundener

Franc. Card. Šeper, Präfekt

13

S.E. KARDINAL F. ŠEPER
Präfekt der
Glaubenskongregation   Monroe/Michigan 3. August 1978

Eminenz,

Ich schrieb meinen letzten Brief in einem Zustand äußer-
ster Ermüdung und tiefer Depression. Als Sie mir im April
mitteilten, daß das Lehrverfahren fortgeführt werde, verlor
ich in wenigen Tagen fünf Pfund Gewicht. (Auf Anordnung
des Arztes hatte ich täglich mein Gewicht zu kontrollieren.)

Nun verbringe ich ruhige Tage in Visitation-House of
Prayer. In der Atmosphäre von Glaube und Lobpreis hat Gott
mich weithin von meinem Ressentiment befreit. Ich bin bereit
zu einer gründlichen Aussprache und ich bete und hoffe, daß
sie in einer Atmosphäre von Gelassenheit und innerem Frieden stattfinden kann. Selbstverständlich ist das Lehrverfahren weiterhin für mich eine harte Bürde, aber ich sehe diese
Bürde, die nicht vom Herrn selbst kommt, als einen gnaden-
vollen Aufruf zur Erfüllung des Gebotes: „So trage einer des
andern Bürde in Erfüllung des Gesetzes Christi" (Gal 6,2).
Und vielleicht wird Gott unsere Aus-Sprache für alle fruchtbar machen.

Um ein fruchtbares Gespräch vorzubereiten, möchte ich so
deutlich als möglich meine Auffassung über „authentisches
Lehramt" darlegen. Alles, was ich hier sage, habe ich mit anderen Worten anderswo geschrieben. Aber ein Gespräch verlangt eine zusammenfassende und klare Grundlage.

Ich spreche zuerst vom amtlichen „Lehramt" des Nachfol-
gers des hl. Petrus und der Nachfolger der Apostel in ihrer
notwendigen Einheit; dann von authentischem und unau-
thentischem Beitrag der Theologen.

Das Magisterium in der Kirche fällt in eines mit dem Auftrag und der Gnade, das Evangelium vom Lebendigen Gott
und vom Auferstandenen Herrn lebendig für alle Völker und
Kulturen zu predigen. Die erste Sorge der Inhaber des Lehramtes kann darum nicht Kontrolle sein, sondern ständige
Treue in lebendiger Verkündigung, die ihrerseits nicht vom
Zeugnis des Lebens getrennt werden kann. Ich erkenne jedoch unbedingt das Recht auf Kontrolle orthodoxen Lehrens

177

in der Kirche an, wenngleich in meiner Überzeugung solche Kontrolle – wie z. B. in einem „Lehrverfahren" radikal dem Auftrag lebendiger Verkündigung unter- und eingeordnet sein sollte.

I. Ich glaube an ein *unfehlbares Lehramt in der Kirche*, genau innerhalb der Grenzen, die vom ersten und zweiten Vatikanischen Konzil in Konfrontation zwischen Maximalisten und Minimalisten festgestellt wurden.

II. *Nicht-unfehlbares* = fehlbares Lehramt

Ich halte die Zweiteilung zwischen einerseits unfehlbarem und anderseits authentischem Lehramt nicht für hinreichend und nicht für glücklich. Jemand könnte sogar den bösen Einfall haben, daß bei dieser Einteilung das unfehlbare Lehramt nicht als authentisches Lehramt angesehen werden kann oder muß. Für mich ist in der unfehlbaren Ausübung des Lehramtes Authentizität der Lehre im höchsten Maß garantiert.

Im Raum des „nicht-unfehlbaren Lehramtes" ist die Frage nach der Authentizität eine entscheidende Frage. Unter Authentizität verstehe ich das gleiche wie die deutschen Phänomenologen unter dem Wort „echt". Ich möchte die Ausübung des von Christus empfangenen Lehrauftrags im Blick auf Authentizität (Echtheit) in drei Kategorien unterteilen:

1. Authentisch in jeder Hinsicht:

a) In Inhalt und Form der Aussage ein echtes Spiegelbild des Evangeliums, in höchstem Maß Ausdruck schöpferischer *Treue*, in totaler Offenheit aller Beteiligten für die Führung des Heiligen Geistes,

b) in voller Harmonie mit dem Zeugnis des Lebens und der dementsprechenden Bereitschaft zu einer Synthese zwischen ständiger persönlicher Bekehrung und ständigem Bemühen um institutionelle Erneuerung

c) echt-authentisch im Zustandekommen der Lehraussage beziehungsweise der Durchführung eines Lehrverfahrens in bezug auf die Reinheit der Motive aller Beteiligten: eine echte Widerspiegelung der Seligpreisung „Selig die reinen Herzens sind; denn sie werden Gott schauen" („kennen"),

c) echt-authentisch nicht nur im Blick auf einen losgelösten Schrifttext (Beweisstelle), sondern im Blick auf die gesamte Sendung der Kirche, insbesondere im Blick auf das umfassende Zielgebot: „Seid barmherzig wie euer himmlischer Vater" (Lk. 6,36); echt in der Ganzheitsschau, die so entscheidend ist für die Erfüllung des Auftrags der Evangelisation.

d) echt-authentisch im Glauben an den Heiligen Geist, der in allen, durch alle und für alle wirkt; darum echt durch Einschluß der verschiedenen theologischen Schulen und durch den Ausschluß jedes fanatischen „Schulgeistes" (einer Schule gegen andere, wie es so oft in der Kirchengeschichte der Fall war); echt im Sinne der Katholizität, wie sie das Pfingstereignis vorausverkündet: in der Offenheit für die verschiedenen Kulturen und die verschiedenen Generationen; im geduldigen Einbringen der Erfahrung und solidarischen Reflexion der ganzen Kirche – der ganzen Christenheit. Echt im zuversichtlichen Ja zu jener Verschiedenheit, ohne welche eine Einfleischung des Evangeliums in der gesamten Welt undenkbar ist,

e) echt in der Bereitschaft, mit dem Herrn die Geschichte als Exodus-Kirche als Pilgerkirche zu leben, in der Bereitschaft, die Grenzen der Sachkenntnis zuzugestehen, und nicht glauben, jederzeit eine letztgültige Antwort auf alle Fragen geben zu können oder geben zu müssen,

f) echt in der Bereitschaft, frühere Irrtümer – nicht nur der Toten – offen zuzugestehen, einschließlich von weniger echten-authentischen Weisen, Lehrdokumente zu erstellen – z.B. die Art und Weise, in der die Erklärung des Hl. Offiziums über das Komma Joanneum zustande kam, als alle gebildeten Exegeten klaren Bescheid hätten geben können.

2. Unvollkommene Weisen der Authentizität in der Ausübung, in dem Maße als irgendeine oder mehrere der oben genannten Bedingungen vollkommener Authentizität fehlten, jedoch ohne persönliches oder kollektives Verschulden, sondern nur aufgrund der menschlichen Unvollkommenheit, die auch die lehrende Kirche in ihrer Tätigkeit affiziert, und zum Teil in der Sünde vieler wurzeln mag.

3. Teilweise inauthentische – unechte – Weisen des Lehrens und Kontrollierens, wenn und insoweit direkte Verstöße gegen die unter 1. dargelegten Qualitäten voller Echtheit-Authentizität vorliegen.

Einige Beispiele für Punkt 3: Die ganze Situation der Kirche, in der mit solcher Feierlichkeit und mit solchem Nachdruck die „direkte Macht der Kirchenfürsten über alle irdischen Bereiche" gelehrt wurde und die damit verbundenen Formen der Kontrolle; die lehramtliche, feierliche Sanktionierung von Hexen- und Ketzer-Verbrennungen; der verbissene Kampf um den Kirchenstaat und scharfe Maßregelungen gegen Theologen, die in Liebe zur Kirche warnten.

Da Theologen weithin mitverantwortlich sind für weniger authentische oder sogar inauthentische Lehrweise muß ich mich bei diesem Anlaß auch über Authentizität oder Unechtheit des Lehrens der Theologen oder besser von einzelnen Theologen und Gruppen von Theologen befragen lassen:

Bedingungen der Echtheit und Treue in der Erfüllung ihres Lehrauftrages und mögliche Sünden dagegen:

1) Theologen müssen Männer des Gebetes sein; sie müssen Beter sein in der Tradition der Propheten des Alten und Neuen Testaments; sie müssen das Beten ständig neu lernen in der Gemeinschaft des Glaubens und mit den „Einfältigen", denen Gott seine Geheimnisse offenbart.

2) Sie müssen ihr ganzes Leben lang fleißig und beharrlich studieren, von Zeit zu Zeit ihre Vorlesungen verbrennen oder vergraben und neu ausarbeiten; sie müssen bereit sein, weiter von andern zu lernen, Kontakt mit der gesamten theologischen Gemeinschaft halten, ganz besonders aber mit der Heiligen Schrift, mit der Gesamttradition der Kirche und mit dem Magisterium; sie müssen von den Humanwissenschaften lernen; denn Theologie ist immer die Triade: Gott kennen in Jesus Christus, den Menschen kennen in Jesus Christus und in der geschichtlichen Realität und Beten lernen.

3) Theologen müssen genau so wie die Inhaber des Lehramtes und ihre unmittelbaren Mitarbeiter ständig über die Reinheit ihrer Motive wachen: „alles zur größeren Ehre Gottes und zum Heil der Menschen"... Sie können schwer sündigen und Theologie beschmutzen durch Feigheit ebenso wie durch Arroganz. Sie können den Zugang zur Wahrheit für sich und andere verstellen durch Streben nach Ämtern und Ehrenstellen oder Ehrentiteln, so radikal vom Herrn verboten. Solche Sünden können institutionalisiert werden, wie ja alle Sünden die Tendenz in sich tragen, sich in der Geschichte „einzufleischen". Ein Theologe oder Gruppen von Theologen werden unauthentisch, wenn sie sich einschüchtern lassen und lieber die Talente schöpferischer Freiheit und schöpferischer Treue zugunsten „ungefährlicher" Wiederholung alter Formeln vergraben, als für die Wahrheit zu leiden.

4) Theologen werden unnütz und unecht nicht nur durch Feigheit, sondern ebenso wenn sie sich verbittern lassen und – anstatt froh die Frohbotschaft zu verkünden – aus Ressentiment und mit Bitterkeit für ihre Sache kämpfen. Ein Theologe kann ebenso Verrat an der Kirche und an der Wahrheit üben, indem er „im Gehorsam" sein Wahrheitsgewissen verleugnet, als wenn er aus übermütigem Ungehorsam einsam seine Wege geht und verbittert kämpft (selbst wenn ein solcher Kampf nötig wäre): denn nur im Frieden Christi kann man authentisch sein, im Leben und im Lernen und Lehren.

Ich wäre dankbar, wenn alle an der Aussprache Beteiligten und alle, die in der Vergangenheit an meinem Lehrverfahren Beteiligten, diese meine Ausführungen im Gebet lesen und betrachten wollten, wie ich sie selbst nach langem Gebet aufgeschrieben habe.

Im Frieden Christi verbleibe ich
Ihr ergebener

Bernhard Häring, C.Ss.R

14

SACRA CONGREGATIO
PRO DOCTRINA FIDEI
Prot. Nr. 13/59   Roma, am 12. Oktober 1978

Hochwürdiger P. Häring,
Ihre beiden Briefe vom 12. Juli und vom 3. August d. J. sind hier in der Kongregation für die Glaubenslehre eingelangt. Sie schreiben darin auch von dem Eindruck, den die vorausgegangenen Schreiben dieser Kongregation auf Sie gemacht haben, und von deren negativen Auswirkungen auf Ihren Gesundheitszustand.

Seien Sie versichert, daß die Glaubenskongregation die Nachrichten über Ihren Gesundheitszustand stets mit Anteilnahme verfolgt hat und Ihnen von Herzen eine definitive Stabilisierung Ihrer Gesundheit wünscht. Das Gespräch mit den Verantwortlichen dieser Kongregation, zu dem wir Sie eingeladen haben, dürfte aber seiner Natur nach nicht Grund für eine Besorgnis oder für eine Beeinträchtigung Ihrer Gesundheit sein, zumal ein solcher Dialog, eine klärende Aussprache von vielen Theologen ja immer wieder gewünscht worden ist.

Es scheint vielmehr im konkreten Fall ein Mißverständnis über das Thema und das Ziel der geplanten Aussprache vorzuliegen. Um das deshalb noch einmal zu präzisieren, sollten darin einige Grundzüge Ihres konkret-praktischen Verhaltens in Bezug auf Äußerungen des Lehramts der Kirche besprochen und geklärt werden, damit Sie immer besser genau das verwirklichen, was Sie in Ihrem letzten Brief von den Theologen verlangen: „sie müssen bereit sein, weiter von andern zu lernen, Kontakt mit der gesamten theologischen Gemeinschaft halten, ganz besonders aber mit der Hl. Schrift, mit der Gesamttradition der Kirche und mit dem Magisterium" (S. 2).

Leider kann in Anbetracht der Sedisvakanz das geplante Gespräch vorerst nicht stattfinden. Sie werden sicher dafür Verständnis haben und in innerer Ruhe warten, bis das Anliegen wieder aufgegriffen werden kann.

Inzwischen empfehle ich mich und vor allem die Gesamtkirche Ihrem Gebet und verbleibe

Ihr im Herrn verbundener

fr. Jérôme Hamer o. p.

Ich bin überzeugt, daß sich die Verantwortlichen der Glaubenskongregation für meine Gesundheit stets und ehrlich interessiert haben. Aber in einem so harten und zähen Lehrverfahren über mein Buch vom „heilenden Dienst" hätten sie auch Abschnitte über den psychosomatischen Einfluß von Dauerspannungen auf einen Kampf gegen Krebsmetastasen beachten können. Selbstverständlich wollte die Glaubenskongregation nicht meiner Gesundheit schaden.

15

SACRA CONGREGATIO
PRO DOCTRINA FIDEI
Prot. Nr. 13/59   00193 Rom, am 1. Februar 1979
                                   Piazza del S. Uffizio, 11

Hochwürdiger P. Häring,
am 12. Oktober vergangenen Jahres haben wir Ihnen mitgeilt,
daß das geplante Gespräch über einige Grundzüge Ihres konkret-praktischen Verhaltens in bezug auf Äußerungen des
Lehramts der Kirche vorerst nicht stattfinden kann. Wir
möchten jetzt das Anliegen wieder aufgreifen und Sie bitten,
sich am *Dienstag, den 27. Februar, um 10 Uhr* hier in der Kongregation für das Gespräch zur Verfügung zu halten.
    In der Hoffnung, daß für Sie der genannte Termin möglich
sein wird, empfehle ich mich Ihrem Gebet und grüße Sie
freundlich,

Ihr im Herrn verbundener
                                   Franc. Card. Šeper
                                   Präfekt

Die letzte Botschaft an mich von der Glaubenskongregation kam am 2. April 1979 als Ostergruß von Kardinal Šeper.

16

SACRA CONGREGATIO
PRO DOCTRINA FIDEI
Prot. Nr. 13/59   den 2. April 1979

Hochwürdigster Pater,
anläßlich der Begegnung am 27. Februar hat Ihnen diese Kongregation die Reserven und Besorgnisse ausgedrückt, die
hervorgerufen wurden durch einige Ihrer Stellungnahmen zu

Lehren, insbesondere in bezug auf die Lehre des Magisteriums.

Das nahe Osterfest gibt mir Gelegenheit zugleich mit dem christlichen Friedenswunsch die Zuversicht auszudrücken, daß Sie der Mahnung dieser Kongregation nachkommen werden, mit dem Magisterium zusammenzuarbeiten für ein besseres und genaueres Verständnis der von der Kirche vorgelegten Lehre.

Die Kongregation möchte hoffen, daß das Vertrauen eine Bestätigung finden werde im 2. Band von „Free und Faithful in Christ", in dem sie, wie es aus dem ersten Band ersichtlich ist, sich anschicken, Probleme der Sexualität zu behandeln, die ein Grund für besonderes Eingreifen dieser Kongregation waren.

Ihr sehr ergebener   Franc. Card. Šeper
                                             Präfekt

Dies ist das letzte Schriftstück, das ich von der Glaubenskongregation erhalten habe. Es wurde mir nie amtlich mitgeteilt, daß das Lehrverfahren gegen mich zum Abschluß gekommen sei.

Wie verlief das Gespräch am 27. Februar 1979?

Ich meine, daß einiges deutlich wird aus dem Brief vom 2. April. Ich kam in gesundheitlich schwer angeschlagenem Zustand zu dem besagten „abschließenden Gespräch". Kardinal Šeper war vorbildlich freundlich. Dagegen ergingen sich Erzbischof Hamer und, wenn auch in weniger heftigem Ton, Msgr. Bovone in scharfem Tadel gegen mich. Sie waren vor allem darüber aufgebracht, daß ich während eines gegen mich schwebenden Lehrverfahrens ihr Dokument „Persona Humana, über einige Fragen der Sexualmoral" öffentlich zu kritisieren gewagt hatte. Ich war nicht in der Lage, sinnvoll zu antworten, da mir der Kopf brummte. Zu Kardinal

Šeper gewandt sagte ich, daß ich die Absicht habe, diese Dokumentation zu veröffentlichen. Er antwortete mit großer Ruhe: „Das dürfen Sie tun!"

Es schwindelte mir, und mit starkem Unwohlsein ging ich aus dem „Palast des Heiligen Offiziums". Aber innerlich war ich froh, nicht dem Servilismus verfallen zu sein.

Hatten Sie während dieser langen Zeit des Lehrverfahrens keinen persönlichen Kontakt mit der obersten Leitung der Glaubenskongregation?

Anfang 1978, kurz nach meiner Rückkehr nach der dritten Kehlkopfoperation, besuchte mich der damalige Unter-Sekretär und heutige Erzbischof und Sekretär der Glaubenskongregation, Alberto Bovone. Er überbrachte mir Grüße von Kardinal Šeper und Entschuldigungen, daß ihn leider andere Verpflichtungen gehindert hätten, mir den geplanten und von den Kardinälen der Glaubenskongregation gewünschten Besuch im Krankenhaus abzustatten. Ich zeigte mich zurückhaltend, einmal wegen des Lehrverfahrens, aber auch deswegen, weil ich erst wieder dabei war, das Sprechen neu zu lernen. Msgr. Bovone lud mich im Namen des Kardinals zu einem freundschaftlichen Besuch im Palast des Heiligen Offiziums ein. Ich reagierte zunächst ablehnend mit der Entschuldigung wegen meiner Behinderung. Doch bald mußte ich mir sagen, daß das eigentlich meiner Option für Gewaltfreiheit widerspreche. Und so nahm ich die Einladung an. An dem Tag, an dem der Besuch stattfand, war ich gesundheitlich in besserer Verfassung und konnte auch wieder einigermaßen sprechen. Das Gespräch war freundlich, ohne Mahnungen.

Sehen Sie einen Zusammenhang zwischen dem heftigen Angriff gegen Sie im „Osservatore Romano" vom 2./3. Januar 1975, S. 1, und dem Lehrverfahren?

Der besagte Artikel war zweifellos die heftigste verbreitete Attacke gegen mich von vatikanischer Seite. Und gerade diesen Angriff hatte ich keineswegs „verdient". Der Journalist F. De Sanctis hatte am 27. Dezember 1974 einen Artikel veröffentlicht, in dem er Papst Paul VI. mangelnde Kohärenz in Fragen des Ökumenismus vorwarf. Gegenüber einem seiner Kollegen beklagte ich dies. Darauf rief mich De Sanctis telephonisch an, um sich zu rechtfertigen. Im Verlauf des Gespräches machte ich die Bemerkung, daß ein Papst auf Mitarbeiter angewiesen ist und daß nicht alle Texte gleich geglückt ausfallen können. Daraus machte De Sanctis – unautorisiert und ohne mich zu fragen – ein Interview mit dem Titel: „Nicht immer kann Papst Paul VI. sagen, was er will." Darauf erschien am 2. Januar auf der ersten Seite des „Osservatore Romano" ein scharfer Artikel gegen mich, in dem stand, ich hätte behauptet, daß nicht alle Reden vom Papst selber ausgearbeitet würden. Tags darauf wurde ich von Erzbischof Augustin Mayer, damals Sekretär der Kongregation für die Ordensleute, vorgeladen. Er erfüllte sein Soll, ja Übersoll an heftigen Verweisen, bevor er mich sprechen ließ. Darauf erklärte ich in einem sachlichen Brief an Kardinal-Staatssekretär Villot den Sachverhalt. Villot erwiderte freundlich. Und damit schien die Sache erledigt zu sein. Auch bei diesem Anlaß erwartete man von mir demütige Entschuldigungen, aber niemand entschuldigte sich, daß man geurteilt hatte, ohne mich vorher anzuhören.

Welche Reform der Glaubenskongregation würden Sie nach all ihren Erfahrungen vorschlagen?

Als Kardinal Frings in Sankt Peter vor der ganzen Konzilversammlung sagte, daß das Heilige Offizium ein Skandal für die ganze Christenheit sei, bestürmten mich während der anschließenden Pressekonferenz die englisch sprechenden Journalisten, welche Reform ich vorschlagen würde. Ich antwortete mit dem einen Wort „Discontinuity" – Diskontinuität, meinte jedoch nicht, wie große Zeitungen mehrerer Länder behaupteten, einfachhin eine Abschaffung. Ich meinte und meine auch heute noch, es bedürfe einer zeitweisen Unterbrechung, um von der Vergangenheit Abstand zu gewinnen, sie gründlich auszuwerten und zu verarbeiten.

Zudem bedarf es neuen Weins in neue Schläuche. Bloße gute Vorsätze und Ermahnungen helfen nicht auf lange Sicht. Es bedarf neuer Strukturen, und man braucht Männer und Frauen, die sozusagen aus der vordersten Front der Heilssorge kommen und dahin zurückkehren wollen. Es bedarf stets einer Zuführung neuen Blutes. Gewisse Dinge darf es einfach nicht mehr geben. Ich nenne nur eins: Hätten die anonymen Verfasser der Anklageschriften dafür öffentlich und in Konfrontation mit mir geradestehen müssen, so hätten sie sich keinen solchen Jargon erlaubt.

Das glaubwürdige Verkünden, das Glaubenszeugnis sind grundlegend für die Bewahrung des reinen Glaubens. Darum halte ich für eine solche Institution vor allem Frauen und Männer für notwendig, die sich als Verkünder und Zeugen des Glaubens bewährt haben.

Soll es noch gesagt werden, daß eine solche Institution Frauen und Männer aus allen bedeutsamen theologischen Schulen und verschiedenen Kulturen braucht?

187

*Hatten Sie nach 1979 keine Beanstandungen oder Schwierig-
keiten mehr von seiten vatikanischer Behörden?*

Von 1979 bis 1982 war ich im Krankenstand und die
meiste Zeit von Rom weg. 1982/83 zeichnete sich jedoch wieder eine dunkle Wolke ab. Zum 25jährigen Bestehen der „Academia Alfonsiana" schrieb ich in „Studia
moralia" (20, 1982, S. 29–66) einen Artikel mit dem Titel „25 Jahre Sexualethik". Am 20.12.1982 übersandte
die Studienkongregation durch den Großkanzler der
Lateran-Universität, Kardinal Ugo Poletti, der „Academia Alfonsiana" eine lange, verheerende Besprechung
meines Artikels, die offenbar nicht nur gegen mich,
sondern auch gegen die „Accademia Alfonsiana" gezielt
schien. Es finden sich darin die gleiche Sprache, der
gleiche Jargon, die gleichen Unterstellungen wie in den
Annexen zu meinem Lehrverfahren.

Ich nahm auf eigene Faust den Kampf auf, verlangte
energisch eine Konfrontation mit dem „Experten". Als
keine Antwort kam, sprach ich persönlich vor. Danach
schrieb ich eine gründliche Analyse über die Art des „Experten", Unterstellungen und Alarmrufe zu vermischen.
Kurze Zeit darauf erschien eine höchst lobende Besprechung der italienischen Ausgabe meines dreibändigen
Werkes „Frei in Christus" im „Osservatore Romano". Die
Sache ist bereinigt, und unsere Beziehungen zur Studienkongregation waren und sind, wie mir scheint, als gut zu
bezeichnen. Darum möchte ich zu diesem Komplex hier
keine Dokumentation veröffentlichen. Die Dinge sind ja
erledigt. Erwähnenswert ist vielleicht, daß der „Experte",
der die Rezension für die Studienkongregation ausgearbeitet hat, dabei eine Rückkehr zum Augustinischen Verständnis der Sexualmoral als erwünscht hinstellt. Ich
kenne seinen Namen nicht.

Aktuelle Fragen

Kardinal Siri gehörte zu denen, die von den AIDS-Betroffenen sagen: „Gott hat euch gestraft!" Wie denken Sie darüber?

Gott sei Dank, ist solches Richten heute in der Kirche die Ausnahme. Papst Johannes Paul II. hat ganz anders gesprochen, voll Mitgefühl, ohne jeden Ton des Richtens.

Wir alle sind auf Gottes Barmherzigkeit, auf seine heilende Liebe angewiesen. Gewiß, auch uns treffen bisweilen die Folgen unserer eigenen Sünden und der Sünden anderer einfach durch eine Verkettung der Ursächlichkeit. Dies gehört nun einmal zur Wirklichkeit einer unvollkommenen Schöpfung. Die Natur schlägt bisweilen zurück. Doch Gott schlägt nicht zurück. Das sagt uns das Leiden des gewaltfreien Gottesknechtes am Kreuz. Er hat nicht Schmähung mit Schmähung beantwortet. Er sagt uns nachdrücklich: „Ich bin nicht gekommen zu richten, sondern zu heilen." Jesus selbst befragt diese richtenden Kirchenmänner: Habt nicht auch ihr gesündigt, vielleicht sogar schwerer? Wer andere selbstgerecht richtet, muß sich vom Herrn sagen lassen: „Denkt nicht, daß jene ... größere Sünder waren als andere! Nein! Wenn Ihr euch nicht bekehrt, rennt ihr ins Verderben" (vgl. Lk 13,3–5). Solch ein Richter richtet sich selbst zugrunde. Und wenn einmal solche Richter selbst von Leiden hart betroffen werden, müssen sie sich zwangsläufig fragen: „Für welche Sünde hat Gott mir diese Strafe geschickt?"

Es besteht immer noch eine Tendenz, Versagen auf dem Gebiet der Sexualmoral schärfer zu beurteilen als etwa Sünden gegen die Gerechtigkeit und den Frieden oder gar die Sünde der Selbstgerechtigkeit. Zudem ist noch zu vermerken, daß gar manche von AIDS angesteckt sind ohne irgendeine Sünde gegen die Keuschheit, z. B. durch eine Bluttransfusion.

Die AIDS-Infizierten haben wie alle Kranken ein Recht auf unser Mitgefühl und, soweit es uns möglich ist, auf unseren Beistand. Auf keinen Fall dürfen wir diese Menschen wie Aussätzige behandeln oder brandmarken. Es gilt, einen Ausgleich zu suchen zwischen den gesetzlichen oder freiwilligen Maßnahmen, um die Ansteckung anderer zu vermeiden und andererseits die Betroffenen nicht unnötig zu belasten oder auszugrenzen.

Ich finde es auch hart, wenn Kasuisten schnell zuhand sind, den von AIDS Betroffenen in der Ehe absolute Enthaltsamkeit aufzuerlegen. Es ist mir klar, daß voreheliche Keuschheit, die Vermeidung jeglicher Promiskuität und absolute eheliche Treue ganz entscheidende Voraussetzungen sind zur Überwindung von AIDS. Aber von den von AIDS betroffenen Ehemännern durch strenges Verbot des Kondoms absolute Enthaltsamkeit einzufordern, kann schmerzliche Folgen haben. Wenn auch eindeutig davor zu warnen ist, sich bei homosexuellem Verkehr auf das Kondom zu verlassen, da beim analen Sexualakt Kondome leicht zerreißen, so ist es doch anders beim normalen ehelichen Verkehr. Man soll in diesen heiklen Fragen den Eheleuten einen Raum für Selbstentscheidung überlassen.

Es gibt auch Priester, die sich AIDS zugezogen haben. Sollte man diese Fälle zur Vermeidung von Ärgernis nicht unbedingt geheim halten?

In allen Fällen sollte man AIDS-Kranke nicht öffentlich bloßstellen. Aber den Anschein erwecken wollen, daß keinem Priester so etwas zugestoßen sei, ist unehrlich. Ich stand selbst lange Zeit im Briefwechsel mit einem angesehenen, opferbereiten Priester, der sich eine AIDS-Ansteckung zugezogen hatte. Er hat sich den Sinn des Leidens gläubig erschließen lassen und hat schließlich ganz auf eigenen Antrieb den Bischof vor seinem Tod gebeten, es beim Begräbnis oder sonstwie klar zu sagen, daß er an den Folgen von AIDS gestorben sei. Auch ein anderer Priester, der von sich aus Kontakt mit mir aufgenommen hat und mit mir in Beziehung blieb, starb in vorbildlicher Ergebenheit und mit großem Gottvertrauen. Ich meine, es ist gut, diese Dinge auszusprechen, frei von allem Richten, um so den anderen AIDS-Kranken oder sonstwie, z. B. von einem Krebsleiden, schwer Betroffenen Mut zu machen.

Als Kehlkopfloser habe ich viel Verbindung mit Leidensgenossen. Die meisten waren Kettenraucher. Immer wieder stößt man auf die leidvolle Frage: „Warum hat mich der Schöpfer so hart bestraft?" Im Vorfeld eines tieferen Gespräches merke ich an, daß ich das gleiche Leiden habe, ohne jemals geraucht zu haben, und daß doch viele Raucher eben nicht vom Krebs betroffen sind. Dann gilt es aber grundsätzlich im Blick auf das Buch Ijob und andere Teile der Bibel eindeutig zu sagen: Lassen wir die Schuldfrage hinter uns, richten wir andere und auch uns selbst nicht durch Richten zugrunde! Geben wir im Blick auf das Kreuz dem Leiden, ganz gleich, wie es auf uns zukam, den richtigen

Sinn. Und haben wir uns eben doch Vorwürfe zu machen, wenden wir uns reuevoll, aber auch voller Vertrauen Gott zu und preisen ihn für sein Erbarmen und danken ihm, daß unser Leiden vom Leiden Christi her letzten Sinn bekommt.

In Italien weigern sich Bischöfe und Priester wie auch eine wachsende Zahl von Laien, den Steueranteil zu zahlen, der für Rüstung ausgegeben wird. Was meinen Sie dazu?

Meines Wissens war Bischof Hunthausen von Seattle in den USA der erste Bischof, der beim Zahlen seiner Steuer jeweils den Prozentsatz zurückhält, der für Rüstung ausgegeben wird. Er tat das nicht etwa insgeheim, um Steuern zu hinterziehen, sondern unter öffentlicher Erklärung seiner Beweggründe. Er gehört zu den vielen Bischöfen, die überzeugt sind, daß unter den heutigen Verhältnissen der Krieg und auch die Vorbereitung des Krieges geächtet werden müssen. Es gibt die Alternative gewaltfreier Verteidigung als Teil des umfassenderen Planes, wonach Erziehung und Politik das Ziel einer gewaltfreien Weltkultur anstreben müssen.

In Italien nimmt die Zahl der Bischöfe und Priester, die der gleichen Auffassung sind, ständig zu. Unser Ziel ist, solche Gewissensweigerung durch ein echt demokratisches Gesetz zu überholen, das jedem Bürger und jeder Bürgerin das Recht zugesteht, zu Beginn jedes Kalenderjahres zu erklären, ob ihr prozentueller Steueranteil für das Militär oder aber für die Umstellung auf gewaltfreie Verteidigung dienen soll. In diesem Zusammenhang arbeiten wir auch darauf hin, daß jeder junge Mann in voller Freiheit entscheiden kann, ob er seine Dienstzeit im alten Verteidigungssystem oder aber im Dienste der geistigen, strategischen und taktischen Vorbereitung der sozialen gewaltfreien Verteidigung leisten will. In diesem Fall könnten sich auch Frauen für eine Dienstzeit zur Förderung einer gewaltfreien Weltkultur und Umstellung auf gewaltfreie Verteidigung melden. Damit wäre ein entscheidender Schritt zu echter Demokratie hin getan.

Solange unsere Regierungen noch den „Nuklearschild" zur Verteidigung aufrecht erhalten wollen, ist der Begriff Demokratie sehr zerbrechlich, ja ausgehöhlt. Was bedeutet es schon, wenn wir Parteivertreter wählen können, während „im Notfall" der Parteigeneralsekretär in Moskau oder der Präsident der USA nach Beratung mit wenigen Generälen den Einsatz und/oder die Eskalation einsam entscheiden können – eine Entscheidung, die dann allzuleicht zur Vernichtung allen Lebens auf unserem Planeten führen könnte! Gegen solche Eventualitäten müssen wir uns verteidigen, in der Bereitschaft, alle Grundrechte aller Menschen durch gewaltfreie Methoden zu verteidigen. Die Verweigerung der Steuer oder/und des Militärdienstes aus Gewissensgründen ist nur ein Schritt zu einem umfassenderen Ziel.

Ich halte diese Art der Gewissensweigerung als Ausdruck des gewaltfreien Protestes gegen Waffenhandel und Rüstungsindustrie und als demokratischen Schritt auf rein gewaltfreie Verteidigung hin für sinnvoll und unanfechtbar, da dem Fiskus nichts verweigert wird, kein eigener Vorteil gesucht wird. Die entsprechende Summe wird einem Fonds überwiesen, über den in Italien der Staatspräsident verfügen kann in Hinsicht auf die Forschung bezüglich gewaltfreier Verteidigung und ähnliches. Daß sich auch Bischöfe und Teile des Klerus daran beteiligen, ist besonders erfreulich.

Kann man heute angesichts der schaudererregenden Waffensysteme und insbesondere der Gefahr nuklearer Eskalation noch die Theorie vom „gerechten Krieg" aufrechterhalten?

Der Hirtenbrief der USA-Bischöfe über die Herausforderung des Friedens kommt durch eine sorgsame Analyse der Bedingungen eines gerechten Krieges zum einleuchtenden Schluß, daß man sich heute einen gerechten Krieg nicht mehr vorstellen kann; denn daß die Folgen eines Krieges zwischen hochbewaffneten Großmächten dem Prinzip der Proportionalität gemäß sein könnten, ist undenkbar: Die Schäden moralischer und materieller Art, der Verlust an Leben sind so groß, daß gesuchte Vorteile kaum mehr ins Gewicht fallen. Außerdem sind im modernen Krieg nicht mehr die Soldaten die Hauptopfer. Der Anteil der Getöteten und Verkrüppelten aus der Zivilbevölkerung war schon im Koreakrieg ein Vielfaches gegenüber den gefallenen Soldaten.

Schon Erasmus von Rotterdam hat in seinem Buch „Querela pacis" gezeigt, daß sich praktisch keiner der ihm bekannten Kriege nach dem von gesunder Theologie aufgestellten Maßstab als gerecht bezeichnen konnte.

Wahre Freiheit und Gerechtigkeit lassen sich ohnehin durch einen Krieg nicht verteidigen. Es ist meine feste Überzeugung, die ich in meinem Buch „Heilkraft der Gewaltfreiheit" (Düsseldorf) darzulegen versuchte, daß es eine Alternative gibt, die tatsächlich der Freiheit und der Gerechtigkeit für alle dient; eben die soziale gewaltfreie Verteidigung, die gar nicht denkbar ist ohne den Sinn für Gerechtigkeit für alle und eine weltumfassende Solidarität. Lernen wir im Zeitalter der nuklearen Vernichtungswaffen nicht die Umstellung und Bekeh-

rung zur Gewaltfreiheit und damit den energischen
Einsatz für Gewaltfreiheit, gewaltfreie Entfeindungsliebe, so steht es mit den Chancen der Menschheit
schlecht und noch schlechter mit der Glaubwürdigkeit
der Kirche. Was sollen wir von einer Kirche sagen, die
das Verbot künstlicher Empfängnisregelung als absolut und ausnahmslos einschärft und mit allen denkbaren Sanktionen durchzusetzen versucht, während sie
auch angesichts der Gefahr der nuklearen Eskalation
das Tötungsverbot so lax auslegt, daß noch immer an
der Idee des gerechten Krieges festgehalten werden
kann?

*Was bedeutet Friede in einer biblisch begründeten Moraltheolo-
gie?*

Vor vierzig Jahren nahmen wir es noch als normal hin,
daß in den Handbüchern der Moral vom Frieden nur in
einem Kapitel mit der Überschrift „Vom Kriegsrecht
des Staates" die Rede war. Die biblisch erneuerte und
für die Zeichen der Zeit wache Moraltheologie behandelt das Friedensthema als ganz zentrale Sicht, als kostbare Gabe und dringendste Aufgabe aller Christen,
selbstverständlich ganz besonders derer, die in politi-
scher Verantwortung stehen.

Friede ist in alttestamentlicher Sicht das von Gott gewollte und angebotene Wohlergehen des ganzen Volkes, aller Menschen, das Ja zum Bund, zur Solidarität,
zu ständig wachsender Gegenseitigkeit. Friede hat auch
mit leiblichem Wohlergeben zu tun, das heile und heilende menschliche Beziehungen in der Familie, im
Stamm, im ganzen Volk voraussetzt.

Unversöhnlichkeit, Groll und Haß sind Feinde des
Friedens, Feinde der Menschlichkeit. Die Gottesgabe

des Friedens, wie sie sich in Jesus Christus vollkommen offenbart, umfaßt unermüdliche Entfeindungsliebe, die dem allbarmherzigen Gott und Heiland nacheifert. Sie ist der Prüfstein der Echtheit der Gottesliebe und der Christusnachfolge.

Es gibt kein anderes Evangelium als das des Friedens. Darum kann es keine echt christliche Moral geben, solange nicht die Friedensbotschaft allüberall gegenwärtig ist und alles durchdringt.

Wie verhält sich die Bildung eines ökologischen Bewußtseins und Gewissens zum Evangelium und der Moral des Friedens?

Der große Physiker, Philosoph und Friedensforscher Carl Friedrich von Weizsäcker hat die Kirchen zu einem großen Friedenskonzil aufgerufen. Der Ausdruck Konzil sollte zu bedenken geben, daß Christus, unser Friede, der Kirche vor allem den Auftrag gegeben hat, den Frieden zu bezeugen und zu verkünden und alle Menschen guten Willens unermüdlich zum Frieden und zu allem, was zum Frieden führt, zu ermuntern. Wären das Evangelium und die evangelische Haltung der Friedfertigkeit und des Einsatzes für den Frieden in der Christenheit lebendig geblieben, so wäre es nicht zu den tiefgreifenden, schmerzlichen und für die ganze Menschheit unendlich schädlichen Trennungen und Verfeindungen zwischen den Teilen der Christenheit gekommen. So scheint es in der Logik des Evangeliums des Friedens zu liegen, daß die Christenheit zu ihrer Einheit und zur solidarischen Erfüllung ihrer Weltsendung sich auf einem Friedenskonzil zusammenfinden sollte, um gemeinsam ihre Sünden gegen den Frieden zu bereuen und sich gemeinsam zu ihrem Herrn, der unser Friede ist, zu bekehren. Es geht in der Friedensfrage um das Überleben der Menschheit, aber zugleich auch um Glaubwürdigkeit und Zukunft der Christenheit.

Der Name „Friedenskonzil" schien auch mir durchaus angemessen. Aber – um nicht Zeit mit Streit um einen geschichtlich gewordenen Begriff zu verlieren – auch jede andere Bezeichnung ist brauchbar, sofern sie die Bedeutsamkeit eines solchen Ereignisses und seine zentrale Aufgabe sinnvoll zum Ausdruck bringt. So spricht man jetzt von der Weltversammlung mit den drei sich bedingenden und ergänzenden Themen: 1. Friede im vollsten Sinn; Dringlichkeit des Friedens unter den Völkern, 2. Friede als Frucht und Werk der Gerechtigkeit, Friede der Reichen mit den Armen, der ersten und zweiten Welt mit der dritten Welt, 3. Friede mit der uns von Gott anvertrauten Schöpfung. Letzteres ist das gleiche wie ein tief verwurzeltes ökologisches Bewußtsein und Gewissen.

Wie hängt die von Ihnen so sehr betonte Gewaltfreiheit und gewaltfreie Weltkultur mit Gerechtigkeit und ökologischem Gewissen zusammen?

Ich sehe ganz ähnlich wie Gustavo Gutiérrez den Schlüsselbegriff in der Erfahrung der Gratuität.

Solange und soweit der Mensch sich selbst, den andern/die andere und alles Geschaffene als Geschenk Gottes erfährt und ehrt, ist die Erde für ihn ein Paradies. Es blühen auf ihr Gewaltfreiheit, Friede, Gerechtigkeit und frohmachende Zusammengehörigkeit. Der Mensch ißt für sich jedoch den Tod und treibt sich aus dem Paradies aus, wenn er vom „verbotenen Baum ißt". Was bedeutet das? Er eignet sich, nur sich selbst sehend, an, was Gott, der Schöpfer, für alle als Geschenk geschaffen hat. Er stiehlt Gott die Gabe und die Ehre. Was nach Gottes Plan die Menschen vereinen soll, entzweit sie jetzt. Essen sie das Brot, genießen sie die Früchte der Erde gemeinsam im Füreinander und Miteinander, da ist Frieden, Danksagung, wahrer Gottesdienst. Wo aber individuelle und kollektive Selbstsucht herrscht, da verliert der Mensch den Sinn für die Geschenkhaftigkeit seines eigenen Daseins und aller Dinge, vor allem aber sieht er im andern und in der andern den Rivalen, und die Rivalin, er stößt sich an der Andersheit. Er verarmt jämmerlich und steckt damit auch die andern und seine Umwelt an. Die ganze Schöpfung seufzt und jammert über diesen Zustand der Nachäffung in der Besitzgier.

Die von Gott gewollte Urerfahrung zwischen Mann und Frau, Adam und Eva, ist die Freude aneinander, das Erfahren, daß sie sich von Gott her einander gerade auch in der Andersheit und Komplementarität geschenkt sind. Jeder Mann sollte sich im Gegenüber mit der Frau als „Theodor" (Gottes Geschenk) und jede Frau als „Dorothee" (Geschenk Gottes) erfahren. Sobald aber Mann und Frau sich anstecken in der Undankbarkeit, in der Weigerung, alles Geschaffene als Geschenk Gottes für sich und alle zu ehren, da fangen sie an, einander die Schuld zuzuschieben. Hat ursprünglich, im ursprünglichen Plan Gottes, Adam gejubelt über Eva, die ihm Gott nach dem innersten Sehnen seines Herzens („aus seiner Rippe") zugeführt hat, nimmt jetzt die verächtliche Schuldzuweisung überhand. Die Sünde schlägt zurück und weitet sich aus im Verlangen des Mannes, über die Frau zu herrschen, sie als Ding zu behandeln, als ob sie nicht mehr ein Geschenk Gottes in ihrer Ebenbürtigkeit wäre. Mit dem Verlust der Grunderfahrung der Gratuität sind alle Grundbeziehungen zwischen den Menschen, den verschiedenen Gruppen und zwischen Mensch und Schöpfung zutiefst gestört. Aus dem Paradies ist ein Kampffeld mit Dornen und Disteln, mit vergifteten menschlichen Beziehungen geworden. Die ersten Kapitel des Buches Genesis bis zur Geschichte der Sintflut sind eine ergreifende bildhafte Darstellung dieser Erfahrung.

Christus, der gewaltfreie Gottesknecht, empfängt seine Menschennatur, seine Solidarität mit allen Menschen einschließlich seiner Leiblichkeit, ganz und gar als Geschenk. Er sieht auch uns Sünder, uns alle als Geschenk: „Siehe, hier bin ich und die Kinder, die Gott mir geschenkt hat" (Hebr 2, 13). „Einen Leib hast du mir bereitet ... siehe, ich komme, deinen Willen zu tun" (Hebr 10, 5–7).

Nur eine Kriege rechtfertigende und dem Friedensevangelium entfremdete Theologie konnte die Erlösung als Opferwerk zur Besänftigung eines von der rächenden Gerechtigkeit erfüllten Gottes mißdeuten. So ging auch der Eucharistie, der Feier des Friedens und dem stets erneuerten Gelöbnis zum Bund des Friedens das Herzstück weithin verloren.

Ich sehe es im Blick auf Friede und Gewaltfreiheit so: Am Kreuz hat Jesus, unser Friede, sein ganzes mit der Gottheit vereintes menschliches Dasein als Gabe dem Vater zurückgegeben, in uneingeschränkter, alle Feindschaft überwindender Liebe, in der Kraft des Heiligen Geistes, der das ewig waltende Ereignis der gegenseitig sich schenkenden Liebe zwischen Vater und Sohn ist. In der Eucharistie ist Jesus nicht nur „substantiell" gegenwärtig; er ist es ganz und gar als Gabe des Vaters und Gegengabe für uns in der gleichen Kraft des Heiligen Geistes wie im Ostergeheimnis des Todes und der Auferstehung. Er schenkt sich uns in der Kraft des gleichen Heiligen Geistes, und er schenkt uns zugleich den Heiligen Geist, auf daß auch wir ganz zur Gegengabe werden für Gott den Vater und für unsere Mitmenschen, bereit zur heilenden, rettenden, alle Feinschaft überwindenden Liebe, für das Evangelium des Friedens.

Jesus schenkt sich in der Eucharistie unter der Gestalt der grundlegendsten Gaben der Erde, Brot und Wein, auf daß wir wieder alles als Gottes Geschenk betrachten, ehren und gebrauchen in erlöster, heilender Gegenseitigkeit.

So feiern wir in der Eucharistie das Friedensevangelium und erfahren die Paraklesis, die göttliche Ermutigung und Ermächtigung, Kinder Gottes zu sein und stets besser zu werden im Dienst am Evangelium des Friedens.

Und eben dieses Friedensevangelium, erfahren in der höchsten Weise der Gratuität, macht uns zu Friedensdienern und -dienerinnen und zugleich zu Aposteln eines erneuerten ökologischen Bewußtseins.

Wenn ich Sie recht verstanden habe, gehört also die Frage nach der Rolle der Frau in Ehe und Familie, in Kirche und Welt ganz zentral zum Evangelium des Friedens und der Erlösung.

Ich sehe das durchaus so. Die „Männerkirche" muß sich darüber wohl noch viele Gedanken machen. Das einseitige Herrschen des Mannes ist Kernausdruck des Sündenfalls und eine ständig neue Giftquelle der Gewalttätigkeit in der Welt. Die Kirche hat wohl im Verlauf aller Jahrhunderte Maria als großes Geschenk Gottes angenommen – und das hat sie vor vielen Verirrungen bewahrt. Aber die Männer in Führungsstellen der Kirche haben oft und in vieler Hinsicht das Anderssein der Frau und ihre Ebenbürtigkeit nicht angenommen. Die Frau wurde gepriesen wegen ihrer Bereitschaft zum Dienen, aber die Männer haben sie nicht als Modell für ihre eigene Stellung als „Diener" angenommen. Man hat über Fraulichkeit und Sexualität gesprochen, ohne den Frauen der Kirche zu gestatten, ihr Wort offen zu sagen, ihren Beitrag einzubringen. Insgesamt ist wohl – leider – zu sagen: die Frau wurde in der Kirche nicht (genügend) gehört.

Sind Sie der Meinung, daß der Frau auch das Weihepriestertum zugänglich gemacht werden könnte und sollte?

Ich gebe dieser Frage für das Hier und Heute keine Priorität. Die Zeit scheint mir noch nicht gekommen zu sein, in der wir mit aller Gelassenheit und im Frieden darüber überlegen oder streiten könnten. Die Kirche ist noch viel zu sehr klerikalisiert, als daß echter Lebensraum für Frauen im Priesteramt garantiert werden könnte. Zudem ist die Ablehnung der Frauenordination in den Orthodoxen Kirchen noch fast allgemein, und zwar sehr nachdrücklich. Ich glaube, daß das dort kein Ausdruck einer Frauenverachtung oder Frauenfeindlichkeit ist. Man bedenke, wie angesehen in den orthodoxen Kirchen die Pfarrersfrau ist. Die Orthodoxen sind weithin auch bereit, Frauen die Diakonatsweihe und eine entsprechende Rolle in ihren Kirchen zu geben. Da sie jedoch nie eine der römischen Kurie vergleichbare zentrale Kirchenleitung hatten und eine solche von ihrem Kirchenverständnis her auch nicht wollen, tun sie sich außerordentlich schwer, die seit jeher geltende Kirchenordnung und -tradition zu ändern. Dies muß durchaus ernst genommen werden. Da die römisch-katholische Kirche den orthodoxen Kirchen so

nahe steht und auch ökumenisch wieder nahe gekommen ist, sollte eine Frauenordination in diesem Moment einfach zurückgestellt werden. Unterdessen bringen die aus der Reformation hervorgegangenen Kirchen und die anglikanische Kirchengemeinschaft ihre
Erfahrungen ein, die nach dem Urteil vieler sehr positiv
sind und noch positiver werden können.

Folgende Schritte können und müssen m. E. unverzüglich eingeleitet werden: Die Laien insgesamt und
dabei ganz besonders die Frauen sollen in den Ent-
scheidungsgremien auf allen Ebenen voll und ganz mit-
sprechen und mitentscheiden, da doch fast alle Entscheidungen ebensosehr die Frauen wie die Männer
betreffen. Es geht also um eine vordringliche Entkleri-
kalisierung.

Frauen, einschließlich bedeutender Vertreterinnen
der feministischen Theologie, sollen auch in der Glaubenskongregation und in allen theologischen Kommissionen auf niedrigerer Ebene hinreichend vertreten
sein. So sollen also die Männer in der Kirchenführung
deutlich machen, daß es ihnen nicht um Vorherrschaft
zum Schaden der Frau, sondern um Sensitivität für eine
lange unangefochtene Tradition geht.

Frauen selbst und Fraulichkeit sollen in allen Überlegungen ihrer Sexualmoral auf ganz neue Weise gehört
und eingebracht werden. Denn es läßt sich doch wohl
nicht leugnen, daß die zölibatäre Männerkirche seit
Gregor von Nyssa über Augustinus und Thomas bis
zur Enzyklika „Casti connubii" und bis heute nur aus-
gesuchte Ja-Sagerinnen gehört hat, und selbst diese nur
sehr selten.

Dann würde ja die Amtskirche über diese Geschichte eine sehr ernste Trauerarbeit leisten und auch die Frauen demütig um Verzeihung bitten?

Ich meine, dies gilt nicht nur für die hohen Amtsträger, sondern auch für uns Theologen. Gerade auch die Theologen haben im Verlauf der Geschichte und bis auf den heutigen Tag Aussagen über die Frau und ihre Stellung in Kirche und Welt gemacht, die uns die Schamröte ins Gesicht treiben müßten. Da gibt es wahrhaftig keinen Grund und keinen Raum mehr für Triumphalismus. Redeweisen wie: „Die Kirche hat schon immer die Würde und Gleichberechtigung der Frau verteidigt", sind einfach nicht möglich. Gewiß gab es Männer, die es zum Teil getan haben, doch hatten sie dafür ihren Preis zahlen müssen oder wurden nicht gehört. Es sind auch durchaus einige lobenswerte Fortschritte erzielt worden. Ich verweise auf die Erklärung der hl. Teresa von Ávila von der hl. Katharina von Siena zu Kirchenlehrerinnen durch Paul VI. Diese Tatsache ist vielleicht noch nicht genügend gewürdigt worden. Man bedenke jedoch, wie bis auf unsere Tage die Ordensfrauen und Frauenorden bevormundet wurden, und zwar oft in herrischer Weise. Noch während des Zweiten Vatikanischen Konzils gelang es nicht, Ordensfrauen in die Konzilskommission für die Ordensleute einzubeziehen. Der Präsident dieser Konzilskommission antwortete auf entsprechende Petitionen, daß man dies beim dritten oder vierten Vatikanischen Konzil vielleicht erwägen könne – fest überzeugt, daß es beim Zweiten Vatikanischen Konzil bleiben werde.

Das Große Seminar in Rom war bis in die Zeit des Konzils hinein ein trauriges Symbol. Studenten (Seminaristen, Priesteramtskandidaten) durften keinen Besuch von ihren leiblichen Schwestern empfangen. Vater und Mutter durften sie nicht gemeinsam besuchen. Auch Ordensschwestern sollten im Seminar nicht anwesend sein, nicht einmal zur Krankenpflege – alles im Blick auf eine „asexuale" Erziehung zum Zölibat. Ähnlich glaubten Kirchenmänner (viele!), Ordensfrauen müßten um der Jungfräulichkeit willen ihre Weiblichkeit, Fraulichkeit möglichst vergessen, statt sie in rechter Weise einzubringen.

Msgr. Landucci, der langjährige Rektor des Großen Römischen Seminars, hat diese systematische Erziehung zum Zölibat asexualer Männer in einem Buch beschrieben, dem er zudem den Titel gab: „Moderne Seminarerziehung". Landucci hatte im italienischen Episkopat vor dem Konzil großen Einfluß, und nach dem Konzil in den beharrenden Kreisen. Eine italienische Gewerkschaftszeitung druckte bezeichnende Seiten aus dem Buch ab, ohne Kommentar, um so die römische Seminarerziehung lächerlich zu machen.

Doch diese Exzesse dürfen nicht verallgemeinert werden, wir dürfen sie aber auch nicht ignorieren, wenn wir uns heute mit einem neuen Aufwallen des Sexualrigorismus im Bereich der kirchlichen Karriere auseinandersetzen müssen. Diese Dinge sind mit Namen zu nennen, wenn gerade aus diesen Kreisen immer wieder die Behauptung kommt, nur das Zweite Vatikanische Konzil und progressistische Theologen hätten die Krise des Zölibats hervorgerufen. Ich selbst wurde von Exseminaristen und Priestern, die nicht ohne Neurosen aus einer solchen Erziehung hervorgingen, für Therapie in Anspruch genommen.

Hat dann Ihrer Meinung nach die zölibatäre Männerkirche Sinn und Ziel der menschlichen Sexualität überhaupt richtig begriffen und dargestellt?

Gregor von Nazianz, im Unterschied zu Gregor von Nyssa, darf als ein Bischof und Kirchenlehrer genannt werden, der die biblische Sicht treu und glücklich dargelegt hat. In Liedern preist er die Würde der Ehe, konkret die zarte eheliche Liebe seiner Mutter, durch die sie ihren Mann (den Vater von Gregor) zum Glauben gebracht und mit jenen Tugenden bereichert hat, die ihn zu einem vorbildlichen Bischof gemacht haben (also ein Fall eines verheirateten Bischofs, dem die echt christlich verstandene eheliche Liebe zu einem Heilsweg wurde). Ähnlich spricht Gregor auch anläßlich der Verehelichung einer seiner Schwestern das Hohelied der ehelichen Liebe dichterisch aus. In der orthodoxen Kirche hat dieser Geist immer wieder hervorragende Vertreter gefunden.

In der Westkirche wurde der sonst so große und geniale Augustin zu einer schweren Hypothek. Nach ihm war Gottes ursprünglicher Plan – ähnlich wie bei Gregor von Nyssa – der asexuelle Mensch, dem es geschenkt gewesen wäre, Fortpflanzung durch rein geistige Akte zu bewirken. Die Sexualität gehört nach Augustin zum „zweiten Schöpfungsplan" und hat Strafcharakter. Der eheliche Akt als sexueller Akt hat nach ihm an sich etwas Herabwürdigendes, das nur durch ausdrückliche Zeugungsabsicht jedoch entschuldigt wird. Thomas von Aquin ist gegenüber Augustin ein Fortschritt, aber doch weithin noch ein Gefangener jener Tradition.

Die Enzyklika „Casti connubii" Pius' XI. folgt ganz der augustinischen Tradition. Und doch hat es im Ver-

205

lauf der langen Geschichte immer auch andere, gesün-
dere Strömungen gegeben. Ich meine, daß z. B. der
deutsche und ähnlich der französische Episkopat im
Verlauf der letzten Jahrzehnte sehr hilfreiche Weisungen zum rechten Verständnis gegeben haben. Dabei haben verheiratete Laien hilfreich mitgewirkt. Aber die
Frage bleibt: Muß die von Männern geleitete Kirche,
wenn sie in Zukunft über Fragen der Sexualität spricht,
nicht doch auf ganz neue und systematische Weise
auch die Stimme der Frau zur Geltung kommen lassen?
Vor allem muß deutlicher zwischen der von Enthaltsamkeit charakterisierten Keuschheit derer, die den Zölibat um des Reiches Gottes willen leben, von der durch
liebevolles Einswerden bestimmten ehelichen Keuschheit unterschieden werden. Jetzt schon scheint mir, daß
in der Kirche mehr die Werke von Laien, Männern und
Frauen, über Sexualethik gelesen werden als die Schriften der zölibatären Männer, die einfach die alten Formeln wiederholen.

Ich meine, daß auch auf diesem Gebiet kein Anlaß zu
Triumphalismus, wohl aber zu ernster Trauerarbeit besteht. Es muß jedoch um der Gerechtigkeit willen beachtet werden, daß die Kirche seit den ersten Jahrhun-
derten einen nicht leichten Kampf gegen sexualfeindli-
che Strömungen wie Manichäismus und Gnostizimus
geführt und dabei wesentliche humane Werte verteidigt hat.

*Gibt es überhaupt ein echtes Ja zur ehelosen Berufung ohne in-
nere Annahme der eigenen Sexualität?*

Die Wahl eines ehelosen Lebens um des Reiches Gottes willen setzt unbedingt die Hochschätzung des ehelichen Weges voraus. Leibfeindlichkeit und gar Frauen-

feindlichkeit würden den Zölibat total entwerten und
ein gesundes Durchhalten in einer so gewählten Ehelosigkeit unmöglich machen. Es können jedoch anfängli-
che Befangenheiten durch eine wirkliche Neuorientie-
rung unter Umständen überwunden und die dadurch
geschlagenen Wunden geheilt werden. Wer durch eine
solche Wachstumskrise durchgefunden hat, kann auch
anderen meist helfen.

*Erlauben Sie mir die indiskrete Frage: Bedeutete für Sie selbst
der Zölibat ein Opfer? Wurde er nicht bisweilen zu einer schweren Last?*

Darauf will ich ohne Umschweife antworten: er war für
mich bei meiner Entscheidung für Priestertum und Ordensstand ein nicht leichtes Opfer. Ich habe in meinem
Elternhaus eine glückliche Ehe und Familie erlebt.
Meine Eltern haben einander nicht nur bis ins hohe Alter geliebt und geachtet. Sie blieben auch wirklich in-
einander verliebt. Ich selbst habe mir als junger Mann
durchaus vorstellen können, was für mich eine glückliche Ehe mit einer edlen, klugen und schönen Frau bedeuten würde. Ich war durchaus empfänglich für
Zuneigung und war auch nicht blind, wenn sympa-
thische Mädchen ein Auge für mich hatten. Warum soll
man das leugnen? Es gehört zum normalen Menschen.
Ich habe nie an Frauenfeindlichkeit oder ähnlichen Ge-
fühlen gelitten. Eben darum, weil ich den andern Weg,
den der Ehe, hochschätzte, war die Wahl der ehelosen
Keuschheit um des Himmelreiches willen für mich wie
für die meisten ein Opfer, ein spürbarer Verzicht, der
nur sinnvoll war im Blick auf die volle freie Verfügbar-
keit für die Sache des Evangeliums, für die Liebe gerade
auch zugunsten von Ungeliebten und Betrübten.

Ich sah immer in meinem Zölibat, der meiner Freude und meinem Glück keinen Abbruch tat, weil ich seinen Sinn entdeckt hatte, eine Ermunterung auch für jene, die aus den verschiedensten Gründen gegen ihren eigenen Willen ehelos blieben, und für Geschiedene, die nicht wieder heiraten können.

Ich war mir aber auch darüber klar und verstehe es heute noch viel besser als zu Beginn: Um Ehelosigkeit ohne Verkrampfung zu leben, bedarf man des Rückhaltes einer Gemeinschaft und der Freundschaft. Warum soll ich verschweigen, daß mich für Augenblicke eine Art Neid ergreifen wollte, wenn ich Jugendfreunde mit ihren glücklichen Frauen und netten Kindern begegnete. Doch jedesmal halfen mir solche Begegnungen, meinen eigenen Beruf und seine Schönheit besser zu verstehen, dankbarer zu sein für die viele Liebe und Dankbarkeit, die ich allüberall von vielen Menschen erfahren habe. Ich nenne nur als Beispiel, daß mir so mancher afrikanische Bischof oder Theologe schreibt: „Dein Sohn Albert, Dein Sohn Peter ...''

Das entscheidende im Zölibat ist, daß man liebesfähig und dankbar bleibt. Wenn es dann Anwandlungen einer beginnenden Verliebtheit von irgendeiner Seite gibt, so heißt es sauber unterscheiden zwischen solchen Anwandlungen und der Grundentscheidung, die daraus gefestigt hervorgehen soll. Saure „alte Jungfern'' und saure, gefühlskalte „alte Junggesellen'' haben mit echtem Zölibat sicher nichts zu tun.

Die innere Kraftquelle des frei gelebten Zölibats ist die Freude am Herrn und der Mitvollzug seiner Liebe zu den Menschen, vor allem zu den Nicht-Geliebten.

Glauben Sie, daß die geschichtlich gewordene Koppelung von Zölibat und Zulassung zum Priestertum auch heute noch gültig sein muß?

Ich könnte mir viele verheiratete Männer aus vielen Ländern durchaus als gute und würdige Priester vorstellen. Ich habe selbst eine ganze Anzahl orthodoxer verheirateter Priester und vorbildliche evangelische Pastoren kennengelernt. Nicht selten war ich zu Gast in evangelischen Pfarrhäusern. Ich schaue zu vielen von ihnen mit Bewunderung auf.

Ich meine, wir müßten einen geschichtlich bedingten Begriff von „vollkommener Keuschheit" revidieren, um ein psychologisches Hindernis für die Weihe verheirateter Männer zu überwinden.

Als ich das Buch „Das Gesetz Christi" schrieb, gefiel meinem Verleger Dr. Erich Wewel das Kapitel über eheliche und ehelose Keuschheit, und er las es seiner edlen Frau vor. Als diese hörte, daß ich den Begriff „vollkommene Keuschheit" dem ehelosen Stand reservierte, bemerkte sie: „Aber Erich, versuchen nicht auch wir die Keuschheit als Eheleute vollkommen zu leben?" Mein Verleger erzählte mir dies, worauf ich unverzüglich das Vokabular änderte. Keiner von uns kann behaupten, er sei in der Keuschheit schlechthin vollkommen, auch wenn wir vollkommen enthaltsam sind. Ist sie wirklich ganz von Liebe erfüllt? Gibt sie der Liebe allen Raum frei? Wir sind bestenfalls auf dem Weg. Aber ebenso sind edle junge Menschen, die auf die Ehe hinleben, auf dem Weg. Ich wage zu behaupten, daß viele Eheleute besser und entschiedener auf dem Weg zu wirklich ehelicher Keuschheit sind als gar mancher Zölibatär zu wirklich eheloser Keuschheit. Nur wenn man Keuschheit einseitig mit Enthaltsamkeit identifiziert, läßt sich der Begriff „vollkommene Keuschheit" für die Ehelosen reservieren.

Eheleute sind ebenso wie wir Ehelosen zur Heiligkeit berufen und folgen nicht selten dieser ihrer Berufung sogar besser, als wir unserem Weg folgen. All das muß ausdrücklich gesagt werden, um die heute so brennende Frage der Weihe von erprobten verheirateten Männern sachlich zu diskutieren.

Christus hat Ehemänner zu Aposteln berufen, und nach Aussage von Paulus hat Petrus seine Frau auf Missionsreisen mitgenommen. Das hat seiner Treue im Apostelamt keinen Abtrag getan.

Nun direkt zur Sache, über die ich viel nachgedacht und mich viel mit andern beraten habe. Die gegenwärtige Situation in der „lateinischen" Kirche (westlich-römischen Kirche) ist meines Erachtens unhaltbar. In weiten Teilen der Kirche haben wir einen großen Mangel an authentischen Berufungen zum Zölibat. Aus diesem Grund besteht vielerorts eine Tendenz, junge Männer zu weihen, die nicht in jeder Hinsicht für die Heilssorge und oft auch nicht zu einem erfüllten Zölibat geeignet sind.

Ein Großteil der Katholiken hat keine regelmäßige Gelegenheit zur Mitfeier der Eucharistie und zum Empfang der Sakramente, einschließlich der Sterbesakramente. Das Recht auf regelmäßige Teilnahme an der Eucharistie kommt aus dem feierlichen Testament, dem Vermächtnis Jesu: „Tut dies zu meinem Gedächtnis. Nehmet und esset *alle!*" Die Kirche legt es sogar ausdrücklich so aus, daß alle nach Möglichkeit jeden Sonn- und Feiertag an der Messe teilnehmen müssen.

Anderseits aber ist die Zulassung zum Priestertum nur für Ehelose eine rein menschliche Tradition. Im

Konfliktfall müßte es doch klar sein, daß das göttliche Vermächtnis den Vorzug haben muß.

In der heutigen Gesellschaft besteht ein ausgeprägtes Empfinden für das Recht auf Ehe als eines Grundrechts, vor allem weil der Ehelose, der keiner Familie eingegliedert ist, sich vereinsamt fühlt – im Großbetrieb des Lebens. Die Ehelosigkeit um des Himmelreiches willen läßt sich mit Gottes Gnade relativ leicht in einer Ordensgemeinschaft oder in ähnlichen Priestergemeinschaften verwirklichen. Die Ostkirche, die Verheiratete mit stabilen Familienverhältnissen geweiht hat und noch weiht, hat dabei stets hervorragende Berufe zum Ordensstand gehabt. Sie würden auch der westlichen Kirche nicht fehlen, wenn man mehr auf das Wirken des Heiligen Geistes als auf gesetzliche Regelung vertrauen würde.

Ich möchte nicht mißverstanden werden in dem Sinn, daß nun die Diözesanpriester zum Heiratsmarkt gehören sollten. Ich werbe um Verständnis für jene, die den Zölibat nicht verkraften. Aber mein Hauptanliegen ist, daß die westliche Kirche nicht um des Zölibatsgesetzes willen einem Großteil, ja sogar der Mehrheit der Gläubigen aufgrund dieser menschlichen Tradition und Gesetzgebung das Recht auf regelmäßige Teilnahme an der Eucharistie vorenthalten darf. Auch folgendes sei noch vermerkt: Wenn man grundsätzlich den Zölibat als sinnlos darstellt, dann macht man die Zulassung von verheirateten Männern zum Priestertum unnötig schwer. Ich möchte darum den Wert des Charismas für den Zölibat nachdrücklich betonen.

Ich habe in Afrika immer wieder Gelegenheit gehabt, großartige Katechisten und ihre Frauen kennen- und bewundern zu lernen. Welch ein Glaubens- und Opfergeist! Welche menschliche Nähe zu den Mitgläubigen.

Nun dürfen sie – Gott sei gedankt – wenigstens den Wortgottesdienst feiern, meistens auch die Kommunionfeier halten. Aber warum sollen diese Männer Reisen von 50 und mehr Kilometer machen müssen, um konsekrierte Hostien abzuholen! Warum will man ihnen vorenthalten, die Wandlungsworte zu sprechen, nur weil sie eine (ebenso opferbereite) Frau und eine Schar Kinder haben?

Kann man dann noch lehren, daß der ehelose Stand höher ist als der Ehestand?

Ich vermute, daß die Redeweise aus dem mittelalterlichen Ständebegriff stammt. Unter den Jüngern Christi sollten solche Begriffe unbekannt sein. Wir alle sind vor Gott Schwestern und Brüder. Wir alle sind voll und ganz zur Heiligkeit und zu inniger Gottesliebe berufen. Ich meine jedoch, daß die vom heiligen Geist gewirkte Ehelosigkeit um des Himmelreiches willen ein Charisma ist, auf das sich der Berufene nichts einbilden darf. In einer Welt, die in Gefahr ist, ganz im Diesseits aufzugehen, hat sie eine gewisse Dringlichkeit, unter Umständen sogar Vordringlichkeit. Aber dies darf nicht in der Nomenklatur „höher-niedriger" ausgedrückt werden.

Ich schätze meine Berufung. Aber es wäre töricht für zu meinen, ich stünde aufgrund meiner Berufung höher als etwa meine Eltern, die doch wohl mehr Opfer gebracht haben als ich. Es geht um eine Verschiedenheit der Geistesgaben und Berufungen. Aber niemand brüste sich ob seines Standes!

Wie ich aus verschiedenen Ihrer Veröffentlichungen sehe, haben Sie sich sehr engagiert für „Häuser-Schulen des Gebetes". An was denken Sie da?

Beten lernen im Geiste und in der Wahrheit, Jesus zusammen mit Gleichgesinnten immer mehr lieben lernen und dabei die Anbetung Gottes im Geiste und in der Wahrheit vorrangig zu pflegen, war mein Grundanliegen. Ich schlug diese Gedanken vor allem unmittelbar nach dem Konzil auf mehreren Generalkapiteln von Ordensfrauen und Ordensmännern vor, um einem sich abzeichnenden zu horizontalen Eifer für Modernisierung vorzubeugen. Der Gedanke wurde vor allem von Frauenorden des apostolischen Lebens aufgegriffen und kreativ verwirklicht. Ein Leitmotiv war immer: Integration von Glaube und Leben, Integration von Beten im Geiste und in der Wahrheit und Gemeinschaftserfahrung.

Dazu kam für mich jedoch auch das Leitbild der Ashrams, die Mahatma Gandhi im Blick auf die Spiritualität der Gewaltfreiheit und gewaltfreien Befreiung errichtete. Ich besuchte den ersten von Gandhi begründeten Ashram in Südafrika, wo ich einen Teil der Familie Gandhis traf. So steht im Mittelpunkt des von mir vorgestellten „Hauses des Gebetes" das Evangelium des Friedens. Ich fand mit meinen Vorschlägen auch großen Widerhall bei evangelischen Christen und Gemeinschaften, die sich für den Frieden engagierten.

Zu den schönsten und bereicherndsten Erfahrungen meines Lebens gehört die jahrelange Zusammenarbeit mit der „Church of the Savior" (Kirche des Erlösers) in Washington und Maryland. Es ist eine starke Gruppe ökumenisch engagierter Pastoren und Laien aus verschiedenen Konfessionen. Ihr Programm ist die Bergpredigt. Ihre Spiritualität die Seligpreisungen. Sie sind in vielem der Ordensgemeinschaft von Taizé ähnlich, doch ist die Mehrzahl verheiratet. Die ganze Familie lebt die Spiritualität. Von 1965 bis 1979 gab ich jährlich für die Kerngruppe geistliche Übungen in ihrem eigenen Exerzitienhaus. Ich empfing von ihnen viel Anregung und Ermunterung. Alle ihre Gruppen sind Schulen des Gebetes. Sie leben eine kraftvolle Synthese zwischen Kontemplation und Engagement für die Sache des Friedens und der Gerechtigkeit. Sie sind in erstaunlichem Maße erfinderisch in der Sorge für die Ärmsten und Obdachlosen. Sie sind auch politisch engagiert. Mit einem Wort: sie leben eine Synthese zwischen Glauben und Leben. Für mich sind sie ein hoffnungweckendes Bild für die eine christliche Kirche, der wir alle zustreben.

Ich stand auch von den ersten Anfängen an in Verbindung mit der charismatischen Bewegung in den USA und dann auch darüber hinaus. Ich schätze vor allem ihre positive Einstellung. Aus dem Geist der Lobpreisung haben sie zunehmend die Fähigkeit, immer zuerst das Gute zu sehen. So schirmen sie sich ab gegen den Geist des Pessimismus, der Bitterkeit und des Fanatismus. Die Gruppen, mit denen ich zusammengearbeitet habe, sind durchwegs ökumenisch eingestellt. Das gleiche gilt auch von den charismatischen Gruppen evangelischer Kirchen. Sie pflegen mit dem Gebet den Gemeinschaftsgeist und christliche Nächstenliebe, besonders zu den Armen. Sie sind jedoch weniger als z. B. die „Church of the Savior" politisch engagiert. Ich meine, man sollte ihnen das nicht zum Vorwurf machen. Dinge müssen allmählich reifen. Zudem dürfen wir nie den Blick für die Verschiedenheit der Gnadengaben verlieren.

Auch den Mitgliedern der Fokolarbewegung bin ich zu Dank verpflichtet für Freundschaft und Anregungen. Auch sie verkörpern eine bewunderungswürdige Synthese zwischen Eifer und Duldsamkeit, zwischen Gebet und Mitmenschlichkeit, zwischen Kirchlichkeit und Weltoffenheit.

Wofür sind Sie jetzt im, Rückblick auf ein langes gesegnetes Leben Gott besonders dankbar?

Es ist Gottes unverdientes Geschenk, daß ich durch meine Bemühungen um die Erneuerung der Moraltheologie die Gewissen vieler Menschen von einem Legalismus und Moralismus befreien durfte, der sinnlose Skrupulosität, Angst- und Zwangsneurosen produziert hat und viele Menschen der Kirche entfremdet hat, daß ich dem Heranreifen echter Gewissenhaftigkeit und der Ehrfurcht vor dem Gewissen anderer dienen durfte. Es ist mir eine Freude, wenn ich sehe, daß viele Christen nicht mehr von der von Paul Claudel beschriebenen Versuchung geplagt werden: „Sicherlich, wir lieben Christus, doch nichts in der Welt wird uns dazu bewegen, die Moral zu lieben." Vielen Christen durfte ich im Verein mit vielen andern, die ebenso denken wie ich und die Erneuerung der Moraltheologie mitgetragen haben, helfen, daß sie nun von Herzen sagen: „Ich liebe, Herr, Dein Gesetz."

Mein Namenspatron, der hl. Bernhard von Clairvaux, schrieb in seinem Buch „De consideratione" warnend an den Papst: „Den ganzen Tag kracht und knallt es in deinem Palast von den Gesetzen des Justinian." Er mahnt den Papst, sich die Ehren- und Pfründenjäger vom Leibe zu halten, die Politik andern zu überlassen und die so gewonnene Zeit zur Betrachtung der Frohbotschaft und zur Verkündigung derselben zu verwenden. Er möchte im Haus des Papstes und in der ganzen Kirche vom „Gesetz hören, an dem mein Herz sich erfreut". Das war auch mein Lebensanliegen.

Bei all diesem Bemühen habe ich von den Häusern des Gebetes und den soeben beschriebenen Gemeinschaften und geistlichen Bewegungen sehr viel Hilfe und Ermutigung erhalten. In der Zeit des deprimierenden Lehrverfahrens habe ich immer wieder Zuflucht und neue Kraft und Freude gewonnen in den idealsten Häusern des Gebetes, besonders in Monroe/Michigan bei den IHM-Schwestern, die sich der alfonsianischen Spiritualität besonders verpflichtet fühlen.

Sie haben dem Tod mehrmals in die Augen geschaut. Haben Sie Angst vor dem Sterben?

Ja, ich habe mit dem Tod in meinem Leben viel zu tun gehabt. Der Tod meiner lieben Eltern hat mich tief betroffen gemacht. Im Spätherbst 1945 kam ich aus der polnischen Pfarrei, die mich aus der russischen Gefangenschaft befreit und vielleicht so auch vor einem Tod irgendwo in Sibirien oder am Eismeer bewahrt hatte, nach Hause, zur goldenen Hochzeit meiner Eltern, wie ich meinte. Statt dessen erfuhr ich vom Tod meiner Mutter. Mein erster Gang war der zum Friedhof. Mein Vater verstand es großartig, mich zu trösten, indem er mir schlicht und einfach von der letzten Stunde meiner Mutter erzählte: „Ich jammerte und sagte ihr: Nun habe ich immer gebetet, daß ich vor dir sterben kann; denn was bin ich ohne dich? In Hochdeutsch, wie der Pfarrer in der Predigt, sagte sie zu mir: Johannes, wie kannst du nur jammern. Du weißt doch, wer uns die Stunde des Todes bestimmt?" Und der Vater fügte hinzu:

„Dann versprach ich deiner Mutter, nicht mehr zu jammern." Ich hätte mich vor ihm geschämt, wenn ich gejammert hätte.

Zwei Jahre darauf kam ein Telegramm von zu Hause nach Gars: „Vater bereitet sich auf das Sterben." Sofort machte ich mich auf die Reise. Doch ich traf drei Stunden nach seinem Tod zu Hause ein. Ergreifend war, was mir die drei Geschwister, die bei seinem Sterben dabei waren, erzählten: Vater hatte den Ortspfarrer rufen lassen, sobald er aus dem Krankenhaus kam, um zu Hause zu sterben. Er ließ sich rasieren, stand auf, zog seinen Festtagsanzug an, empfing sitzend die Sterbesakramente. Dann, als er wieder im Bett war, sagte er zu meinem ältesten Bruder: „Grüße deine Geschwister; denn jetzt ist meine Todesstunde gekommen. Es tut mir leid, daß ich nicht warten kann, bis sie alle da sind." Ein paar Augenblicke später war er tot.

Ergreifend war für mich das Sterben meines geliebten Lehrers der neutestamentlichen Exegese, P. Brandhuber, der mich unablässig bei der Ausarbeitung meines Werkes „Das Gesetz Christi" ermuntert und beraten hatte. Er war auch mein Beichtvater. Ein halbes Jahr vor seinem Tod sagte er mir: „Wenn Gott mir noch ein Jahr schenkt, dann werde ich die zwei wichtigen Arbeiten über die Christologie der großen syrischen Theologen beenden." Es kam anders. Der Lungenkrebs verzehrte ihn, während er immer noch hoffte, sein Lebenswerk abzuschließen. Ich versuchte sachte, ihn von diesem Gedanken abzubringen. Da ich als alter Sanitäter mit Kranken umgehen konnte, übernahm ich abwechselnd die Nachtwache beim Sterbenden. Alle zwei Stunden mußte ich ihm das Hemd wechseln, solche Schweißausbrüche hatte er. Als ich ihn wieder einmal umzog, winkte er mir, nahe an sein Bett zu kommen, um mir zu sagen: „Jetzt habe ich es begriffen: Ich verlange aufgelöst zu werden, um bei Christus zu sein. Was kümmern mich jetzt meine Manuskripte?" Von dieser Stunde an waren die Schweißausbrüche vorbei. Eine wunderbare Ruhe sprach aus seinem Gesicht bis zum Augenblick des Todes.

Zum ersten Mal fühlte ich mich dem Tod sehr nahe 1942 in der Schlacht um Kursk. Aus einer Kopfwunde floß das Blut reichlich. Meine fünf Krankenträger waren schon alle vor mir getroffen, zwei von ihnen tödlich. Mein Versuch, meine Kopfwunde selbst zu verbinden, konnte das Bluten nicht stillen. Ich wartete auf den Tod als Erlösung aus diesem Jammertal. Doch ich kam mit dem Leben davon.

1977 vor einer fünfstündigen Kehlkopfoperation, die, wie ich wußte, wegen Leberkomplikationen ein großes Risiko einschloß, hatte ich einen tiefen Schlaf, kurz bevor die Krankenpflegerin kam, um mir die erste Injektion zu geben. Während dieses Schlafes hatte ich einen äußerst einprägsamen Traum: In einem sehr schönen Tal sah ich den guten Hirten, der mir zuwinkte. Voller Glückseligkeit wachte ich auf. Die junge Krankenschwester, die gerade eintrat, war ganz perplex. Sie sagte: Jetzt tue ich, was ich doch nicht tun sollte. Doch ich wage es einfach, zu fragen: Wie können Sie angesichts einer so grausamen Operation so glücklich sein? Die Tatsache, daß Sie Priester sind, erklärt mir das nicht. Ich habe schon mehrmals Priester in ähnlicher Lage gesehen, voller Unruhe, genau wie alle andern. Da ich stumm war, schrieb ich auf mein Täfelchen: „Das ist unverdientes Geschenk Gottes. Würde ich nicht ständig dafür danken, wäre es verloren." Ich hatte meinen Traum, auch im Gedanken an den lästigen Lehrprozeß, so gedeutet: „Nun darfst du dieses Jammertal verlassen." Nach Erhalt der „Wurstigkeits-spritze" hatte ich wieder einen Traum: Ich rannte von einem Schalter zum andern, um eine Fahrkarte zu kaufen. Doch überall sagte man mir: Es gibt für dich keine Fahrkarte. Also hieß es, noch in diesem Jammertal zu bleiben.

Als mir dann 1980 eine sechsstündige, äußerst risikoreiche Operation bevorstand, hatte ich wiederum einen tröstlichen Traum. Es schien, als ob Gott in bezug auf meine Freunde mir zusprach: Mach dir keine Sorge: alle werden mein Antlitz schauen. Wiederum das Erstaunen der Krankenschwestern. Ich wäre gern gestorben. Doch ich bin dankbar für jeden Tag, den der Herr noch meinen Tagen hinzugefügt hat.

Nun versuche ich konkreter auf die gestellte Frage zu antworten, ob ich vor dem Tod Angst habe. Es kann durchaus sein, daß auch mich eine Todesfurcht packen wird, genauso wie andere. Hat doch Jesus für uns alle Todesangst gelitten. Aber ich schaue meinem Tod und allem, was unmittelbar darauf folgen wird, mit Vertrauen entgegen, und das trotz aller Sünden, die ich während meines langen Lebens begangen habe. Ich habe mein Leben im Blick auf meinen Tod an dem Programm der Bergpredigt orientiert: „Selig die Barmherzigen; denn sie werden Barmherzigkeit erlangen." Ich versuche, jedem, der mich beleidigt, von Herzen zu verzeihen. Und auch als Moraltheologe und Seelsorger setze ich alles auf die Karte der Barmherzigkeit, damit auch ich von der Barmherzigkeit Gottes alles erwarten darf.

Kurz vor Ostern dieses Jahres kam mein Freund Dr. Licheri zu mir nach Gars, wo ich seit April 1988 im Ruhestand bin. Er stellte mir noch ein paar Fragen, die sich auf die Ereignisse nach dem Moralistenkongreß im Lateran vom November 1988 beziehen.

Als wir uns nach dem Tod des von Ihnen so geliebten Papstes Johannes Paul I. Sorge machten, der nächste Papst könnte Kardinal Siri sein, haben Sie es gewagt, fest und sorglos die Prognose zu wagen: „Der nächste Papst wird Johannes Paul II. heißen, und es wird kein anderer sein als Karol Woityła". Wie denken Sie jetzt nach fast elf Jahren und den letzten stürmischen Ereignissen über dieses Pontifikat?

Ich habe mich nach der Wahl von Karol Wojtyła sehr gefreut, nicht nur aufgrund meiner Dankesschuld an das polnische Volk, sondern auch weil ich seit unserer Zusammenarbeit im Konzil Karol Wojtyła sehr schätzte. Ich kannte seine geniale Begabung, unter anderem auch für Sprachen. Er ist leutselig im besten Sinn des Wortes, unkonventionell, fromm, voll apostolischen Eifers.

Er hat in diesen fast elf Jahren seines Pontifikats viel Ausstrahlungskraft gezeigt, ist mutig für die Anliegen der Dritten Welt eingetreten, hat zahlreiche prophetische Gesten getan, wie z. B. den Besuch der Synagoge in Rom, der lutherischen Kirche in Rom, die demütige Begegnung mit dem Haupt der anglikanischen Kirchengemeinschaft in Canterbury und, nicht zuletzt, den Friedenstag in Assisi mit Vertretern der großen Weltreligionen. Es wäre undankbar auch Gott gegenüber, das alles als selbstverständlich anzunehmen oder gar zu übersehen.

Was seine, wie ich meine, überstrenge Auslegung von „Humanae vitae" und der gesamten Sexualmoral betrifft, verweise ich auf den gegen mich geführten Lehrprozeß. Daraus wird unzweifelhaft deutlich, daß nicht Karol Wojtyła diese Überstrenge in den Vatikan gebracht hat. Sie war jedenfalls in der Glaubenskongregation, wie ich sie zu verspüren bekam, schon die offi-

zielle Linie. Gerechtigkeit gegenüber dem Papst verpflichtet mich, darauf hinzuweisen. Dies war auch einer
der vielschichtigen Beweggründe für mich, diese Dokumentation zu veröffentlichen. Meine besten Freunde
im Vatikan haben mir wiederholt versichert: „Der Papst
selbst ist aufgeschlossener als seine unmittelbare Umgebung."

Doch die Ereignisse um den von Msgr. Carlo Caffarra und dem „Opus Dei" organisierten Moralistenkongreß haben mich tief betroffen gemacht. In Text und
Tonart der päpstlichen Ansprache vom 12. November
1988 habe ich den mir bekannten und von mir so verehrten Karol Wojtyła nicht mehr erkannt. Wie viele andere war ich schockiert und zunächst sprachlos.
Zahlreiche Telefonanrufe, Briefe, Begegnungen mit Re-
ligionslehrern und -lehrerinnen, Priestern und Pasto-
ralreferenten haben mich aus der Sprachlosigkeit
aufgeweckt.

So beschloß ich schweren Herzens, am 1. Dezember
1988 persönlich an den Papst zu schreiben, um ihm
meine Sicht von der alarmierenden Situation der Kirche
in den deutschsprachigen Ländern nahezubringen. Als
ich aber nach sechs Wochen noch keine Eingangsbestätigung erhalten hatte, veröffentliche ich gleichzeitig in der
Zeitschrift „Christ in der Gegenwart" und auf Italienisch
in „il regno" (Bologna) meinen Aufsatz „Um ein erneutes
Vertrauen in der Kirche". Es war ein Appell an den Papst
und die ganze Kirche, zu verifizieren, ob die strenge In-
terpretation, wie sie auf dem Moralistenkongreß vom
November und in der Papstansprache bei diesem Anlaß
zutage trat, in der Kirche rezipiert sei, oder aber jene
weitherzigere Auslegung großer Episkopate wie die
deutschsprachiger Länder und der Bischöfe Frankreichs,
um „Humanae vitae" rezipierbar zu machen. Die Frage

der Rezeption spielt in der Erklärung des päpstlichen und bischöflichen Lehramtes ja bekanntlich eine große Rolle. Darauf wollte ich deutlich hinweisen.

Schließlich unterzeichnete ich auch die Kölner Erklärung gegen Entmündigung. Hätte ich ein ermunterndes Wort vom Papst erhalten, so hätte ich sicher alles getan, was in meiner Kraft stand, um meinen Kollegen von einer öffentlichen Erklärung abzuraten. Sie hätten sie ja auch direkt an den Papst selbst senden können. Es wäre m. E. besser gewesen, wäre es rechtzeitig zu einem direkten Dialog mit dem Papst gekommen.

Was waren die Reaktionen auf Ihre zahlreichen Stellungnah-men zu diesem neuerlichen Aufleben eines beängstigenden Sexu-alrigorismus?

Ich erhielt Hunderte von Telefonanrufen und Briefen. Etwa fünf Prozent waren Verwünschungen und Schmähungen. Andere fünf Prozent versprachen Gebete für meine Bekehrung oder glaubten zu wissen, daß mich Gott im Vorauswissen um diese Sünden schon durch Krebs bestraft hat. Etwa neunzig Prozent sprachen ihren Dank aus. Erstaunlich viele sprachen davon, daß sie selbst, ihre erwachsenen Kinder oder Bekannte durch meine Stellungnahme von ihrem Vorhaben, aus der Kirche auszutreten, abgebracht worden seien. Ich glaube, diese Reaktionen geben eine ziemlich getreue Photographie von all uns „lieben Tierlein" in der Arche Noachs. Ich tröste mich und andere mit folgender Parabel: Eines Tages beklagte sich Noach bitterlich bei Gott über all die seltsamen und lästigen Tiere, die er mit in die Arche gebracht hat. Gott antwortet lächelnd: „Aber mein lieber Freund Noah, vergiß doch nicht, daß auch du eines dieser liebreichen Tierlein bist."

Was war die Reaktion des Vatikans?

Bis zum 30. Januar hatte ich vom Vatikan kein Wort gehört. Das war der Tag, an dem die KNA zu einem Interview nach Gars kam und mich präzis fragte: „Aber
warum haben Sie und Ihre Kollegen sich nicht direkt an
den Papst gewandt, statt die Öffentlichkeit zu alarmie-
ren?" Meine Antwort war eine doppelte: Erstens hat die
Öffentlichkeit, engagierte Katholiken und vor allem die
Religionslehrer und Seelsorger, uns alarmiert und auf-
geschreckt. Zweitens, ich habe bereits am 1. Dezember
mit Eilpost an den Papst geschrieben und noch keine
Eingangsbestätigung erhalten. Ich übergab der KNA
den Text meines Briefes an den Papst in der festen
Hoffnung, daß es die KNA verstehen werde, diesen
Brief nun doch dem Papst zur Kenntnis zu bringen. Am
7. Februar schickte dann ein Assessor des Staatssekre-
tariats ein freundliches Schreiben mit der Versicherung, daß der Papst von meinem Schreiben aufmerksam Kenntnis genommen hat. Der Ton war durchaus
freundlich, enthielt freilich auch eine Anspielung auf
die öffentlichen Stellungnahmen, die den Dialog
schwieriger machen könnten. Ich bin leider nicht informiert, wann der Papst nun wirklich meinen Brief erhalten hat.

Am 16. Februar erschien im „Osservatore Romano"
auf der ersten Seite ein ungezeichneter Aufsatz, der
grundsätzlich die ausnahmslose Gültigkeit und Verpflichtung des Verbotes künstlicher Kontrazeption wiederholte, aber keinen der angsterregenden Ausdrücke
des Moralistenkongresses wiederholte. Das Entscheidende ist, daß nachdrücklich ein pastorales Verständnis
für jene Eheleute gefordert wird, die in Notfällen eben
doch künstliche Kontrazeption anwenden. Dies ist für

mich ein entscheidendes Ergebnis, wenn auch nicht in jeder Hinsicht befriedigend.

Es bedrängen uns Moraltheologen und alle, die in der Heilssorge tätig sind, harte Fragen:

Wir erleiden Gewissensängste, wenn die kirchliche Autorität von uns verlangt, kritiklos zu lehren, das Verbot, das ausnahmslos jegliche künstliche Kontrazeption verbiete, sei eine Forderung des natürlichen Sittengesetzes, wenn weder das Lehramt noch wir dafür überzeugende Gründe angeben können; denn nach der katholischen Tradition und der Auffassung aller Ethiker sind die Forderungen des natürlichen Sittengesetzes argumentativ begründbar, aus kommunikabler Erfahrung und Überlegung. Gott sei Dank, wird jetzt offenbar nicht mehr behauptet, es sei durch göttliche Offenbarung bekräftigt. Denn müßten wir das lehren, so hätten wir Seelenängste, den Namen Gottes eitel anzurufen.

Wie können wir kritischen Menschen klarmachen, daß das Tötungsverbot des Dekalogs Ausnahmen zuläßt, solange das päpstliche Lehramt an der Theorie des „gerechten Krieges" festhält und Massentötung in einem für gerecht gehaltenen Krieg rechtfertigt, wo doch eine Umstellung auf gewaltfreie Verteidigung der biblischen Offenbarung besser entsprechen würde, während wir anderseits gleichzeitig betonen sollten, daß Kontrazeption immer unter allen denkbaren Umständen objektiv unzulässig sei!

Wir erleiden Seelenängste ohnegleichen, wenn wir gehorsam die objektive Geltung des Kontrazeptionsverbotes auch dann „verkünden" sollten, wo dies in Ehen den Frieden und sogar den Bestand der Ehe gefährden würde. Oder dürfen wir nach dem genannten Aufsatz im „Osservatore Romano" in solchen Fällen einfach sagen, die Eheleute sollen ihrem Gewissen folgen? Mir scheint eine solche Auslegung notwendig zu sein, wenn wir pastoral einfühlend sein sollen. Damit wäre doch wieder ein Kernsatz der Aussagen vieler Bischofskonferenzen zu „Humanae vitae" zugestanden.

Nachdem ich, als keine Empfangsbestätigung aus Rom eingetroffen war, am 30. Januar 1989 den Text meines Briefes an den Papst der KNA übergab, hat gewiß auch der Leser dieses Buches ein Recht, ihn im Wortlaut zu kennen.

Brief an
Papst Johannes Paul II.

Gars am Inn, den 1. Dezember 1988

Lieber Vater in Christus!
Wir haben viele Gründe, Sie zu lieben, nicht nur Ihres hohen Amtes wegen, sondern auch wegen Ihres unermüdlichen Eifers für Gerechtigkeit und Frieden, wegen Ihrer Nähe zu den Notleidenden und aus vielen andern Gründen.

Die Liebe zu Ihrer Person und die Hochschätzung für Ihr Amt wie auch die Mitverantwortung für die Weitergabe des Glaubens an die gegenwärtige kritische Generation und an die nach uns Kommenden drängt mich jedoch, offen meine Bedenken wegen Ihrer, wie ich meine, Überbetonung überstreng ausgelegter Normen auf dem Gebiet der Sexualethik offen auszusprechen.

Selbstverständlich spüren wir wie Sie unsere Pflicht, das uns Mögliche zu tun, damit Christen die Keuschheit lieben und pflegen. Aber gerade auf diesem Gebiet gilt: „Allzu straff gespannt, zerbricht der Bogen." Verlangen wir auf diesem schwierigen Gebiet auch nur ein Jota mehr, als wir sinnvoll aus der Offenbarung oder aus gläubiger Vernunft begründen können, so verlieren wir den Kredit. Man hört einfach nicht mehr auf uns.

Ich war erschüttert, als ich neulich las, daß unter 6000 Lesern der sehr papsttreuen und papstergebenen Zeitschrift „Weltbild" (Nr. 23 u. 24, vom 4. u. 28. November 1988) nur mehr 12 Prozent der Gläubigen unter 50 Jahren und nur mehr 25 Prozent der über Fünfzigjährigen bereit sind, in Fragen der Sexualmoral auf die Lehre des (gegenwärtigen) Papstes zu hören, während die gleichen Leute im allgemeinen durchaus bereit sind, die Autorität des Papstes in Glaubens- und Sittenfragen sehr hoch anzuschlagen. Zu ähnlichen Ergebnissen kamen Umfragen in anderen Teilen der Welt.

Dieser Tage mußte ich von einer starken Gruppe hochqualifizierter Religionslehrer, von kirchentreuen Männern und Frauen hören, wie schwierig es ihnen war und ist, die hochgehenden Wogen zu glätten, die Ihre Ansprache am 12. November 1988 an Moralisten hervorgerufen hat.

Mit der Überschrift im Osservatore Romano vom 13. 11. 1988 kann und muß man übereinstimmen: „Von sorgfältigem Suchen nach der Wahrheit kann man nicht reden, wenn man das, was das Lehramt lehrt, nicht in Anschlag bringt."

Wird jedoch Magistero-Lehramt zum Kampfschrei intransigenter Männer, die sich brüsten, dem Papst besonders nahe zu stehen, und zur Waffe gegen jene, die auch nur in zweitrangigen Punkten einer allzu harten Auslegung widerstehen, so tut man der Kirche, ihrer Sendung und auch dem petrinischen Amt keinen guten Dienst.

Vor mir liegt der Text des Referates von Prof. Mons. Carlo Caffarra, „Wer ist wie Gott, unser Herr?", gehalten vor dem Moralistenkongreß, den Sie durch Empfang und Ansprache besonders geehrt haben. Das wissenschaftliche Niveau liegt weit unter dem Nötigen. Eine auch teleologische Normenbegründung oder Normenhinterfragung scheint radikal in Frage gestellt zu sein. Auf S. 7 des maschinengeschriebenen Textes ist zu lesen: „Demnach kümmert sich der Mensch, der sich auf die ethische Ebene erhoben hat, nicht im geringsten oder letztlich um die möglichen Folgen, die geschichtlichen Ergebnisse seines Handelns. Er ist über einen solchen Kalkül erhaben." Zunächst ist einmal gegen eine naive, ja bestürzende Mißdeutung teleologischen Denkens zu vermerken, daß es uns keineswegs um einen Nützlichkeitskalkül, sondern um ein sorgfältiges Abwägen der Folgen im Blick auf heile und heilende Beziehungen, im Blick auf das solidarische Frucht-tragen in Liebe und Friede geht.

Die Aussage von Caffarra steht in einem Kontext, in dem er mit sehr abstrakten, lebensfremden Ideen und unbewiesenen Behauptungen bezüglich Tradition beweisen will, daß die Norm von Humanae vitae (das Verbot von künstlichen Mit-teln der Empfängnisverhütung) auf keinen Fall eine Aus-nahme zuläßt.

Mit fast der ganzen großen Tradition der Ostkirchen und einem Großteil der römisch-katholischen Tradition hat der hl. Alfons von Liguori gelehrt, daß es auch in Fragen des na-türlichen Sittengesetzes Raum gibt für Epikie (Theologia mo-ralis 1.I.tr.II, c.IV, n. 201). Er meint damit natürlich nicht höchste Normen des ins Herz geschriebenen Gebotes der Liebe zu Gott und zum Nächsten. Er wendet jedoch die Mög-lichkeit der Epikie auch ausdrücklich auf den abgebrochenen Verkehr (copula abrupta) an, die damalige einzige nicht-magi-sche Methode der Empfängnisverhütung, und die Mitwir-kung der Frau, die weiß, daß der Gatte sie anwenden wird. Wie die andern Moraltheologen jener Zeit lehrt auch er, daß der abgebrochene Verkehr an sich dem Zeugungssinn des ehelichen Aktes widerspricht und darum abzulehnen sei. Doch er spricht ausdrücklich von Fällen, in denen Gatten gu-ten Grund haben, zu wünschen, daß der eheliche Akt nicht zu einer Empfängnis führe. Auch er sieht in keuscher Enthalt-samkeit einen hohen Wert, aber er läßt eben doch die Mög-lichkeit der Epikie aus einem gerechten Grund (iusta ex causa) offen.

Carlo Caffarra macht in dem genannten Referat vor dem Moralistenkongreß wie auch in früheren Aussagen keinen Unterschied, ob in der konkreten Situation eine Weitergabe des Lebens wünschenswert oder aber unverantwortlich wäre. Nehmen wir zum Beispiel den Fall, der mir wiederholt vorge-legt wurde: eine Ehefrau leidet, da sie bereits erbgeschädigte Kinder zur Welt brachte, an einer Schwangerschaftspsychose. Gynäkologe und Psychiater sind überzeugt, daß die Frau wie-der ehefähig werden und der Familie zur Erziehung ihrer be-hinderten Kinder zurückgegeben werden kann, wenn sie durch Verbindung von Sterilisation und Psychotherapie von ihrer psychotischen Angst befreit werden kann. Der strenge Moralist sagt „nein", weil ihre Geschlechtsorgane ja nicht

227

krank seien. In anderen, und zwar nicht seltenen Fällen ist eine Ehe wegen der strengen Einforderung der kirchlichen Norm am Zerschellen; NFP ist in dem konkreten Fall nicht anwendbar; der Ehemann entfremdet sich von seiner der Kirche gehorsamen Frau und auch der Kirche, der er wegen ihres Rigorismus zürnt.

Sind in solchen Fällen alle künstlichen empfängnisverhütenden Methoden als absolut unmoralisch bewiesen, wenn es letztlich um die Wahrung der gegenseitigen ehelichen Hingabe und des Bandes der Treue geht?

Nach Caffarra handelt es sich, was immer die Lage sein mag, um nichts weniger als um „einen Angriff auf die Heiligkeit Gottes", um den Hochmut des Seinwollens „wie Gott" und ähnliches mehr. Wie kann man so undifferenziert argumentieren? Da stehen wir nicht vor dem Gottesbild, das uns Jesus spürbar und sichtbar macht.

In Ihrer päpstlichen Ansprache an die Kongressisten, die Ihnen Mons. Caffarra vorgestellt hat, heißt es: „Diese Sittennorm duldet keine Ausnahmen: keine persönliche oder soziale Lage hat sie je rechtfertigen können, noch kann sie es, wird sie es können; sie kann einen solchen Akt nicht in sich geordnet machen." Daß es sittliche Verbotsnormen gibt, die keine Ausnahme zulassen, steht auch für mich außer Frage. Zum Beispiel kann Tortur, besonders zur Erpressung von Aussagen und Selbstanklagen, nie und nimmer sittlich gerechtfertigt werden. Das sagte Pius XII. mit großem Schmerz über eine höchst unrühmliche frühere kirchliche Tradition und sie bekräftigende Lehräußerungen von Päpsten. Ebenso ist auf den ersten Blick einleuchtend, daß sexuelle Vergewaltigung und ähnliches immer gegen das Sittengesetz verstoßen.

Aber gilt das auch von der Norm, daß jeder eheliche Akt für Zeugung offen sein muß? Mit anderen Worten: Sind künstliche Mittel zur Empfängnisregelung unter allen Umständen verdammungswürdig? Mit dem hl. Thomas von Aquin lehrt die Mehrzahl der Moraltheologen: je komplizierter und je mehr vom obersten Prinzip der Liebe entfernt (remote) eine abgeleitete Sittennorm ist, um so geringer ist ihr Sicherheitsgrad, und um so weniger schließt sie die Anwendung von Epikie aus.

In der Augustinianischen Tradition war die Norm, die reale

Offenheit des ehelichen Verkehrs für Fortpflanzung, eine absolute Norm, und zwar aufgrund seines Sexualpessimismus. Der eheliche Akt galt für ihn und seine Schule als herabwürdigend und beschämend und bedurfte darum einer Entschuldigung und Versittlichung (excusatio, cohonestatio) durch direkte Zeugungsabsicht. Auf diese Tradition kann man sich jedoch heute nicht mehr berufen. Sie sollte uns eher achtsam machen in unseren Aussagen.

Wie kann man heutigen kritischen Menschen, auch dem tiefgläubigen Christen, zumuten, die Aussage hinzunehmen, daß in der Auslegung der Norm von Humanae vitae jede Ausnahme (jede Epikie) absolut ausgeschlossen sein muß, und dann generell den Satz aufstellen: „Man beachte wohl, daß bei der Zurückweisung jener Lehre nichts Geringeres in Frage steht als die Idee der Heiligkeit Gottes" („A ben guardare ciò che è messo in questione, rifiutando quell'insegnamento, è l'idea stessa della Santità di Dio" – Ansprache vom 12.11.1988).

Weiterhin stehen wir erschüttert vor der Frage, ob man von der so streng ausgelegten Norm von Humanae vitae wirklich sagen kann: „Sie ist von der Schöpferhand eingeschrieben und von Ihm in der Offenbarung bekräftigt" („essa è stata inscritta dalla mano creatrice di Dio ed è stata da Lui confermata nella Rivelazione")? Wo findet sich eine solche Bekräftigung? Bedenken wir gar, wie viele gute und intelligente Christen innerhalb und außerhalb der katholischen Kirche eine solche Strenge einfach nicht mitvollziehen können und die Denkmodelle und Argumentationsweisen und Schuldzuweisungen, die bisher von Carlo Caffarra und anderen vorgebracht wurden, als schockierend, ja als ärgerniserregend empfinden, dann sollte man doch nicht so undifferenziert lehren: „Sie in Frage stellen bedeutet darum so viel als Gott unseren Vernunftgehorsam verweigern" („Metterla in discussione, pertanto, equivale a rifiutare a Dio stesso l'obbedienza della nostra intelligenza." Wiederum aus der päpstlichen Ansprache vom 12.11.88).

Enorme Fragen der Trauerarbeit über die Geschichte der päpstlichen Ausübung des Lehramtes werden durch die folgende Strenge gegen jedes Hinterfragen solcher Aussagen aufgeworfen: „Da das Lehramt der Kirche von Christus, dem Herrn, eingesetzt ist, um das Gewissen zu erleuchten, bedeutet eine Berufung auf das Gewissen eine Auflehnung gegen die Wahrheit dessen, was vom Lehramt gelehrt wird, ein Verschmähen der katholischen Auffassung sowohl des Lehramtes wie des Gewissens" („Poiché il Magistero della Chiesa è stato istituito per illuminare la coscienza, richiamarsi a questa coscienza di contestare la verità di quanto è insegnato dal Magistero comporta il rifiuto della concezione cattolica sia del Magistero che di coscienza morale" (aus derselben Ansprache).

Der kritische Mensch, gerade auch der sehr gläubige und der Kirche und dem Nachfolger Petri sehr ergebene und treue Christ, muß wohl eine solche Aussage auch historisch hinterfragen, etwa durch den Versuch folgender Frage: „Hat jemand, der die Lehre von Bonifaz VIII. und vieler seiner Nachfolger über die Vollmacht des Papstes über alle zeitlichen Reiche und Bereiche mit Berufung auf das Gewissen hinterfragt hat, damit wenigstens einschlußweise die katholische Auffassung sowohl des Magisteriums wie des Gewissens verworfen?"

Kommt im Vatikan nur eine besondere Richtung der Theologie zur Geltung, und zwar mit solcher Schärfe wie anläßlich des von Carlo Caffarra organisierten Moralistenkongresses, dann stellen sich für uns alle zahllose Fragen mit großer Qual.

Je kollegialer dagegen der Petrusdienst die Vielfalt der Kulturen und Traditionen und das Suchen der verschiedenen theologischen Schulen einzubringen versteht, desto größer wird unser aller Zuversicht sein, die uns das Petrinische Lehramt einflößt. Wird aber der Papst direkt in intransigente Theologenstreitigkeiten hineingezogen und in die intransigentesten Auslegungen und für die schockierendsten Argumentationen in Anspruch genommen, dann sind wir auch aus Loyalität zur Kirche gezwungen, unsere Not und Qual auszusprechen.

Die erschütternde Krise zeigt sich schon auf dem Gebiet der päpstlichen Sexualmoral, wo die Menschen am empfindlichsten reagieren. Doch viel ernster ist meines Erachtens die Gefahr, daß infolge der gegenwärtigen Verschärfung der Polarisierung, wenn der Papst selbst in erster Person mithineingezogen wird, das Lehramt des Papstes und der Bischöfe schließlich auch in ganz zentralen Fragen unseres Glaubens nicht mehr seine ganze Fruchtbarkeit entfalten kann. Ist doch die Glaubensnot der heutigen Generation schon so groß!

Lieber Vater in Christus,
ich bin ein alter Mann, der schon mit beiden Füßen auf das Grab zugeht. Ich liebe meine Kirche leidenschaftlich, und ich liebe auch den Nachfolger Christi. Und er ist in meinen Augen aus vielen Gründen liebenswert. Um zuversichtlich in der Todesstunde die Barmherzigkeit Gottes erwarten zu dürfen, habe ich mich ein Leben lang um eine mitfühlende, barmherzige Moraltheologie und Pastoral bemüht. Die Eheleute müssen in ihrer Not den Balsam mitfühlender Liebe verspüren. Ich habe in Tausenden von Beichten und Briefen erfahren, wie sehr gute Christen durch Rigorismus in Sexualfragen verwundet wurden.

Harte Formulierungen, wie sie Carlo Caffarra und seine Kampfgenossen lieben, verletzen und reißen alte Wunden auf. Sie machen uns allen den Dienst der heilenden Liebe schwerer. Hören wir zum Beispiel Carlo Caffarra triumphierend sagen, daß man sich auf dem ethischen Niveau in keiner Weise um voraussehbare Folgen kümmere, dann können wir nur weinen und beten, wenn man uns fragt, was wir dazu sagen.

Diese und andere Erwägungen haben mich gedrängt, vor Ihnen mein Herz auszuschütten. Sollten Sie sich durch meine Worte verletzt fühlen, so bitte ich um Verzeihung.

Das jetzt so häufig gebrauchte Wort „Lehramt des Papstes" (magistero del Papa) darf nicht zu einem Schlachtruf der Intransigenten und kirchlicher Ehrenjäger werden und infolgedessen für viele andere zu einem unverständlichen Mythus herabsinken.

So verbleibe ich in der Liebe des heiligsten Herzens Jesu
Ihr ergebener Diener

Bernhard Häring

Angesichts dieser Situation wollen wir beten:

Gott, unser Vater, ohne Dich können wir nichts tun, was uns und andern zum Heile gereicht. Gieße über uns Deinen Geist aus, daß wir gemeinsam in Liebe nach der Wahrheit suchen, daß wir kein Jota wegnehmen von Deinem heiligen Willen, aber auch andern und uns selbst keine unnötigen Lasten aufbürden. Hilf uns, Dein heiliges Gesetz der Liebe und Gerechtigkeit so auszulegen, daß alle Menschen mit gutem Willen das Wort Deines menschgewordenen Sohnes verstehen können: „Mein Joch ist sanft, meine Bürde ist tragbar."

Gib, daß wir im Streit nicht die Liebe verletzen. Hilf uns, dankbar zu sein für den Petrusdienst in der Kirche, auch wenn wir wie Dein Apostel Paulus einmal ernste Bedenken anmelden. Hilf uns allen in der Kirche zu einem gegenseitigen Vertrauen, ohne Schmeichelei, im Geist der Freiheit und des Freimuts und in absoluter Ehrlichkeit.

So bitten wir durch Christus, unsern Herrn.

Rückblick:
Meine Erfahrung mit der Kirche

Abschließend möchte ich eine zusammenfassende Frage stellen:
Wie sehen Sie jetzt rückblickend Ihre Erfahrung mit der Kirche
und Ihr Wirken in der Kirche und für die Kirche? Was über-
wiegt wohl: das Positive oder das Negative?

Würde ich Kirche identifizieren mit der Tradition von
der Römischen Inquisition bis hin zur Glaubenskongregation, wie ich sie selbst und im Mitleiden mit andern erfahren habe, so wäre für mich die Bilanz
ziemlich negativ. Ich kann verstehen, daß Männer, die
ihren Blick nur auf diese Institution fixieren, aus Ent-
täuschung die Kirche verließen. Aber eben eine solche
Fixierung widerspricht unserem Glauben.

Ich sehe die Kirche verkörpert und dargestellt in vorbildlichen christlichen Familien, wie ich sie in meinem
Elternhaus und vielerorts erlebt habe. Dort ist die Kirche greifbar. Im Rußland der Stalinzeit erlebte ich Kirche in Familien und Nachbarschaftskreisen, die ihren
Glauben und ihr Gottvertrauen lebendig gehalten haben in einer langen priesterlosen Zeit. Grund genug
zur Freude! Ich habe Kirche intensiv erfahren in meiner
Kongregation. Sie war und ist mir eine Heimat des
Glaubens, ein Modell der Pilgerkirche. Selbstverständlich gab es auch da Spannungen zwischen denen, die

die exegetische, theologische und dann die konziliare Erneuerung freudig begrüßt und mitgetragen haben, und den anderen, die sich gequält fragten, ob denn dies noch die Kirche, die Theologie und das Ordensleben sind, die so lange ihr Zuhause waren. Gleichwohl erwiesen sich selbst diese Spannungen weiterhin als fruchtbar durch einen geduldigen Dialog.

Kirche erlebte ich immer wieder in den Heiligen, durch das Lesen zeugnisstarker Hagiographien und noch mehr in der Begegnung mit kleinen, unscheinbaren Heiligen unserer Zeit wie auch mit imponierenden prophetischen Gestalten.

Nach teilweise deprimierenden Erfahrungen in der vorkonziliaren Zeit, vor allem in Kommissionen, die vom Hl. Offizum beherrscht waren, gab es für viele, auch für mich, die großartige Erfahrung des Aufbruchs und Umbruchs im Konzil. Das Papsttum erreichte dabei einen Höhepunkt gerade in erfahrener Kollegialität. Die Kirche hat in diesem Jahrhundert große Päpste erlebt, Papst Johannes Paul I. hat sich in dreißig Tagen mit seinem kostbaren, gewinnenden Lächeln tief in die Herzen der Gläubigen eingeschrieben.

Mit dem Wort Vatikan verbinden sich heutzutage viele negativ geladene Assoziationen. Ich meine sagen zu können, daß bei mir die positiven Erfahrungen durchaus vorherrschen. Als man Papst Johannes XXIII. fragte, wie viele im Vatikan arbeiten, soll er geantwortet haben: „Wohl die Hälfte." Ich meine, daß im Vatikan viel und hingebend gearbeitet wird, von manchen vielleicht zu viel. Man könnte sehr viel mehr den Ortskirchen überlassen. Als akademischer Lehrer in Rom fühle ich mich zu großem Dank verpflichtet gegenüber der Studienkongregation. Unter der Leitung von Kardinal Garonne und Kardinal Schröffer war mir dieser Teil des Vatikans ein treues Abbild des Konzilsaufbruchs: Theologische Forschung wurde ermutigt. Mit Bewunderung schaue ich auf die geduldige, mutige Arbeit des Sekretariats (Rates) für die Einheit der Christenheit. Auch hier könnte man eine lange Liste von eindeutigen Lichtblicken aufzählen.

Kirche habe ich dankbar erlebt in mehreren Dutzenden von Generalkapiteln von Männer- und Frauenorden, die mich zur Mitarbeit oder zur Predigt von Exerzitien eingeladen haben. Wieviel Schwung und Begeisterung und wieviel Geduldsarbeit konnte man da erleben! Als ich seit 1966 vor allem in Nordamerika zur Erneuerung im Gebetsleben als dem Kernstück nachkonziliarer Erneuerung aufrief und dabei Modelle von „Häusern-Schulen des Gebetes" im Blick auf Integration von Glaube und Leben in der Anbetung „im Geiste und in der Wahrheit" vorstellte, konnte ich nur staunen über die vielen schöpferischen Initiativen und den sich durchhaltenden Elan.

Von Anfang an stand ich auch in Verbindung mit der charismatischen Erneuerung, die ein Widerhall der theologischen Bemühungen um stärkere Betonung der Pneumatologie sind. Hier traf ich in den kritischen Jahren um 1968 viele Gruppen, die durch den Geist des Lobpreises immun waren und sind gegen zerstörerische Kritik.

Ich hatte auch Kontakt mit der Fokolar-Bewegung, die Frömmigkeit mit dem Einsatz für den Nächsten und die Gemeinschaft verbinden.

In den theologischen Sommerkursen, die ich während der langen akademischen Ferien in Afrika, Asien, Lateinamerika und Nordamerika und auch in verschiedenen Ländern Europas gab, erlebten wir gemeinsam Kirche, Pilgerkirche auf dem Weg zu einem tieferen

Selbstverständnis, auf der Suchen nach einer betenden Theologie.

In Afrika erlebte ich immer wieder dankbar, was lebendige Liturgie sein kann, Freude an Gott und Freude in Gemeinschaft. Die zahllosen Katechisten und ihre Familien, die ich in Afrika in vielen Ländern traf, haben mich tief beeindruckt. Sie erinnern mich an die Berichte der Apostelgeschichte über die erste Generation von Diakonen. Hier zeichnet sich eine neue Gestalt von „Klerus" ohne Klerikalismus ab.

Kirche erlebte ich in den Basisgemeinschaften Afrikas, der Philippinen und Brasiliens. Es ist „Kirche von unten", demütige heilsgeschichtliche Kirche, die Kirche als das umfassende „Volk Gottes", die für die Zukunft hoffen läßt.

Kirche erlebte ich in besonders beglückender Weise bei und mit meinen Studenten an der Accademia Alfonsiana, an der Gregoriana-Universität und an zahlreichen ökumenischen Fakultäten. Wieviel Liebe und Begeisterung teilen sich da mit!

Kirche als ökumenische Hoffnung erlebte ich in den mehr als Dutzend Exerzitien, die ich für evangelische Pastoren und ihre Frauen halten durfte. Welche Glaubenskraft! Welch geduldige Hoffnung und was für ein beharrlicher Einsatz für das Herzensanliegen Jesu, „auf daß alle eins seien"!

In der Tat, ich habe so viel Liebe und Ermunterung allüberall erfahren, daß die „Zutaten" durch das Heilige Offizium vielleicht doch so etwa wie „Pfeffer und Salz" angesehen werden können, die das Leben würzen und vor dem Verschimmeln bewahren.

Ich liebe die Kirche, weil Christus sie liebt, sie bis zum Äußersten geliebt hat. Ich liebe sie, auch dort, wo ich schmerzlich Haltungen und Strukturen entdecke,

die ich nicht in Harmonie mit dem Evangelium finde;
ich liebe sie, wie sie ist, weil auch Christus mich bei all
meiner Unvollkommenheit, mit all meinen Schatten
liebt und mir den ständigen Vorschuß gibt, das zu werden, was seinem Meisterplan entspricht.

Kirche erlebe ich in der Feier der Eucharistie. Christus und die Kirche mit Ihm erinnern mich an all die
grenzenlosen Erweise der Liebe, Huld und Barmherzigkeit. Darin hilft mir die Kirche, ein dankbares Gedächtnis zu formen. Gehen wir darauf ein und bedenken
dankbar all das Gute, das uns in der Kirche zufloß und
ständig zufließt, dann kann und wird es uns allen gelingen, auch dem Leiden an der Kirche seinen Ort zu geben im Herzen Jesu.

Das Standardwerk
für Studium und Weiterbildung

Bernhard Häring

Frei in Christus

Erweiterte und aktualisierte Sonderausgabe

1536 Seiten, Paperback, 3 Bände in Kassette.
ISBN 3-451-21604-3

Kein anderes moraltheologisches Werk dieses Umfangs hat im letzten Jahrzehnt eine vergleichbare Verbreitung gefunden wie „Frei in Christus". Das hängt wesentlich mit seiner Ausrichtung auf die Pastoral zusammen. Das zeigen auch die Beiträge, die für diese Sonderausgabe neu geschrieben wurden. Sie behandeln die „Ökumenische Herausforderung der Moraltheologie heute", „AIDS", „Gerechtigkeit, Frieden, Bewahrung der Schöpfung". Außerdem nimmt Häring Stellung zum neuerlich ausgebrochenen Kompetenzstreit zwischen päpstlichem Lehramt und Moraltheologie. Auch hier überzeugt seine unerschrockene Argumentation.

„Man wird derzeit in der einschlägigen Literatur kein Werk finden, das im Überblick wie im Detail genauer informiert als dieses" (Christ in der Gegenwart).

„Häring hat in einem Maße für eine neue, lebenswerte christliche Moral und Morallehre gearbeitet, das mit Sicherheit von keinem anderen zeitgenössischen Fachkollegen übertroffen wird" (Katechetische Blätter).

Verlag Herder Freiburg · Basel · Wien

Konkrete Vorschläge zur Lösung
eines brennenden Problems

Bernhard Häring

Ausweglos?

Zur Pastoral bei Scheidung und Wiederverheiratung.
Ein Plädoyer

96 Seiten, Paperback.
ISBN 3-451-21605-1

Die kirchliche Situation der wiederverheirateten Geschiedenen gehört zu den schwierigsten und quälendsten Problemen des seelsorglichen Alltags. Vielen Menschen
erscheint die heutige Position und Praxis der Kirche, die
sich auf das Unauflöslichkeitsgebot Jesu beruft, schwer
vereinbar mit der Haltung Jesu, der nicht gekommen ist,
zu richten, sondern zu retten.

Bernhard Häring, der weltbekannte Moraltheologe, gibt
sich mit dem derzeitigen Zustand und der verbreiteten Re-
signation gegenüber diesem Problem nicht zufrieden. Mit
seiner großen Erfahrung, Sachkenntnis und pastoralen
Leidenschaft sucht er nach Öffnungen in einer schier aus-
weglosen Situation. Er entwickelt konkrete Vorschläge.
Ansatzpunkte dazu findet er in den von der „Oikonomia-
Spiritualität" geprägten Ostkirchen. Nach seiner Ansicht
ist die katholische Kirche nicht auf Gedeih und Verderb an
ihre überstrenge Praxis gebunden; sie hat auch in dieser
Frage nicht nur zu richten, sondern vor allem zu heilen.

Verlag Herder Freiburg · Basel · Wien